**2019年国家社科基金项目**

“返贫脆弱性视角下西北边疆牧区减贫效果评价及阻返长效机制构建”

STUDY

ON

EVOLUTION

OF

INDUSTRIAL

STRUCTURE

OF

TYPICAL

TRADITIONAL

PASTORAL

AREA

# 典型传统牧区产业结构演进研究

苗　静◎著

中国经济出版社
CHINA ECONOMIC PUBLISHING HOUSE
北　京

**图书在版编目（CIP）数据**

典型传统牧区产业结构演进研究 / 苗静著. -- 北京：中国经济出版社，2020.10

ISBN 978-7-5136-3250-8

Ⅰ.①典… Ⅱ.①苗… Ⅲ.①牧区-产业发展-研究-内蒙古 Ⅳ.①F326.372.6

**中国版本图书馆CIP数据核字（2019）第300393号**

责任编辑 贺 静
责任印制 巢新强
封面设计 华子设计

**出版发行** 中国经济出版社
**印 刷 者** 北京九州迅驰传媒文化有限公司
**经 销 者** 各地新华书店
**开 本** 170mm × 240mm 1/16
**印 张** 14
**字 数** 209千字
**版 次** 2020年10月第1版
**印 次** 2020年10月第1次
**定 价** 59.00元
**广告经营许可证** 京西工商广字第8179号

**中国经济出版社** **网址** www.economyph.com **社址** 北京市东城区安定门外大街58号 **邮编** 100011

# 序　言

我出生于美丽的呼伦贝尔大草原。在我儿时的记忆中，那里碧草茵茵，水草茂盛，草地平坦润泽。每年七八月间，辽阔的草原，碧空万里，花香扑鼻。最具草原特色的要数“干枝梅”，被誉为草原上永不凋落的花。火红的山丹花，开放在绿色的海洋中。百合、银莲花、龙胆、蒙古百里香、金莲花五颜六色，把大草原装点得愈加美丽。久负盛名的白蘑，草原河旁、沼泽、草甸大量生长的黄花菜美味可口。草原遍地是牛羊，像给无边的绿毯绣上了白色的大花。连老舍先生都情不自禁地赞美：“那里的天比别处的天更可爱，空气是那么清鲜，天空是那么明朗，使我总想高歌一曲，表示我的愉快。”但是后来，草原生态环境恶化越来越严重，再难见到齐腰的碧草，曾经随处可见的黄羊、狼群，而今早已不见踪影。呼伦湖边大面积的芦苇和湿地渐渐消失。工矿业使草原整体景观被大面积毁坏。废弃的露天尾矿、开采区的垃圾堆、杂乱无章的建筑物、工矿区的生活垃圾将原本稳定的自然景观格局打乱，一个个巨大天坑土堆赫然入目，让人心生悲凉。这并非个例，其他草原牧区同样如此。

2012年，我有幸成为盖志毅教授的博士研究生。导师长期从事牧区研究工作，心系牧区发展，足迹遍布内蒙古大草原。一方面深受导师影响，另一方面儿时草原情结犹在，我便踏上了牧区研究之路，开始思索牧区究竟该怎样发展，才能实现生态保护、牧民增收和牧区经济发展“三赢”。合理的产业结构是经济发展的源泉，是人民生活水平提高和生态环境改善的重要保证。基于此，我便以典型传统牧区——内蒙古33个牧业旗市产业结构演进和调整作为本体展开研究，通过梳理自1947年以来近70年的内蒙古33个牧业旗市产业结构演进历程，探寻其演进规律，对产业结构演进展开实证分析，挖掘产业结构演进的动力因素，从经济和生态两个方面评价其演进效果，审视33个牧业旗市产业结构存在的问题及成因，进行深刻反思，并提出33个牧业旗市产业结构演进的方向和调整建议，以期实现生态保护、牧民增收和牧区经济发展“三赢”。

我国研究产业结构的著作可谓汗牛充栋，以边疆牧区为题的专著却凤毛麟角。与一般地区相比，边疆牧区因地缘性、民族性、生态性，成为极为特殊的一类区域经济体。虽然学者们从不同角度对不同区域的产业结构演进问题进行了研究，但是以生态性和民族性特点十分显著的传统牧区产业结构演进作为研究对象的成果却少之又少。从时间跨度上看，本书整理了将近70年的内蒙古33个牧业旗市产业发展和产业结构变迁的历史数据资料，形成了对33个牧业旗市产业结构演进规律的科学认识。然后将产业结构理论运用到33个牧业旗市，通过对产业结构演进的测度分析、客观评价，引发产业结构理论在33个牧业旗市是否同样具有普适性的思考，从中审视生态文明建设的时代背景下传统产业结构理论的不足之处。书中运用综合指标法对内蒙古33个牧业旗市所处的工业阶段进行判断尚属首次。这些可以称为传统牧区产业结构研究的首创，借用盖志毅教授之言：“首创则意味着一步一步脚踏实地的调研，意味着更为艰巨的劳动!”

改革开放后，传统牧区的面貌发生了前所未有的大变化，未来传统牧区有可能发生更深刻的变化。对于未来传统牧区的发展，本书提出的一个核心观点就是：传统牧区的草原生态功能和草原生态经济价值是独一无二的，具有不可替代性。从草原生态功能中衍生出来的生态经济价值十分巨大，远远超过了草原自身的经济价值，这才是牧区经济发展的核心竞争力所在，任何经济行为都必须以保护环境和生态安全为基本前提。唯有这样，才能实现生态保护、牧民增收和牧区经济发展“三赢”。愿我们的牧区永远“天苍苍，野茫茫，风吹草低见牛羊”，愿我们的牧民生活富足、笑靥如花。作为一个心系传统牧区发展的平凡工作者，我愿继续投身于传统牧区发展的研究中，为传统牧区的发展贡献自己的微薄之力。平凡的事，安安静静地做；平凡的事，脚踏实地去做。虽平凡，却美好。是为序！

苗　静

2020年3月于呼和浩特寓所

# 前言

本书对典型传统牧区——内蒙古33个纯牧业旗市的产业结构演进展开研究，探寻近70年内蒙古33个牧业旗市产业结构演进规律，分析其产业结构演进的动力因素，结合主体功能区定位评价产业结构演进的效果，审视33个牧业旗市产业结构存在的问题及成因，提出未来33个牧业旗市产业结构的演进方向，以实现生态保护、牧民增收和牧业经济发展“三赢”。

本书共分为7章。第1章为引言，对研究的背景、意义、方法和内容作总体阐述。第2章为典型传统牧区产业结构演进的理论依据。第3章为内蒙古33个牧业旗市产业结构演进分析。首先，介绍了内蒙古33个牧业旗市的总体特征，旨在说明33个牧业旗市区别于其他区域的典型特征。其次，对1947—2015年内蒙古33个牧业旗市产业结构演进历程和现状进行细致分析，并根据综合指标测算出33个牧业旗市所处的工业化阶段，探寻产业结构演进规律。第4章为内蒙古33个牧业旗市产业结构演进影响因素分析。主要运用多元线性回归模型实证分析了内蒙古33个牧业旗市产业结构演进的影响因素。第5章为内蒙古33个牧业旗市产业结构演进的效果评价。首先从经济角度，运用多种产业结构分析指标和方法，对产业结构进行度量和实证分析。其次从生态角度，运用主成分方法、聚类分析法及区位熵方法对33个牧业旗市产业结构演进的生态效果进行评价。最后对导致环境规则效果不合理的深层次原因进行分析并反思。第6章为内蒙古33个牧业旗市产业结构调整与政策建议。第7章为结论与展望。

本书是我的博士毕业论文《内蒙古33个牧业旗市产业结构演进》的最终成果体现，由我独立完成。在写作过程中，我深深感受到传统牧区的特殊性与复杂性，将复杂特殊的传统牧区和研究内容颇多的产业结构结合在一起进行研究，又受到数据、资料等诸多方面的限制，故难以做到面面俱到、细致入微。学术界普遍将“配第—克拉克定理”作为产业结构演进的普适性规律。在过去的近70年里，内蒙古33个典型牧业旗市产业结构演进与“配第—克拉克”产业演进的规律相吻合。对于极具特殊性尤其是生态特点突出的内蒙古33个牧业旗市，在新的时代背景下，产业发展必须考虑到外部性，必须考虑环境污染以及能源消耗问题。那么，未来内蒙古33个牧业旗市产业结构演进是遵循还是偏离“配第—克拉克定理”？这是在本书中没有探讨到的地方，希望在后续的工作中，能从理论的层面进行深入分析和讨论。另外，如何评价传统产业结构理论在内蒙古33个牧业旗市的适用性，有没有更好、更适用于内蒙古33个牧业旗市工业化阶段的判断标准，究竟什么样的产业发展模式更适合内蒙古33个牧业旗市，这些问题都将是我未来的主要研究方向。希望本书的成果能为今后的研究提供参考和借鉴，这是我的初衷，也是我一直以来的心愿。

CONTENTS 目 录

# 1 引　言

## 1.1　研究背景与意义

### 1.1.1　研究背景

我国共有五大传统牧区——内蒙古牧区、新疆牧区、青海牧区、西藏牧区和甘肃牧区。其中，内蒙古牧区居五大传统牧区之首。传统牧区因其民族性、地缘性、政治性及生态性等显著特点，成为我国比较特殊的一类区域经济主体。如果按牧区的行政建制划分，我国现有牧业旗县（市）264个，占全部县域数的12.8%，东中部和东北地区有牧业旗县（市）36个，占13.6%。西部地区有牧业旗县（市）228个，主要分布在内蒙古、新疆、青海等省份，占全国牧业旗县（市）的86.4%。其中，内蒙古牧区含 33个纯牧业旗市和21个半牧业旗县（市），合计 54个。

33个牧业旗市[①]是内蒙古牧区典型的纯牧业旗市，蒙古族人口约占内蒙古牧业旗县（市）总人口的41.3%。在长达4200公里的内蒙古自治区边境线上，共有20个边境旗，而33个牧业旗市中就有15个，属于典型的以蒙古族为主体的少数民族边境旗，是地缘政治学应该关注的地缘关系敏感地带。同其他少数民族地区一样，33个牧业旗市也存在不同利益主体的矛盾。因此，和谐牧业旗市的构建，关乎民族团结和政治安定。

---

① 包括包头市的达茂旗；通辽市的科尔沁左翼中旗、科尔沁左翼后旗和扎鲁特旗；赤峰市的阿鲁科尔沁旗、巴林左旗、巴林右旗、克什克腾旗和翁牛特旗；鄂尔多斯市的鄂托克前旗、鄂托克旗、杭锦旗和乌审旗；呼伦贝尔市的鄂温克旗、新巴尔虎右旗、新巴尔虎左旗和陈巴尔虎旗；兴安盟的科尔沁右翼中旗；锡林郭勒盟的锡林浩特市、阿巴嘎旗、苏尼特左旗、苏尼特右旗、东乌珠穆沁旗、西乌珠穆沁旗、镶黄旗、正镶白旗和正蓝旗；乌兰察布市的四子王旗；巴彦淖尔市的乌拉特中旗和乌拉特右旗；阿拉善盟的阿拉善左旗、阿拉善右旗和额济纳旗。

33个牧业旗市经济发展极不平衡，生产总值排第一位的鄂托克旗是最后一位的阿拉善右旗的15.8倍。农牧民人均可支配收入最多的东乌珠穆沁旗是农牧民人均可支配收入最少的科尔沁右翼中旗的3.3倍。33个牧业旗市在内蒙古102个旗县（市）中，生产总值排名在前50的只有11个，而且名次居后者占多数。33个牧业旗市牧民生活贫困，内蒙古共有国家级重点贫困旗县31个，33个牧业旗市中就有10 个。可以说，牧民增收脱贫直接关系到牧区的繁荣稳定和经济社会的良性循环，更关乎国家安全问题。

33个牧业旗市的草原生态功能和草原生态经济价值是独一无二的，具有不可替代性。33个牧业旗市草原面积约6300万公顷，占整个内蒙古草原面积的92%。草原作为陆地上第二大生态系统，具有强大的水土保持和抵御风蚀能力，通过植物的光合作用还发挥着净化空气、固碳释氧、存储碳等生态功能。从草原生态功能中衍生出来的生态经济价值十分巨大，远远超过了草原自身的经济价值。草原孕育着悠久的草原文化，并与游耕文化、农耕文化共同组成了我国经济文化区的三大类。草原文化是一种以人为本，崇尚自然，强调人与自然和谐共生、兼容并蓄的文化，因草原文化自身的独特性，衍生出其稀缺性和不可替代性的特点，这是文化价值向经济价值转变的关键，也是牧区经济发展的核心竞争力所在①。

草原生态经济价值的重要性要求我们，必须保护草原，保护草原生态系统。草原的生态经济价值才是牧区经济发展的核心竞争力，任何经济行为都必须以保护环境和生态安全为基本前提。2012年内蒙古33个牧业旗市被定位为我国重要的生态功能区，其生态地位可见一斑。

曾经强势的中原农耕文明冲击着游牧经济，游牧草原畜牧业逐渐定居化，并朝着集约化、规模化、大众化方向迈进。滥垦过牧使内蒙古草原生态系统受到极大破坏。从2000年开始引入环境政策，恶化态势虽有缓解，但恶化趋势还未得到遏制。2015年《全国草原生态监测报告》分析显示，草原生态系统仍然不够稳定，比较脆弱，极易受到降水等气候因素及利用方式的影响，草原生态距全面恢复的目标仍有一定距离。

---

① 盖志毅. 新牧区建设与牧区政策调整［M］. 沈阳：辽宁民族出版社，2001：56-63.

更令人担忧的是，草原生态环境破坏因子正从滥垦和过牧转变为粗放的牧区工业化。近十几年来，33个牧业旗市凭借草原、畜牧、矿产资源及能源等诸多独特优势，成为推动内蒙古区域经济增长的亮点。自1947年内蒙古自治区成立以来，在过去将近70年的历史演进中，33个牧业旗市三次产业产值比重，从1947年的94.5：2.1：3.4变为2015年的11.4：61.6：27.0。到2003年，第二产业产值（40.2%）首次超过第一产业产值（29.2%），33个牧业旗市产业结构从“一、二、三”模式演变为“二、三、一”模式。很多学者曾对矿产资源开发与生态环境间的矛盾展开研究（王俊霞、贾志敏，2012；汪中华、邹婧喆，2015），研究显示，与环境污染相关性最大的是工业（特别是重工业）产业结构（王青、赵景兰，2011）。

合理的产业结构是经济发展的源泉，是人民生活水平提高和生态环境改善的重要保证。经济发展与产业结构互相影响，互相依赖。经济发展会引起产业结构变动，同时经济发展又依赖于产业结构的转变，产业结构水平决定经济发展水平，两者有着紧密的内在联系。随着生产力水平的提高，生态环境与产业结构之间的依存度越来越高。若生态好资源佳，往往能培育出特色优势产业，并形成合理的产业结构。无效低效的资源利用，只会带来经济的畸形发展，对生态造成难以恢复的灾难性后果。

2013年11月，党的十八大提出要把生态文明融入经济建设、政治建设、文化建设和社会建设等各方面，以优化产业结构为切点，转变经济增长方式。2017年党的十九大报告确定了实现美丽中国时间表：到2035年“生态环境根本好转，美丽中国目标基本实现”；2020年我国现行标准下农村贫困人口实现脱贫。内蒙古33个牧业旗市作为我国生态文明建设的重要阵地、实现美丽中国和脱贫攻坚的主战场，直接影响着美丽中国的整个进程。

基于此背景，本书以内蒙古33个牧业旗市产业结构演进和调整为本体展开研究，运用产业经济理论和生态经济理论，通过梳理将近70年来内蒙古33个牧业旗市产业结构演进历程，探寻其演进规律，对产业结构演进展开实证分析，挖掘产业结构演进的动力因素，结合主体功能区的定位要求，从经济和生态两个方面评价其演进效果，审视33个牧业旗市产业结构存在的问题及成因，进行深刻反思，并提出33个牧业旗市产业结构的演进方向和调整建议，以期实现生态保护、牧民增收和牧区经济发展“三赢”。

### 1.1.2 研究意义

产业结构是联结经济活动与生态环境最为重要的纽带，其调整优化有助于生态环境的保护和人民生活水平的提高，也是减少地区贫困的根本性要求。内蒙古33个牧业旗市是我国的资源富集区，也是我国的重点生态功能区，还是民族集中贫困区，社会稳定、民族团结、经济发展、生态安全等多种功能在此叠加。草原需要变美，牧民需要增收，牧业旗市需要经济发展。因此，唯有合理的产业结构，才能将三者有机地统一起来。合理调整产业结构，对从根源上扭转生态环境恶化趋势，改善民生，实现经济可持续发展意义重大，对草原牧区尤为如此。因此，以生态性和民族性特点十分显著的内蒙古33个牧业旗市产业结构演进和调整为本体展开研究，是在新的历史阶段对产业结构理论的深化和补充。

在我国处于社会经济发展与资源环境矛盾最尖锐之时，为从源头上扭转生态环境恶化的趋势，国家大力推进生态文明，适时提出了以优化产业结构为切点，转变经济增长方式。2017年党的十九大报告确定了到2035年实现美丽中国的时间表。因此，严守生态红线，保护生态空间，确保国家生态安全，实现美丽中国，成为33个牧业旗市的重要使命。党的十九大报告还提出，确保到2020年我国现行标准下农村贫困人口实现脱贫。此前，为避免不同类型区域经济开发造成的环境污染与资源耗竭，使环境容量、资源承载力和经济开发相匹配，国家提出了主体功能区规划。其中，内蒙古33个牧业旗市中就有28个被列入国家重点生态功能区。由此可见，通过产业结构调整和主体功能区规划促进生态文明建设，将是今后很长一段时间内经济发展的重点。因此，本课题的研究对落实内蒙古主体功能区规划，从源头上扭转牧区生态环境恶化趋势，实现内蒙古牧区又快又好的发展和牧民增收脱贫，进而实现党的十八大提出的优化产业结构、形成与生态文明建设相适应的经济发展模式，及党的十九大提出的美丽中国和脱贫攻坚，具有重要的实践意义。

# 1.2 研究现状

## 1.2.1 主体功能区研究现状

### 1.2.1.1 主体功能区建设方略与政策体系研究

主体功能区是我国政府在2006年的“十一五”规划纲要中率先提出来的。西方国家规定禁止开发自然保护区，限制开发生态脆弱区，着重优化调整经济过密区。

纲要中提出主体功能区建设后，由于2008年的金融危机，主体功能区部署工作受到影响，但是对主体功能区的研究并未间断，研究内容主要集中于主体功能区建设方略与政策体系，代表成果有：《主体功能区建设的区域协调功能研究》（邓玲、杜黎明，2006）、《如何认识我国主体功能区划及其内涵特征化》（高国力，2007）、《我国主体功能区划分及其分类政策初步研究》（国家发展改革委宏观经济研究院国土地区研究所课题组、高国力，2007）、《“3+4”：三大块区域协调互动机制与四类主体功能区的形成》（孙红玲，2008）、《主体功能区战略与优化国土空间开发格局》（樊杰，2013）；《中国主体功能区划方案》（樊杰，2015），《主体功能区生态补偿的利益博弈与创新机制》（董玉荣，2017）等。关于主体功能区建设方略与政策体系研究，其观点总结为如下几个方面。

关于主体功能区建设方略，邓玲和杜黎明（2006）认为，各地区根据本地实际情况，按照四类开发区的要求，明确各自功能定位，形成合理的区域发展格局。国家发展改革委宏观经济研究院国土地区研究所课题组和高国力（2007）指出，主体功能区是按照四个开发原则形成的区域发展理念。孙红玲（2008）结合主体功能区划理论，主张采取“3+4”方案，即长三角、珠三角和渤海三块区域和四类主体功能区。薄文广等（2011）提出通过主体功能区划控制开发强度。郝大江（2012）认为区域分工的专业化促成了主体功能区的形成，区域经济发展同样需要进行主体功能区划分。

关于主体功能区政策体系研究，许根林和施祖麟（2007）认为，主体功能区很好地释放了土地政策的引导功能，有助于地方和中央的协调发展。唐浩（2008）提出通过科技创新一揽子政策实现生态脆弱区的经济可持续。贾康和马衍伟（2008）提出财政政策要在主体功能区发展中保持必要的连贯性和协调性。卢中原和陈昌盛（2008）提出合理设计分类管理政策，促进区域开发与主体功能区建设的良性互动。杜黎明（2008）提出了分类管理的区域政策供给重点。张耀军等（2010）认为，主体功能区规划的关键是区域人口均匀。郑涌（2011）提出在推进主体功能区过程中，完善和加强对限制开发区域的财政转移支付制度，是破解经济发展与生态环境矛盾重要的一环。廖晓慧和李松森（2016）也表达了同样的观点。黄勤和周婷（2016）从基础性制度、区域性制度以及保障措施方面阐述了主体功能区"十三五"的实施重点。

#### 1.2.1.2 主体功能区产业发展及产业结构研究

随着主体功能区理论研究的深入，越来越多的学者开始研究主体功能区产业的发展及产业结构的调整。代表成果有《中国主体功能区协调发展与产业结构演化》（王铮、孙翊，2013）、《我国主体功能区产业集群发展问题研究》（周会祥，2012）、《产业结构与经济增长效应的关系研究——吉林省主体功能区产业结构演变与经济增长效应分析》（金春雨等，2012）、《基于主体功能区视角的产业集群转型发展——以中部地区为例》（彭迪云、温舒甜，2013）。

以主体功能区为研究视角，关于省（自治区）市产业和产业结构的研究成果先后涌现，张学波（2007）对云南省主体功能区的划分和产业调整进行了初步探讨；高全成（2009）把握主体功能区的机遇对陕西产业进行布局；黄益民（2010）从主体功能区视角对四川产业结构优化展开研究；周蕾和王登科（2010）在主体功能区框架下探讨宁夏农业特色优势产业的发展；陈书胜（2013）对安徽省承接产业转移进行了探讨；马随随等（2014）探讨了主体功能区视域下江苏新沂产业结构优化的路径；刘洪颜（2015）基于功能区建设对济南产业进行布局；等等。此类研究成果以硕博论文居多，为本书的写作提供了较好的思路。

关于内蒙古主体功能区的研究并不多，大致可分为四类：第一类是关于内蒙古主体功能区划分的研究；第二类是关于内蒙古主体功能区绩效考核指标体系的研究；第三类是关于内蒙古主体功能区开发强度和污染物减排的研究；第四类是关于内蒙古主体功能区产业发展的研究。其中，吕盈（2012）从主体功能区视角对内蒙古林业产业结构调整进行了研究，徐全忠（2013）基于主体功能区视域对内蒙古农业的可持续发展进行了系统的论述。朱晋和那玉林（2015）则在主体功能区框架下对包头经济发展进行了阐述。

#### 1.2.1.3 生态功能区内产业及产业结构研究

生态功能区的划分，最早是由美国的生态学家Bailey（1989）提出的，他基于生态视角，将森林牧场等土地划分为4个等级，并且编制了美国生态区域图。在此基础上，Ahern（1991），Michael（2002），Waddell（2002），Goodurm和Elster（1992）等学者继续进行了相关的研究。

我国主体功能区区划中的限制开发区就是生态功能区，具体又可分为重点生态功能区和农产品主产区两个亚类。国内学者就生态功能区展开了不少研究，包括生态功能区内涵的讨论、如何发展生态功能区、生态功能区产业选择及产业政策。

对如何发展生态功能区的争议较多。孙久文（2011）认为重点生态功能区首要解决的就是生态安全问题。安虎森和薄文广（2011）认为生态功能区为了更大范围的生态安全，就不能过多发展产业。然而，还有不少学者有不同的观点，高国力（2007）认为“开发”主要是指大规模的工业化和城镇化的人类活动，限制开发是一种保护性的开发，只对开发强度、方式和内容等进行限制和约束。周民良（2011）认为重点生态功能区开发是以保护生态为基础的开发。米文宝等（2013）认为，应该在生态功能区资源、能源聚集的某些地区进行适度开发。樊杰（2013）认为，即便是限制开发区，也可在比较适合进行经济活动的区域进行经济开发。

关于生态功能区的产业选择及产业政策，国家发展改革委宏观经济研究院国土地区研究所课题组和高国力（2007）认为，应该加大扶持生态功能区特色优势产业的力度，鼓励提倡生态农业林业、生态旅游业。贾若祥（2006）提出限制开发区人口内聚外迁，将产业升级作为首要任务，突出特色产业，加强政策对产业转型和人口外迁的扶持力度。林建华和任保平（2009）提出要构建“自然资源—产品—再生资源”的新发展模式，引导经济生态效益兼具的特色产业发展。蔡云辉（2011）提出中央应出台特色资源开发和主导产业扶持发展政策，地方政府应积极配合中央，出台中央地方利益共享机制和利益补偿产业政策，整合区际资源。沈茂英（2015）提出产业政策要向生态环境友好、市场竞争力好、地域特色明显的绿色产业倾斜，扶持新能源、生态旅游业等生态建设型产业发展。

### 1.2.2 产业结构研究现状

#### 1.2.2.1 传统产业结构研究

传统产业结构理论形成于20世纪40年代，迄今为止，已经形成比较完整的产业结构理论体系。产业结构演进理论主要考察产业结构变动与经济增长的内在联系，以揭示产业结构演进的规律性，以及产业结构的变动因素分析和产业关联分析等。经典产业结构演进理论研究有克拉克（1940）提出并在之后被广泛证实的"配第—克拉克定理"，还有赤松要（1932）的"雁形形态论"、库兹涅茨（1989）的"多国结构模型"。到了20世纪五六十年代，产业结构理论较快发展起来，如里昂惕夫（1980，1993）的投入产出分析体系、霍夫曼（1980）的工业化经验法则、钱纳里（1989）的"标准产业结构"理论、刘易斯（1989）的"二元经济结构模型"、赫希曼（1991）"不平衡增长的模型"、筱原三代平（1990）"两基准理论"，还有罗斯托（1988）主导产业理论等。

我国产业结构理论代表作有杨治（1985）的《产业经济学导论》、周叔莲（1987）的《产业政策问题探索》、孙尚清（1988）的《中国产业结构研究》、刘健（1993）的《中国产业结构升级论》、周振华（1995）的《现代经济增长中的结构效应》、刘伟（1995）的《工业化进程中的产业结构研究》、石磊（1996）的《中国产业结构成因与转换》、刘志彪（2001）的《现代产业经济分析》、李悦（2004）的《产业经济学》、简新华（2001）的《产业经济学》、于刃刚（2003）的《主导产业论》、苏东水（2005）的《产业经济学（第二版）》等。早期研究主要集中于对农轻重比例关系的理解和阐述，还有生产资料优先增长规律。改革开放以来，学者们逐渐对产业结构演变规律、影响因素、产业结构作用机理展开了研究，密切联系我国产业结构变动和调整的实践，对产业结构理论进行系统论述，提出了相应的产业结构政策。

关于产业结构演进，国内外学者的研究主要集中在外资（Aitken和Harrison，1999；傅强，2005）、贸易（江小涓，2007；Malcom，2000）、制度（岳军，2003）和区域要素禀赋（Bemstein和Weinstein，2002；刘忠涛，2010）、技术创新（Teece，1996；周叔莲、王伟光，2001）等驱动因素对产业结构演进的作用，还有产业结构演进的传导机制（王秋克，1989；Drucker和Feser，2015）、演进模式（Hieblinger等，2015）、演进路径（王青，2002）、演进特征（高煜、刘志彪，2008）等方面。其中，行业或区域产业结构演进的实证研究渐多，内容多为产业结构演进与经济增长实证分析，产业结构演进与就业结构、产业结构演进与城市化进程的关系等。

对产业结构优化的研究，主要涉及以下三个方面：①产业结构优化的内涵（周振华，1992；苏东水，2000；李红梅，2000），主要观点是产业结构优化表现为产业结构合理化和高度化，即高技术、高附加值、高集约化和高加工度。②产业结构演进优化的制约因素与对策，认为经济（杨治，1985）、制度（岳军，2003）、技术（丁焕峰，2006）、劳动力素质（张学江，2009）、环境（夏平华等，2008）等都会制约产业结构优化，应该从这几个方面着手进行产业结构优化。③产业结构优化测度。一种测度方法是通过钱纳里、库兹涅茨、赛尔奎因等的“标准结构”来进行比较。另一种是两个产业结构的相似程度或者经济发展阶段判别法，如霍夫曼的工业化阶段学说、钱纳里的经济发展阶段说等。关于产业结构优化的定量分析，最常规的方法就是里昂惕夫的投入产出模型，国内对于该模型的研究也得到一定的发展（钟契夫，1982；邵汉青、钟契夫，1983；陈锡康，1983），不少学者应用投入—产出分析方法（薛声家，2003）研究产业结构优化，还有学者通过建立评价指标体系来测度产业结构优化水平（伦蕊，2005）。

#### 1.2.2.2 引入环境资源的产业结构研究

通过对以往文献的梳理，会发现传统产业结构演进理论忽略了资源、能源和环境问题，没有充分认识到资源环境外部效应的复杂性，将生态系统与经济系统分裂开，忽略了两者之间的相互作用和影响，单纯地把追求GDP增长作为实现经济活动的目标，将环境因素排除在经济发展的内生动力要素之外，结果带来了生态环境的外部不经济。

先行工业化国家在其经济发展的历程中分阶段出现的环境问题，集中出现在我国自改革开放以来40多年的经济增长过程中。如果继续按这种发展模式，我国生态恶化趋势会继续加剧。在资源耗竭、能源成本提高和环境质量恶化的趋势下，社会各界逐渐意识到传统产业结构演进模式的局限性，引入资源和环境的产业结构文献大量涌现，主要可以分为以下两类：

一类是强调资源等要素对产业结构优化的重要性，为当前产业结构优化指明了方向（Brock和Taylor，2004；金碚，2008）。另一类是对产业结构优化的理论内涵和判定标准重新进行界定（黄亮雄，2013；高远东，2015），提出了对传统的产业结构优化水平的度量指标的修正和评价方法的改良（吉小燕、郑垂勇，2006；刘淑茹，2011），以及产业结构优化升级评价指标体系（徐仙英、张雪玲，2016），构建了最优产业结构模型（肖兴志、吴绪亮，2012）。刘淑茹（2011）将产业结构对资源结构影响状况纳入产业结构合理化评价指标体系。董琨（2008）提出了一个包括污染控制、能源消耗、经济增长多重目标的产业结构优化模型。

近些年，引入资源、能源和环境的区域产业结构优化的研究居多（梁斌、姜涛，2016；李霞等，2016），主要内容多以产业结构与生态环境互动关系（邹伟进等，2016；徐辉、王慧，2016）、环境规制下的产业结构调整及生态效应为主（程中华等，2017；于斌斌，2017）。随着我国对创新的日益重视，从科技创新的角度研究产业结构演进与优化的成果相比以前多了不少，对科技创新必然带来产业结构的调整与升级、科技进步是带来经济持续发展的根本动力达成了共识（樊杰，2016；杨武、杨淼，2016）。此外，在产业结构演进的影响因素分析方面，不再局限于外资、贸易、区域禀赋等因素，从技术创新（卫平、张玲玉，2016）、税收制度（储德银、纪凡，2017）、财政支出（严成樑等，2016）等角度展开分析的研究成果也屡见不鲜。

#### 1.2.2.3 基于生态经济理论的产业结构演进研究

伴随世界范围内的生态环境问题日益恶化，生态危机四起，学者们认识到必须使经济运行与生态环境之间形成相对和谐的关系，因此提出了“可持续发展”的概念及“生态文明”等构想，在此背景下，基于生态理论的产业结构优化相关研究也日益增多。Andews（1999），Desrochers（2002）等学者提出了产业共生理念。国内不少学者已经试图将生态理论应用到产业结构相关的研究中，如刘志迎和郎春雷（2004）认为产业结构优化就是产业共生的过程。胡晓鹏（2008）阐释了产业共生的行为模式，孔晓宏（2010）提出了产业结构生态化。

总体来看，国内有关产业结构问题的研究还是比较丰富的。从变化趋势来看，20世纪90年代初期，学者主要关心的是产业结构调整在经济增长中的作用，以及产业结构演进的一般规律；之后，研究重点集中在产业结构调整的动力因素和所有制等问题上；加入WTO后，开放的国际条件下的产业结构受到学者们的关注。近些年，研究重点集中在资源和环境约束下的产业结构调整的方向、区域产业结构调整等问题上。这说明产业结构仍然是影响我国经济发展的主要因素，随着环境的变化，产业结构的内涵和外延同样在发生着变化，研究视角也随之变得多元化。

### 1.2.3 内蒙古产业结构研究现状

关于内蒙古产业结构的研究成果多集中在内蒙古优势产业、三次产业结构间的比例构成关系、三次产业结构存在的问题以及产业结构的调整优化几个方面。

#### 1.2.3.1 内蒙古的优势产业

阿如旱和李百岁（2002）根据比较优势对内蒙古工业进行了研究，得出煤炭采选、黑色金属冶炼、木材采运、食品加工、纺织业等产业具有较强的比较优势的结论。何金玲（2003）指出内蒙古中部区域必须培育自己的优势产业（稀土、羊绒、煤炭）。长青和白鹏（2008）运用灰色综合评价法得出内蒙古的第一优势产业是农畜产品加工业。齐艳梅（2010）指出畜牧业中的羊绒、羊肉、牛奶、绵羊毛是内蒙古的优势农产品；玉米、甜菜、豆类、薯类具有比较优势。任国佼和马军（2010）对内蒙古33个牧区旗县市进行定量聚类分析，将33个牧业旗市分为三大类，并提出三类牧区的优势产业。史敏等（2015）通过产业结构灰色关联法得出奶牛、羊肉、牛肉和山羊毛生产在畜牧业产业内部的影响作用最明显的结论。

#### 1.2.3.2 内蒙古三次产业结构间的比例构成关系

张澳夫（2010）认为，20世纪90年代以来，内蒙古产业结构变动趋势是第一产业比重下降，第二、第三产业比重上升，种植业比重逐渐下降，畜牧业比重逐步提高，轻工业发展速度低于重工业发展速度，内蒙古服务业的结构性矛盾日益突出。郭海清和申秀清（2013）认为内蒙古整个产业结构呈现“二、三、一”结构，第一产业对 GDP 贡献逐渐减少，第二产业对 GDP 贡献逐渐增加，第三产业对 GDP 贡献无明显变化，第三产业还没有成为内蒙古经济社会发展的主要推动力量。胡鹏云（2016）通过对内蒙古能源消费总量的灰色预测分析，认为未来五年，内蒙古仍会继续维持“二、三、一”的产业结构。在能源消费结构中，煤炭主导地位的状况不会改变，但会不同程度地下降，水电及其他能源消费保持上升。

#### 1.2.3.3 内蒙古三次产业结构存在的问题

宝音等（2001）认为，内蒙古产业结构调整和转换进程缓慢。王关区（2001）认为内蒙古生态总体恶化局部污染的原因之一在于产业结构的不合理。卜春燕（2003）提出，内蒙古产业优化升级中存在科技实力不足、政策缺乏连续性等问题。冯利英（2007）运用线性回归模型证明内蒙古产业结构升级缓慢、产业结构、投资结构、就业结构不尽合理。辛洁（2008）认为，内蒙古第一产业成果推广效率低，科研投入少；第二产业附加价值低，产业链条短；第三产业质量不高且发展滞后，技术创新不足，新兴产业比重小。张璞（2010）认为，内蒙古产业结构不合理主要表现在三个方面：农业基础薄弱、工业大而不强、第三产业发展滞后。师强（2015）认为，内蒙古资源优势利用不充分，作为农牧业大省，第一产业总体实力偏弱，第二产业集聚程度不高，产业链不完整，形成了同质产品恶性竞争，资源浪费严重。郭晓川等（2017）指出，内蒙古城镇化和产业结构合理化协调度呈现出明显的地域差异。

#### 1.2.3.4 内蒙古产业结构的调整优化

王关区（2001）提出大力发展第三产业，在交通、科技、信息、文化、金融、教育全面协调发展的基础上，拓展草原旅游业、草原文化产业、蒙文信息产业。在发展环保产业和生态工业的基本框架下，着力发展乳品加工业、绒毛加工业、电力工业及天然气开发和稀土高新技术产业。发展生态畜牧业、生态种植业、生态草业还有生态林业，生产优质高效的有机食品、绿色食品、特色食品。魏丽颖和罗建（2006）提出了“双路径”演变模式。冯利英（2007）建议通过调整投资结构方向，使其进一步优化。张澳夫（2010）提出应继续巩固和加强农牧业基础地位，进一步加快推进工业化。师强（2015）提出通过高科技、农牧业信息化、生态化，达到高产低能的目的，大力发展信息、电子、高新技术等低能耗、高技术产业，改进传统服务业，引进技术与知识相结合的现代服务业。李倩和胡伟华（2016）提出内蒙古应通过补贴环境治理、加大环境治理投资、征收排污费等环境规制政策，来促成产业优化升级。周利光（2016）支持重点产业发展为载体，重点支持绿色农畜牧产品、工业战略新兴产业发展、旅游服务业发展。赵云平等（2017）提出应下大力气培育内蒙古的自主研发体系。郭晓川等（2017）认为要顺应大众创业、万众创新的趋势，加速农牧业网络化、信息化建设进程，进一步推进产城融合发展。

### 1.2.4 内蒙古牧区产业结构研究现状

#### 1.2.4.1 畜牧业

畜牧业是内蒙古历史最为悠久、最具特色的支柱产业。对其研究较早且成果亦相对较多。主要著作有约翰·W. 郎沃斯和格里格·J. 威廉姆森所著的《中国的牧区》、包玉山的《内蒙古草原畜牧业的历史与未来》、张立中的《中国草原畜牧业发展模式研究》、额尔敦布和的《内蒙古草原畜牧业可持续发展》以及郜霖和李俊生的《草原畜牧业经济论》等。

对内蒙古畜牧业的研究成果主要集中在制约因素和出路两个方面。学者们认为草原生态破坏，畜产品市场化程度低，粗放型的经营方式（包利民等，2002），大市场与小生产、规模经营与分散饲养的矛盾，畜产品养殖与加工、流通环节脱节（沈怀柏，2000），草原政策不完善（孟慧君，2002），生产经营形式创新的滞后（任治，2003），还有“草畜双承包”政策（海山，2007），这些因素都严重影响草原畜牧业的可持续发展。主要出路有发展现代畜牧业（沈怀柏，2000），建立符合地区特点的生产组织模式，如家庭牧场或联户经营（敖仁其，2001），重视合理方法和科学技术，实行饲草料储备制度、保护价收购制度，建立游牧畜牧业保护区（包玉山，2002），禁开草原、引种入牧，坚持以草定畜、以畜定人的发展思路（修长柏，2002），发展循环经济来解决饲草料短缺和环境污染问题（徐丙臣、袁堂，2005），完善草原畜牧业经营模式（敖仁其，2007），草地流转市场化（张立中，2011），选择牧民合作制企业作为主导模式（乌日陶克套胡，2012），培育新型草原畜牧业经营主体（文明等，2016），加快内蒙古农牧区电子商务的发展（孙晓谦，2016）。

#### 1.2.4.2 工矿业

关于内蒙古牧区工业化，专家学者们的分歧很大：有的强烈反对在草原上开矿山、办工厂，认为这样得不偿失，不应牺牲长远利益换取眼前利益。旭日干院士认为草原牧区工业化战略有待深思。有的认为草原牧区可以工业化，但反对无序开采、盲目开发（胡自治，2004）。有的认为工业化是草原生态可持续发展的客观要求，但是考虑到脆弱的草原生态系统，必须谨慎地选择牧区工业化的路径（盖志毅，2006）。殷耀等（2006）认为草原牧区可以工业化，但不是走传统的工业化道路，而是走生态优先前提下的新型工业化路子。郭晓川和王美萃（2006）认为，牧业旗市的工业化之路，必须解决好区域信息化、技术创新体系和人力资源这三个支撑要素。

哈申图雅（2008）指出，目前牧区工业经济普遍存在引进高污染高消耗的企业、延续传统先污染后治理的工业化模式而导致的环境污染、生态破坏的问题。王关区和陈晓燕（2013）认为牧区矿产资源开发对草地破坏严重。我们应借鉴国外的成功经验，从源头抓起，建设之初，从项目的立项设计阶段就做好生态保护工作，提出推进牧区生态型能源工业有序发展。布仁吉日嘎拉和芳芳（2017）认为内蒙古工矿业涉及草原土地资源的非牧化征用和占用问题，要在规范地方政府及企业行为的同时，提高牧民在博弈过程中的话语权。

#### 1.2.4.3 旅游业

早期草原旅游业的研究成果主要集中在旅游业开发条件评价、旅游产品设计、旅游业发展模式和贡献率等方面。后来，从草原生态保护视角展开研究的成果渐多起来。其中，吕君（2006）的《草原旅游发展的生态安全研究——以内蒙古自治区为例》对草原生态旅游的论述最为系统、全面。陈和平（2002）提出了集草原建设、科学养殖和草原旅游于一体的家庭生态牧场发展模式。甄芳洁等（2004）探讨了西乌珠穆沁旗大力发展草原生态旅游的具体思路。马林（2004）分析了内蒙古草原生态旅游发展战略。郝晓兰（2004）提出旅游精品带动战略是内蒙古突出“草原生态、民族文化”的总体思路。刘丹丹（2006）提出要重点建设内蒙古三大旅游精品：沙漠生态旅游、草原生态旅游和少数民族民俗旅游。刘丽梅和吕君（2010）分析了内蒙古红色旅游发展。王雪和杨存栋（2011）对内蒙古非物质文化遗产旅游开发进行了探究。郭慧（2016）提出内蒙古草原生态旅游要与游牧生态经济融合发展。

#### 1.2.4.4 牧区三次产业结构及其调整方向

到目前为止，以内蒙古牧区为研究对象的研究多以硕士毕业论文居多，内容涉及生态移民、生态补偿、扶贫开发、工业化发展路径等方面。但具体到牧业旗市并专门探讨产业结构的研究成果并不多见，内容较为贴近的有硕士毕业论文《内蒙古农村（牧区）产业结构调整问题的研究》（王芳，2003）和博士毕业论文《基于循环经济思维的内蒙古牧业旗县地区工业化成长模式研究》（茶娜，2007）。

关于牧业旗市（牧区）产业及产业结构，郭晓川（2006）认为牧业旗市要延伸高新材料产业链、高载能产业链。茶娜（2007）从循环经济视角，根据33个牧业旗市的生态环境和产业发展特点，设计了三种不同产业带动的工业化发展模式。盖志毅和姚洋（2008）认为内蒙古牧区的第一产业产值比重比较大，二、三产业产值比重比较小。从总体趋势看，一产比重在下降，二产、三产比重在上升。他认为不合理的产业结构是导致牧区生态系统不可持续的原因之一，应摒弃不恰当的草原工业，发展游牧业、循环草业、食品加工业、生态旅游业和草原娱乐业。吴晶英（2017）指出，内蒙古牧区产业结构市场优化的机制尚未健全，存在三次产业融合度不高、协调性不强、新旧产业衔接故障、第一产业劳动就业比重过大、能源化工产业偏重、第三产业发展滞后等问题。

### 1.2.5 研究评述

从对主体功能区和产业结构相关文献的综述中可以看出，关于产业结构的研究，呈现出从传统产业结构到资源环境约束下的产业结构的研究趋势。而内蒙古作为环境约束下产业结构调整的典型，受到学者的广泛关注，但将产业结构理论运用到内蒙古33个牧业旗市，并以主体功能区作为研究视角的成果还未见到。另外，在草原保护受到空前重视的背景下，学者们对草原生态保护的研究热情高涨，从成因到治理，研究较为全面。然而，作为导致草原退化成因之一的产业结构，很少被作为本体展开研究，常常只被当作生态重建的一个部分被提及。因此，本书以典型传统牧区——内蒙古33个牧业旗市为研究对象，以其产业结构作为本体，以生态功能区为视角，将生态保护、牧民增收和牧区经济发展之间的内在联系，统一于牧业旗市产业结构调整中。通过梳理33个牧业旗市的产业结构变迁轨迹，对其生态和经济效果作出客观评价，并挖掘产业结构变迁背后深层次的成因，从而弥补这个方向的研究空白。

## 1.3 研究思路与内容框架

本书试图从内蒙古33个牧业旗市作为我国重点生态功能区的定位出发，基于主体功能区的视角，将生态保护、牧民增收和牧业旗市经济发展之间的内在联系统一于产业结构演进之中。本书研究的主要目标是探寻内蒙古33个牧业旗市产业结构的变迁规律，分析产业结构演进的动力因素，评价演进的效果，审视33个牧业旗市产业结构存在的问题及成因，提出未来33个牧业旗市产业结构的演进方向，进而实现生态保护、牧民增收和牧业旗市经济发展“三赢”。

### 1.3.1 研究思路

研究遵从否定、批判与重构的思路，从对草原生态系统的价值以及内蒙古33个牧业旗市作为我国重点生态功能区的定位出发，梳理主体功能区和产业结构的文献，利用统计年鉴和相关历史资料，收集整理有关内蒙古33个牧业旗市产业结构的数据。首先介绍了作为生态功能区的内蒙古33个牧业旗市区别于其他地区的显著特征。其次梳理了自1947年以来近70年33个牧业旗市产业发展历史、产业结构变迁轨迹和阶段划分，剖析了33个牧业旗市产业结构的现状，并对三次产业内部结构和33个牧业旗市所处的工业阶段进行了细致的分析和判断。再次从自然、投资、制度、政策及国际贸易等方面，对33个牧业旗市产业结构演进的动力因素展开分析。最后，按主体功能区的要求，运用产业结构相关指标和方法，从经济和生态两个角度对产业结构演进效果展开评价。在此基础上，分析了导致内蒙古33个牧业旗市环境规制不理想的深层次原因。根据生态主体功能区的定位，指出33个牧业旗市产业结构演进方向与政策建议。

### 1.3.2 内容框架

本书的内容框架如图1-1所示。

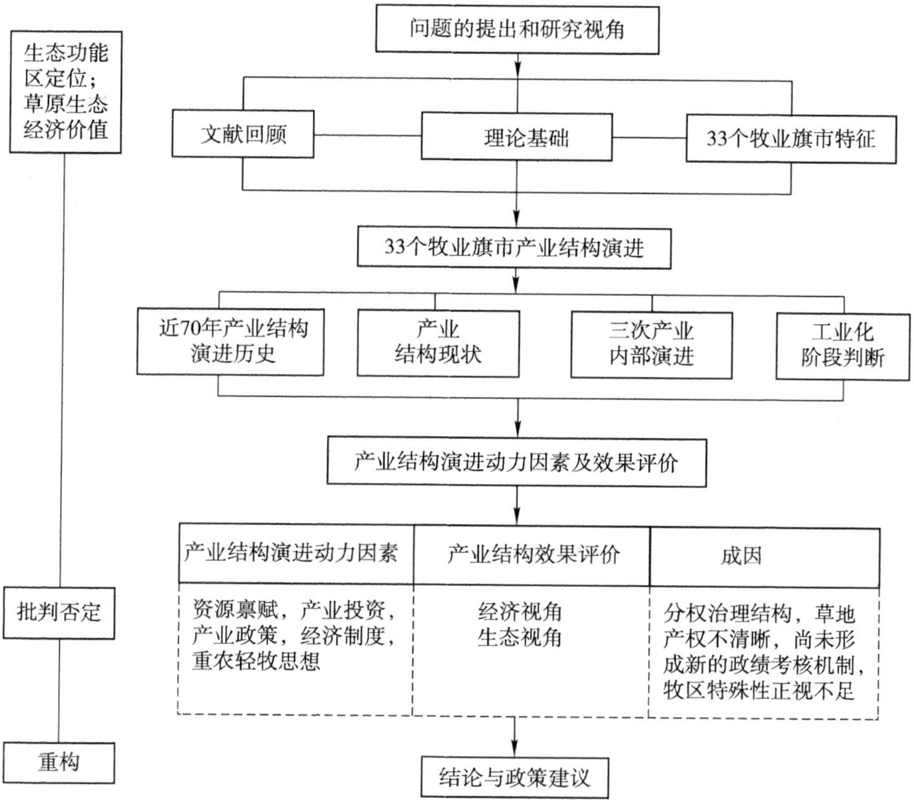


图1-1 本书框架

根据本书的写作思路，将其内容分为五个部分。

第一部分，包括第1章导论和第2章理论基础（生态经济理论、产业结构理论以及主体功能区理论）。

第二部分是本书的第3章。首先介绍了内蒙古33个牧业旗市的特征，旨在说明这33个牧业旗市区别于其他区域的典型特征，这种特殊性决定了其产业结构调整与其他地域的与众不同。其次梳理了近70年内蒙古33个牧业旗市产业发展的历史、产业结构变迁轨迹、产业结构现状。细致分析了三次产业内部结构，并对其所处的工业化阶段进行了判断，为33个牧业旗市产业结构的合理调整提供了科学依据。

第三部分是本书的第4章，即内蒙古33个牧业旗市产业结构演进动力因素分析。首先从理论层面对产业结构演进的影响因素进行了分析；然后从自然、投资、制度、政策、国际贸易等方面，对33个牧业旗市产业结构演进的动力因素展开实证分析。

第四部分是本书的第5章，内蒙古33个牧业旗市产业结构演进效果评价。基于主体功能区的定位要求，首先从经济角度，运用多种产业结构分析指标和方法，对33个牧业旗市的产业结构熵、产业结构相似度、产业结构效益、产业结构与经济增长、牧民收入以及就业结构进行度量和实证分析，进行经济效果评价。其次从生态角度，通过“三废”污染、能源消耗对环境质量进行了评价；再利用区位熵方法对33个牧业旗市的主导产业进行判定，进而对主体功能区与33个牧业旗市主导产业是否吻合进行评价。针对生态和经济两方面的评价结果，对导致环境规则效果不合理的的深层次原因进行分析和反思。

第五部分主要为本书的第6章和第7章。第6章依据本研究的理论和实证结论，提出内蒙古33个牧业旗市产业结构的演进方向和政策建议。第7章结论与展望。总结全书观点，得出结论，并提出今后需要进一步研究的问题。

## 1.4　研究方法与数据来源

### 1.4.1　研究方法

本书主要采用文献查阅、统计分析、聚类分析、偏离—份额分析、灰色关联分析、主成分分析、区位熵分析及多元线性回归分析等方法。各章所采用的方法如下：

第1章、第2章主要为基本概念和理论分析部分，主要采用文献查阅法。

第3章通过文献查阅法，整理内蒙古33个牧业旗市的产业发展历史；采用统计分析法梳理内蒙古33个牧业旗市产业结构变迁，分析三次产业内部结构；采用综合指标法对内蒙古33个牧业旗市所处的工业化阶段进行判断。

第4章采用多元线性回归模型对33个牧业旗市产业结构演进的影响因素进行实证分析。

第5章，基于偏离—份额法（SSM）对内蒙古33个牧业旗市进行产业结构效益分析；结合产业结构相似度指数、产业结构熵、就业产业结构偏离度和偏差系数等指标，分析内蒙古33个牧业旗市的产业结构相似性、产业结构集中程度、产业结构与就业结构的动态演进。采用因素分析法和加权平均法分析内蒙古33个牧业旗市产业结构与经济增长的关系；采用灰色关联法研究内蒙古33个牧业旗市产业结构与牧民收入的相关性；采用聚类分析方法对主体功能区下的牧业旗市进行聚类分析。采用典型调查，分析工业结构对牧业旗县环境的影响；采用主成分方法对工业环境状况进行综合评价；采用区位商方法，对内蒙古33个牧业旗市主导产业进行判断；采用回归分析法分析内蒙古33个牧业旗市财政收入与工业增加值之间的变动关系。

第6章、第7章为结论对策部分，主要采取文献查阅法和部门访谈等方法。

### 1.4.2 数据来源

本研究的数据主要来源于内蒙古33个牧业旗市各自的统计资料、各旗市政府网站相关数据，还有《内蒙古畜牧业统计资料》（内部资料）、《内蒙古统计年鉴》《中国统计年鉴》《内蒙古环境公报》《辉煌的内蒙古1947—1999》，以及内蒙古草原勘测站和气象局的数据。

## 1.5 可能的创新与不足

### 1.5.1 可能的创新

（1）研究立意方面的创新。与一般地区相比，边疆牧区因地缘性、民族性、生态性成为极为特殊的一类区域经济体。虽然学者们从不同角度对不同区域的产业结构演进问题进行了研究，但是以生态性和民族性特点十分显著的内蒙古33个纯牧业旗市的产业结构演进作为研究对象的成果还未见到，故本书的研究弥补了这个方向的空白，为解决边疆少数民族地区经济、社会及环境可持续发展提供了宏观层面的决策参考，并在实践中为我国边疆牧区产业结构调整和牧区的振兴做出了一定的贡献。

（2）研究视角的转变。在草原保护受到空前重视的背景下，学者们对草原生态保护的研究热情高涨，从成因到治理，研究得较为全面。然而，作为导致草原退化成因之一的产业结构，常常只被当作生态重建的一个部分，很少作为本位体被提及。本书基于主体功能区的视角，将生态保护、牧民增收和牧区经济发展之间的内在联系统一于牧业旗市产业结构调整中，弥补了常常只将产业结构当作生态重建的一个部分而被提及的缺憾。

（3）研究内容的拓展。从时间尺度上看，整理了近70年的33个牧业旗市产业发展和产业结构变迁的历史数据资料，形成了对33个牧业旗市产业结构演进规律的科学认识。从内容上看，将产业结构理论运用到对33个牧业旗市的研究中，通过对产业结构演进的测度分析、客观评价，引发了产业结构理论在33个牧业旗市是否同样具有普适性的思考，从中审视出在生态文明建设的时代背景下传统产业结构理论的不足之处。另外，运用综合指标法对33个牧业旗市所处的工业阶段进行判断尚属首次。

### 1.5.2 不足之处

本书研究的时间跨度是从1947—2015年近70年，研究对象是内蒙古的33个牧业旗市，因此，无论是横向数据资料还是纵向数据资料都非常庞大。加之33个牧业旗市地处偏远，发展相对落后，很多数据资料缺失不全，给数据资料搜集工作带来很大的难度。因此，在作定量分析时，本书主要针对1993—2015年的33个牧业旗市产业结构的演进作了详细分析，略感美中不足。

# 2 典型传统牧区产业结构演进的理论依据

## 2.1 基本概念界定

### 2.1.1 主体功能区

国土空间具有多种功能，但必定有一种主体功能。我国各地区经济基础、自然环境和资源禀赋差别迥然，不能按照统一的模式进行发展。主体功能不同，功能区域类型也会有差异，有提供服务产品和工业品为主的城市化功能区，有提供农产品为主的农产品功能区，还有提供生态产品的生态功能区。划分的标准不同，功能区的类型也不尽相同。若按国土空间结构划分，可分为生态区、农业区、商业区、军事区等；若按城市空间结构划分，可分为居民区、商业区、休闲区、自然保护区等。

主体功能区就是各地区所具有的、代表该地区核心功能的一种空间单元，是以资源环境承载能力、开发密度和发展潜力作为划分依据，以以人为本、人与自然和谐相处和可持续发展为理念，以实现经济、社会与资源环境协调发展为目标，是我国在经济发展及其遇到的一系列的资源环境问题的背景下率先提出来的。我国的功能区主要划分为优化开发、重点开发、限制开发和禁止开发四个主体功能区开发类型。

### 2.1.2 传统牧区

传统牧区是指以广大天然草原为基地，采取放牧方式经营饲养草食性家畜为主，长期以传统草地畜牧业为主的经济类型的区域。

本书的主要研究对象——内蒙古33个纯牧业旗市，在内蒙古3个盟7个地级市内均有分布。

### 2.1.3 产业结构演进

产业结构是指产业构成情况，比如有哪些产业、数目多少，即产业间的组合。产业结构还可以指资源的配置状态，即自然资源、资金、劳动力等各种生产要素在产业之间的比例构成关系，一个国家或地区产业间的比例关系，如农、轻、重比例关系，第一、第二、第三产业比例关系等，以及它们之间相互依存、相互制约的关系。

产业结构演进则是指产业结构及产业内容在质量和数量上的提高，是一个从低级到高级逐步演进的过程。

## 2.2 产业结构理论

### 2.2.1 产业的分类

因为产业分类是产业结构研究的基础，所以先需要弄清产业的分类问题。由于研究目的不同，产业分类也就不同。目前得到公认的至少有十余种产业分类方法，有农轻重分类法、三次产业分类法、霍夫曼分类法、工业结构分类法、两大部类分类法、国家标准产业分类法等。下文着重对与本书研究相关的农轻重分类法和三次产业分类法进行介绍。

农轻重分类法。这种分类法源于苏联。列宁在马克思两大部类分类法的基础上，将社会生产划分为农业（畜牧业、种植业、渔业、林业）、轻工业（服装、纺织、饮料、食品、印刷、制革、家具）和重工业（冶炼、钢铁、煤炭、电力、石油、化工机械等）三个产业大类。此分类法的缺陷在于，仍是只针对物质生产部门，没有涵盖非物质生产部门。

按照农轻重分类法，内蒙古33个牧业旗市产业可分为农业（包括畜牧业、种植业、渔业、林业）、轻工业（服装、纺织、食品、饮料、印刷、家具、制革）和重工业（冶炼、钢铁、煤炭、电力、石油及化工机械等）三个产业大类。

三次产业分类法。该分类方法有助于对产业结构演进规律的把握，是产业结构研究中最重要而且应用最广的方法，是以经济活动和自然界的联系作为分类标准，然后将全部经济活动分为第一产业、第二产业和第三产业。第一产业是指产品直接取自自然物质生产部门，第二产业是指加工取自自然的物质生产部门，除第一产业和第二产业之外的则为第三产业。

根据经合组织（OECD）的标准，第一产业包括：种植业、畜牧业、林业、狩猎业和渔业等；第二产业包括：采矿业、制造业、建筑业、煤气、电力、供水等；第三产业包括：商业、金融及保险业、运输业、服务业、公益服务业等。我国国家统计局对三次产业划分范围进行了界定，农、林、牧、渔属于第一产业；采矿、制造、电力、燃气及水的生产和供应业、建筑业属于第二产业。除此之外的行业都属于第三产业。鉴于第三次产业行业多、范围广，将第三产业细化为两大部门（流通部门、服务部门）和四大层次（流通业、生产和生活服务行业、为提高科学文化水平和居民素质服务的行业、为社会公共需要服务的行业）。

本书中，内蒙古33个牧业旗市三次产业的划分和上述分类法保持一致。其中，第二产业主要值指的是工业，不包括建筑业。

### 2.2.2 产业结构理论的形成

关于产业结构理论已有大量研究，并形成了比较成熟的理论体系。西方学者对产业结构理论的研究大致经历了萌芽（17世纪到20世纪三四十年代）、形成（20世纪三四十年代）与发展（20世纪五六十年代以来）三个阶段。

从17世纪初起，古典政治经济学家如威廉·配第、布阿吉尔贝尔、魁奈以及亚当·斯密开始注意到国民经济活动中的结构问题，但产业结构还不是经济学关注的重点。马克思是第一个对产业结构进行深刻论证的人，为产业结构理论形成做出了卓越的贡献。产业分工理论、两部类理论、结构均衡理论等与产业结构演进有关的理论，为产业结构理论的形成奠定了坚实的基础。

产业结构理论开始形成于20世纪三四十年代。费希尔依据统计数字，重新提起配第的论断，第一次提出了三次产业的划分方法。从此，产业结构理论初具雏形。之后，克拉克、赤松要、里昂锡夫、霍夫曼、库兹涅茨等经济学家同样对产业结构理论做出了杰出贡献。在这一阶段，学者们主要通过若干国家的时间序列数据和横断面数据，从统计上确认结构变化与经济增长之间的联系。

到了20世纪五六十年代，产业结构理论迅速发展壮大。里昂锡夫、库兹涅茨等若干经济学家将资本、技术、投资、贸易等要素都引入产业结构中，出现了产业结构理论的百花齐放、百家争鸣。

### 2.2.3 产业结构演进理论

产业结构演进理论是产业结构理论体系中最为重要的组成部分，主要是为了揭示产业结构演进规律和影响因素。有些理论尝试从统计数据上确认结构变化和经济增长之间的普遍联系，如配第—克拉克定理、库兹涅茨法则、钱纳里“标准产业结构”，还有霍夫曼定理等。有些理论研究是从一开始就集中在条件与经济制度相似的一批国家的历史经验上，如罗斯托的经济成长阶段理论、刘易斯的二元结构理论等。

#### 2.2.3.1 产业结构演进规律

（1）配第—克拉克定律

17世纪，英国经济学家威廉·配第在其著作《政治算术》一书中，揭示了产业结构演进的方向：制造比农业附加值高，商业比制造业附加值高，也就是说，制造业比农业得到的收入多，商业比制造业得到的收入多。他指出，劳动生产率由低向高转变是推进经济向前发展的根本机制。这一发现，为探讨经济发展因素指明了方向。

对产业结构理论作出开拓性研究的是科林·克拉克，他依据三次产业分类法，在配第研究的基础上，通过整理和比较40多个国家三次产业劳动投入和总产出的资料，总结出就业人口在三次产业结构中是如何变化的，这就是关于产业结构演进规律比较著名的“配第—克拉克定理”，即三次产业中劳动力分布规律：随着经济的发展，劳动力会由第一产业顺次向第二产业再向第三产业移动，第一产业的劳动力就业比重逐渐降低，而第二产业和第三产业的劳动力就业比重逐渐上升。

（2）库兹涅茨法则

西蒙·库兹涅茨采用国民收入和劳动力等指标考察了20多个国家的产业结构变化规律。他发现，工业化初期时，第一产业占比最高，劳动力比重也是如此。伴随着工业化进程的推进和经济的发展，第一产业中的劳动力占比和第一产业收入占整个国民收入的比重都呈不断下降的趋势，而第二产业和第三产业都在相应地提高，并且第二产业增加的比重大于第三产业。进入工业化后期，第一产业比重降至最低，第二产业比重升至最高，此后开始有所下降，整个工业呈倒“U”形变化。第三产业劳动力相对比重基本是上升的，但第三产业国民收入却并非与劳动力同步，略有上升或者不变。库兹涅茨的研究从国民收入的角度论证了产业结构演变规律，验证了产业结构变动会受到国民收入的影响，同时也进一步验证了“配第—克拉克定理”。

（3）钱纳里的“标准结构”与“工业化阶段”

美国经济学家钱纳里把研究领域进一步扩展到低收入国家。在库兹涅茨研究的基础上，对产业结构变动趋势进行了探究。在方法上，钱纳里比库兹涅茨的研究有所改进，运用了统计归纳法，将人均国民生产总值和人口作为外生变量，将产业结构转换作为因变量，通过使用索洛模型，建立GDP市场占有率回归方程，得出一个标准产业结构。他根据人均国内生产总值，将整个经济发展过程划分为三个阶段六个时期，钱纳里认为，从一个阶段向更高一个阶段的转变都是由产业结构推动的，这就是钱纳里工业化阶段理论（见表2-1）。

**表2-1　钱纳里标准结构与工业化阶段**

| 阶段 | 人均 GDP/1970 年美元 | 人均 GDP/1998 年美元 | 发展阶段描述 |
|---|---|---|---|
| 1 | 140—280 | 530—1200 | 初级产品生产阶段 |
| 2 | 280—560 | 1200—2400 | 工业化初级阶段 |
| 3 | 560—1120 | 2400—4800 | 工业化中级阶段 |
| 4 | 1120—2100 | 4800—9000 | 工业化高级阶段 |
| 5 | 2100—3300 | 9000—16600 | 发达经济初级阶段 |
| 6 | 3300—5040 | 16600—25000 | 发达经济高级阶段 |

资料来源：［美］钱纳里.工业化与经济增长的比较研究：中文版［M］. 上海：三联书店，1989：71.

钱纳里认为，轻工业特别是纺织食品，在工业化初级阶段的产业结构中居于重要地位，劳动密集特征显著；进入工业化中级阶段，原材料工业居于重要地位；到工业化高级阶段，加工型工业成为重点。在后两个阶段，资本密集度和技术集约度都有所提高。进入发达经济阶段以后，经济增长速度逐渐回落。

（4）霍夫曼定理

霍夫曼通过工业化早期和中期约20个国家八类产品中的消费品工业和资本品工业的比重，定义了“霍夫曼比率”，以此分析工业结构的变动规律。霍夫曼发现，在工业化进程中，霍夫曼比例在不断下降，这就是霍夫曼定理。根据霍夫曼比率的由大到小，将工业化进程分为消费品工业居主要地位、资本品工业增长快于消费品工业、资本品工业继续快速增长和资本品工业居主要地位这四个阶段。霍夫曼对重工业化问题进行了开创性研究，暗示着工业结构演进中会出现“重型化”特征。

（5）赤松要的“雁行形态理论”

赤松要“雁行形态理论”的主要内容是，由于比较成本结构是动态的、不断变化的，后进工业国家在最初阶段出口初级产品进口工业制品。进入第二阶段，国内工业发展，本国产品与进口工业产品趋于同质，产生了进口替代效应，进口工业品趋于减少。第三阶段，本国产品开始大量出口，开始是向后进国家，其后向发达国家出口。也就是说，随着发达国家产业发展和技术的推动，发展中国家的产业结构是按“进口—国内生产—出口”的规律演进的。后来，学者们发现“雁行理论”很好地解释了东亚经济体的经济增长和产业结构变化，为后进国家产业结构高级化提供了实现路径。

总之，产业结构演进就是不断合理化和高级化的过程。产业结构演进规律可以概括为：产值和劳动力从农业向工业再向服务业渐次转移，即产业结构沿着“一、二、三”结构向“二、三、一”结构，再到“三、二、一”方向演进。从劳动密集型产业慢慢变为资本密集产业，再到知识技术密集产业的演进过程，高附加值和高加工度产业在产业结构中越来越起主导作用。

表2–2是对产业结构演进一般规律几种观点的总结。

表2–2 产业结构演进理论的代表人物及其主要观点

| 理论 | 代表人物 | 代表著作及发表时间 | 主要观点 |
| --- | --- | --- | --- |
| 配第—克拉克定理 | 威廉·配第 | 《政治算术》（1672） | 劳动力会由第一产业顺次向第二产业再向第三产业移动，第一产业劳动力就业比重逐渐降低，而第二产业和第三产业劳动力就业比重逐渐上升。 |
| | 克拉克 | 《经济发展条件》（1940） | |
| 库兹涅茨法则 | 库兹涅茨 | 《国民收入及其构成》（1941） | 产业结构变动会受到国民收入的影响，也进一步验证了“配第—克拉克定理” |
| 霍夫曼定理 | 霍夫曼 | 《工业化的阶段和类型》（1931） | 工业化进程中霍夫曼比例呈不断下降趋势，工业结构演进中会出现“重型化”特征 |
| 工业化阶段 | 钱纳里 | 《工业化和经济增长的比较研究》（1986） | 工业化初期，轻工业为主，进入工业化中后级阶段，原材料工业、加工工业成为重点 |
| 雁行形态理论 | 赤松要 | 《日本经济发展综合原理》（1932） | 通过进口—国内生产—出口使后起国家实现产业结构演进 |

资料来源：笔者自行整理。

以上理论各有其优缺点：配第关于产业结构演进的研究，为探讨经济发展因素指明了方向。克拉克则对产业结构理论作了开拓性研究。“配第—克拉克”定理是在经济发展的动态过程中考察产业结构研究，其理论前提是所有的产业活动可分别归类于第一、第二和第三产业之内，也就是说，其研究基础是三次产业分类法。首次使用了劳动力指标以揭示产业结构变动的基本趋势，以劳动力在各产业的分布变动来分析产业结构的演进，蕴含了不同产业间的就业带动效应。库兹涅茨首次使用了总产值和劳动力两个指标，进一步验证了“配第—克拉克定理”，同时也验证了产业结构变动受到人均国民收入的影响，缺点表现在仅用劳动力要素衡量部门资源配置。霍夫曼从工业结构内部的比例构成分析工业化进程，其观点在曾出现过重工业产品只用于满足基本建设和军需物资的需要的历史背景下，是符合实际的。不足之处是忽略了各国产业效率和产业背景的差异。“标准产业结构”作为产业结构变动的一般趋势具有一定的参照意义，但各国在资源禀赋等方面存在差异，故不能将其作为产业结构是否合理的标准。“雁行形态理论”暗含着开放条件下，后进工业国产业结构要与国际贸易相适应。

#### 2.2.3.2 产业结构演进的影响因素

若想深入了解产业结构的变动规律，并结合实际情况制定恰当的产业政策，还必须清楚影响产业结构变动的主要因素。

产业结构会受到供给因素的影响。供给因素，从宏观上讲，包括经济、政治、法律、体制和文化；从微观上讲，主要包括自然资源、劳动力、投资、技术等。资源和人口因素对产业结构的影响是巨大的，科技进步是产业结构变动的决定性因素之一。产业结构还会受到需求因素的影响。投资需求直接决定了产业资金的流向，消费需求则会直接影响产业结构的变动。除此之外，产业结构还受到诸如国际贸易及产业政策的影响。而产业结构变动受政府产业政策的影响最为直接。关于产业结构演进的影响因素，会在第5章中作详细分析，这里不再赘述。

### 2.2.4 产业结构调整与优化理论

产业结构调整与优化理论主要包括二元结构理论、平衡增长理论、不平衡增长理论、主导产业理论和筱原两基准理论等。

#### 2.2.4.1 刘易斯的二元结构理论

二元结构理论的创立者是美国经济学家刘易斯，其揭示了发展中国家并存着农业经济和现代工业两种不同的经济体系，即“二元经济结构”。该理论探讨了劳动力的流动带动了产业结构变动，指出农业剩余劳动力的城市化转移能够逐步消减二元经济结构，使其逐渐转变为一元经济结构。从中我们可以看出，刘易斯的二元结构中劳动力的转移过程就是产业结构调整的过程，反映了发展中国家经济发展的一些规律，基本符合经济发展的历史经验，被许多国家或地区在发展经济时借鉴和采纳。当然，刘易斯模型也存在不少缺陷，后继者对其进行了改进，费景汉等（1989）在考虑两部门平衡增长的前提下，完善了二元经济思想，构建了刘易斯—费景汉—拉尼斯模型。托达罗（1969）认为二元结构理论对农村劳动力转移的阻力考虑欠缺，构建了托达罗模型。1957年，缪尔达尔把部门二元结构延伸到区域二元结构，最终形成了地区或国家间在地理上的二元结构。

#### 2.2.4.2 平衡增长理论

纳克斯（1966）从“贫困恶性循环论”出发，建议在不发达经济中推动平衡增长构想。平衡增长指的是在整个国民经济各部门中，同时大规模投资，使各部门按同一比率或不同比率得到全面发展。罗丹的“大推动理论”是最有代表性的平衡发展理论。尽管该理论为发展中国家摆脱贫穷落后、实现经济增长提供了一种范式。然而，由于平衡增长过于依赖国家干预，忽视了政府失灵的可能性，并且严重限制了市场作用的发挥，导致了经济效率的丧失。

#### 2.2.4.3 不平衡增长理论

不平衡增长理论是赫希曼提出来的，他认识到了稀缺资源应得到充分利用的重要性，于是主张率先发展某几类有带动作用的部门继而带动其他部门的发展。不平衡增长理论包括“联系效应”“引致投资最大化”和优先发展“进口替代工业”三大核心内容。汉斯、罗斯托等都支持并赞同主张这一理论。由于落后地区资本有限，不可能大规模投资所有部门。因此，集中有限资源，优先发展主导产业，继而带动其他产业发展，是实现经济快速增长的最好办法。这样就有效地解决了资本不足的问题。不平衡增长理论提出了“连锁效应”的概念，即前向、后向和旁侧关联效应。罗斯托在主导产业扩散效应理论中，对产业关联效应作了进一步的阐述，还有日本学者佐贯利雄的“重点产业理论”、筱原三代平的“主导产业选择基准”和佩鲁的“增长极理论”，都体现了不平衡增长理论的观点。

#### 2.2.4.4 罗斯托的主导产业理论

“主导产业”的概念最早是由赫希曼提出来的，熊彼特从创新的角度分析了主导产业理论，认为创新实质上就是产业突变，进一步阐释了主导产业的演进规律。罗斯托在赫希曼不平衡增长理论和熊彼特创新理论的基础上，对主导产业理论进行了系统的研究，成为该理论的奠基者。罗斯托重点强调主导产业的作用，用它来解释现代经济的增长，并概括了经济增长的普遍模式。罗斯托把经济成长划分为六个阶段，认为每一阶段的演进都是以主导产业更迭为特征的。他认为主导产业的三大特点是依靠技术进步、持续高速的增长率，还有扩散效应较强。所谓扩散效应，就是主导产业的带动作用，向前可以诱发出新的经济活力（前侧效应），向后可以带动投入提供投入品的部门（后侧效应），还可以带动地区经济结构、城镇建设、基础设施、人员素质发生变化（旁侧效应）。主导产业就是通过这几个方面促进一个国家或地区的经济增长和产业部门的发展。罗斯托对主导产业的系统性总结，奠定了产业结构升级优化的理论基础。

#### 2.2.4.5 筱原基准

罗斯托对主导产业理论做出了杰出的贡献，可惜却没有提出主导产业的选择标准。筱原三代平基于日本经济发展的情况，提出了主导产业选择的两个基准条件——“需求收入弹性基准”和“生产率上升率基准”，即把积累投入收入弹性大和生产率上升快的部门和行业。收入弹性大的产业往往占有比较大的市场份额，生产率增长快的产业，其产品的生产费用一般都比较低。这样便能吸引各种资源流向该产业，使该产业在资源和技术供给上比其他产业占据更多的优势，逐步成为经济增长的主动力。筱原基准使产业结构升级优化更具有可操作性。日本政府在筱原基准的基础上，考虑了环境和就业问题，增加了“过密环境基准”和“劳动内容基准”。“过密环境基准”突破了单纯依靠经济标准来选择主导产业，进一步要求提高能源利用效率有效地避免了先破坏、后治理的发展弊端。“劳动内容基准”主要是为了提高劳动者的满意度，为其提供稳定、安全、舒适的劳动场所。筱原基准理论为后进国家实现产业结构优化指明了方向。

产业结构调整与优化理论的代表人物及其主要观点总结如表2–3所示。

**表2–3 产业结构调整与优化理论的代表人物及其主要观点**

| 理论类型 | 代表人物 | 代表著作及时间 | 主要观点 |
|---|---|---|---|
| 二元结构转变理论 | 刘易斯 | 《劳动无限供给条件下的经济发展》（1954） | 发展中国家存在二元经济结构，农业剩余劳动力的城市化转移能够逐步消减二元经济结构，逐渐转变为一元经济结构 |
| 平衡增长理论 | 罗森斯坦·罗丹 | 《东欧和东南欧国家工业化的若干问题》（1943） | 对国民经济各个部门同时进行大规模投资，推动整个国民经济的高速增长 |
| 不平衡增长理论 | 赫希曼 | 《经济发展战略》（1958） | 提出“主导产业”概念，集中有限资源，优先发展主导产业 |
| 主导产业理论 | 罗斯托 | 《经济成长的过程》（1952）《经济成长的阶段》（1960） | 提出主导产业扩散效应理论，主导产业通过前侧效应、后侧效应、旁侧效应带动经济增长和产业部门的发展 |
| 筱原基准理论 | 筱原三代平 | 《产业结构与投资分布》（1957） | 提出了主导产业选择的两个基准条件：“需求收入弹性基准”和“生产率上升率基准” |

资料来源：笔者自行整理。

### 2.2.5 产业结构理论的新内涵

#### 2.2.5.1 原有产业结构理论的局限性

站在新的时代背景下，重新审视原有的产业结构理论，其局限性主要表现在以下三个方面。

首先，原有的产业结构理论并未充分考虑产业结构对环境的影响，只是将经济的快速增长作为最终目标，而未将生态效益作为产业结构优化的目标之一，没能实现生态和经济效益的有机统一。

其次，原有的产业结构理论无法有效解决当前产业结构的内在矛盾——产业间的供需不协调和发展不平衡。当前，由于资源环境问题的出现，环境规制的引入增加了各产业的生产成本，加剧了产业发展的不平衡和供需间的不协调。以经济效益为最终实现目标的产业结构理论对于资源环境问题所引起的产业结构内在矛盾显得束手无策。

最后，原有的产业结构理论主要围绕产业结构合理化和高级化进行评价，无论是单一指标还是多种指标，都以经济效益作为基准来测度产业结构演进的水平，不能准确衡量当前发展目标下的产业结构水平，其评价体系呈现出明显的片面性。

#### 2.2.5.2 产业结构理论的新内涵

原有的产业结构理论更多关注的是产业结构与经济增长之间的关系，考虑到传统产业结构理论不能很好地实现生态和经济效益的统一，故新形势下的产业结构演进应该被赋予新的内涵。

首先，产业结构调整的最终目标是实现产业系统的动态稳定和经济生态综合效益的最大化。

产业系统的动态稳定是可持续发展的起码要求，这就需要产业结构符合产业系统所处的环境，与当前的经济发展水平相匹配，并能对最终需求的变化及时作出反应，抵挡制度变动或资源价格波动等因素的冲击，为产业发展提供最佳的生存环境，保障产业系统的良性成长。

产业结构是经济结构调整最为重要的部分，是转变经济发展方式的主攻方向，因此，产业结构调整优化的最终目标必须符合产业发展趋势和目前经济发展要求，也就是说，产业结构演进既不能单纯地只关注经济效益，也不能为生态效益而放弃经济效益，而是实现生态效益和经济效益的统一。

其次，产业结构调整应本着产业间关联深化、协调发展和产业素质提升的原则。

产业的协调能力和关联水平是产业结构合理化的核心内容。产业的协调能力是指产业间供需数量、生产率和技术水平实现协调的能力。产业间关联关系的深化决定了其协调能力提升。产业间的知识共享、技术合作等途径都能够加强产业间的协调发展。当前经济发展目标下的产业间关联，不再仅仅局限于上下游产业之间的投入产出关系，而是类似于自然界生物体间的有机联系，通过产业间资源的循环利用和层级递进，实现产业系统的闭环模式，深化产业间的关联关系。

产业素质是产业结构从低级向高级演进的关键要素，决定着产业系统的质量。产业结构向高级化方向演进，需要从源头上扭转粗放型的经济增长方式，实现产业生态转型。因此，产业素质提升也要符合产业结构转型的方向，进行各种创新活动。

最后，产业结构演进是动态的过程，不同时期、不同阶段，对产业结构演进的衡量也有差异。当前的新形势、新时期要求产业结构的测度必须体现经济生态综合因素，将生态要素纳入产业结构的评价指标体系中。

## 2.3 生态经济理论

### 2.3.1 生态经济的本质

生态经济、循环经济、绿色经济、低碳经济都是在能源危机和环境危机产生后相继出现的经济形态。循环经济、绿色经济和低碳经济是生态经济的重要组成部分和深化。这四者的本质内涵十分相似，目标宗旨也一致，都强调环境友好、资源节约、生态平衡，主张人与自然和谐相处，都是实现经济可持续发展的经济形态和有效途径。但他们在概念内涵和核心内容上还是有细微差别的。循环经济强调物质的循环利用，提高资源利用效率，保护环境；绿色经济强调以人为本，提高福利水平，保障人类与自然的和谐共存；低碳经济强调低排放、低能耗、低污染。生态经济则强调经济与自然系统的和谐发展，保护和改造生态环境。

### 2.3.2 生态经济理论的形成与发展

生态经济理论出现于20世纪60年代，起源于学者们对传统经济发展模式的质疑，反映出人们对于因传统经济发展模式引发的生态问题的反思，进一步思索在如何兼顾生态环境的同时发展经济。Costanza（1989）给生态经济学下的定义是，探讨人类社会经济行为同因其导致的资源和环境变化之间关系的学科。美国经济学家布朗（2002）认为生态经济是一种能够维持生态环境长期健康的经济发展方式，既能够满足当代人的需求，又不会危及子孙后代。一言以蔽之，生态经济是人类追求的一种理想的经济形态，能够实现生态保护和经济的协调发展，将粗放型的经济增长方式转变为集约型增长方式，将恶性生态循环转变为良性循环，在保持资源充分利用和生态平衡的前提下，将经济效益最大化。

生态经济在研究初期，过于强调牺牲经济发展以保证生态平衡，结果没有人愿意为了生态环境而彻底放弃经济，可操作性很低。后来，生态经济学开始着眼于强调生态和经济和谐发展，即生态和经济的协同发展观。1986 年，赫尔曼·哈肯在《协同学——大自然构成的奥密》中，首次提出了“协同学”，谈到生态体系和经济体系是互补统一而非对立的，引起了强烈反响。哈肯认为经济系统也属于自然生态系统，是其一部分，必然要受控于自然生态系统，要创造条件使生态和经济转向协调统一发展。因此，只有符合生态系统内在规律的经济增长才是可持续的、健康的。经济和生态的协同发展观对于日后可持续发展观的演化有着非常重要而积极的意义。可持续发展理论最早强调如何协调人口、生态、资源环境与经济之间的关系，在满足经济发展的同时也满足生态环境的承受能力。1990年以后，生态经济的研究重点关注生态经济效益，认为兼顾生态效益和经济效益的综合效益才是健康、可持续的。应该明确，生态效益是经济效益的内在基础，生态效益高，资源环境转化率也高，进行经济开发就能获得更高的经济效益。还应该明确，经济效益的不确定性是导致生态破坏和短期盲目经济行为的根源，使得人们有追逐眼前短期利益的倾向，会因此不顾生态资源环境被破坏，最终导致经济效益失去内在基础。

过去我国由于没有经济与生态协调的思想作指导，严重破坏了自然界的生态平衡，致使经济社会没能可持续发展。反思过去不可持续的发展观，我国提出了贯彻落实科学发展观，转变发展观念，做到生态、经济和社会全面协调发展。要抛弃偏激思想，合理看待问题，既不能过分强调保护环境，又不能采取粗放的经济发展方式，这一点对于正在发展中的中国来说非常重要。2013年9月，习近平总书记在纳扎尔巴耶夫大学发表演讲，表达了“既要金山银山，又要绿水青山，绿水青山就是金山银山。我们决不能以牺牲生态环境为代价换取经济的一时发展”的观点。“绿水青山就是金山银山”深刻揭示了发展与保护的本质关系，指明了实现发展和保护内在统一、相互促进与和谐共生的方法论。保护生态就是保护自然价值和增值自然资本的过程，把生态环境优势转化为经济社会发展的优势，“绿水青山”就可以源源不断地带来“金山银山”。牢牢树立和践行“绿水青山就是金山银山”的理念，坚持节约资源和保护环境的基本国策，为我国新时期进一步正确处理好经济发展同生态环境保护的关系指明了方向。2017年10月18日，党的十九大报告中将“坚持人与自然和谐共生”作为新时代坚持和发展中国特色社会主义基本方略的重要组成部分，指出“坚持人与自然和谐共生”是中华民族永续发展的千年大计，也是实现中华民族伟大复兴的必然选择，必须着力推动形成绿色发展方式，加大生态系统保护力度。

## 2.3.3 生态经济理论在草原生态经济系统中的体现

### 2.3.3.1 草原与草原生态经济系统

（1）草原

草原，是指以多年生旱生植物所组成的群落。植物学家眼中的草原是一种植被类型；地理学家眼中的草原是一种自然景观；草原学家眼中的草原是能够进行放牧、饲养牲畜的自然地带。我国《草原法》中的草原是具有多种功能的土地类型，包括草山和草地。

草原是陆地上面积仅次于森林的第二大生态系统。据世界银行1997年的统计[①]，森林占有定居人口陆地面积的30%，草原面积占25%。我国拥有的草

① 资料来源于世界银行统计数据库（1997）。

地面积约占国土总面积的 40%，仅次于澳大利亚，位居世界第二位，主要分布在西藏、内蒙古、新疆、青海和甘肃。内蒙古天然草地居第二位，约7880万公顷，排在西藏之后（约为 8025万公顷）。我国共有11片重点草原，其中内蒙古就占有5片，从西往东分别是鄂尔多斯草原、乌兰察布草原、科尔沁草原，还有锡林郭勒草原及呼伦贝尔草原。不言而喻，内蒙古草原是欧亚大陆草原不可或缺的组成部分。

（2）草原生态经济系统

生态经济系统是由生态系统和经济系统组合而成的，是由人类活动以劳动形式作用到生态系统中，形成自然要素与经济要素共存的复合系统，两者之间既相互作用又对立统一。人类对生态系统的介入都带有经济动机，在加入了人的因素后，生态系统就必然转化为生态经济系统。生态系统通过人类物质、能量、价值和信息的不断运动，形成了更高层次的生态经济系统。生态经济系统与自然生态系统的根本区别在于，前者是受人的活动支配，还会受到经济条件、社会制度以及科学技术水平的限制和影响。草原生态经济系统，就是草原生态系统与人类介入的经济系统组成的复合系统。当今社会，撇开人类经济活动的单一草原生态系统是不存在的①。

内蒙古草原位于生态脆弱区，从东往西属于半湿润向半干旱过渡带，最主要的敏感因子是降水量的多少，以及年际、年内分配。内蒙古草原全年降雨量只有200~300毫米，由于地层结构的原因，草原地表有生命活力的土壤层很薄，下面就是沉积的沙源。因此，在这样的条件下，内蒙古草原生态系统极其脆弱。内蒙古草原生态系统属于生态经济弹性小的生态系统，生态经济系统的新增能力很弱。

### 2.3.3.2 草原生态经济系统价值

关于自然资源有无价值的问题，可以说在认识上经历了若干阶段。传统经济学认为自然资源是没有价值的。西方经济学也不曾把自然资源当成稀缺资源，认为自然资源没有价值。伴随着生态危机，在可持续发展的理念下，自然资源存在价值论日益流行。西方经济学家对自然资源价值提出了有限资源价值论，该理论认为，价值是由稀缺性决定的，提出这一理论的代表性人物有瑞士经济

① 盖志毅. 新牧区建设与牧区政策调整［M］. 沈阳：辽宁民族出版社，2001：56-63.

学家瓦尔瓦斯。自然资源具有稀缺性特点，正如戴利所说："自然是稀缺的，随着生产能力的不断增长，它一天天地变得更加稀缺。"关于自然资源的稀缺性，戴利曾提出了著名的从"空的世界"向"满的世界"的转变模型，戴利和汤森（2001）深刻地论证了随着经济子系统的迅速增长，我们从一个经济系统的输入输出没有限制的世界走向输入输出日益受到退化和污染限制的一个有限的世界。

自然资源价值论中另一个引人注目的理论是自然价值论，该理论的代表性人物是霍尔姆斯·罗尔斯顿，他在其代表作《哲学走向荒野》（2000）中提出了"自然中的价值"，并将其分类为经济价值、生命支撑价值、科学价值、审美价值、多样性和统一性价值、稳定性和自发性价值、辩证的价值和宗教价值等。国内颇有影响的经济学家从自然价值论中引申出了"资源稀缺价值论""供求结合价值论"及"天人合一价值论"。

由此可见，草原作为土地的一部分，作为自然资源的一部分，当然具有稀缺性的特点，因此是有价值的。

关于草原的资源价值，额尔敦扎布从劳动价值论角度诠释了草原资源的交换价值、个别价值与社会价值以及草原价值量的决定。一般而言，草原价值主要包括经济价值和生态价值两个方面。额尔敦扎布教授认为，没有一个生产系统像草原畜牧业系统那样完整而又漫长，其生产特性至少包括以下四个层面：一是前植物生产层，即其景观层面，包括风景、水源、自然保护区和旅游地。二是植物生产层。植物利用阳光、水、矿物质元素进行光合作用，生产有机物质，形成初级生产能力。三是动物生产层。通过草食动物和肉食动物对第二生产层的转化，生产出可供人们直接或间接利用的畜产品。四是外生物生产层。是指在生物生产活动之外将植物、动物产品加工和流通，实现其社会价值的过程。草原畜牧业系统的每一个层面都有价值创造问题。关于草原价值量的计算，额尔敦扎布（2004，2007）认为，经济价值的计算，应该综合考虑马克思关于土地价格的计算方法，增加劳动所创造的价值和市场的供求关系。草原的生态价值应该充分考虑将草原生态链的整个功能分解成各个单项功能，各项功能价值之和构成其生态价值。他认为，构成内蒙古生态主体的草原价值应该包括植被覆盖地表、防止风蚀、降低沙尘；拦截径流、减少淤积、降低水患；调节空气、促进降水；改良土壤，提高肥力；净化空气、美化环境；保证生物多样、促进人地和谐等方面。

盖志毅（2005）也对草原的生态经济价值展开过深入的探讨。他认为，过去对草原价值的认识仅仅局限在家畜的饲草饲料功能上，由于未能从多重理论的高度，全面、深刻地挖掘草原的内在价值，这是导致草原生态经济系统退化的重要原因之一。因此，他从自然资源稀缺性、经济学外部性理论、生物多样性、土地伦理和草原文化等多重理论视角对草原生态经济系统价值进行了探讨，提出保证物种多样性、生态系统多样性和草原文化传承性是保护草原生态价值的意义所在。草原的生态经济价值才是牧区经济发展的核心竞争力，任何经济行为都必须以保护环境和生态健康为基本前提。

## 2.4 主体功能区理论

### 2.4.1 主体功能区的形成与发展

主体功能区虽然是我国政府率先提出来的，其思想却源自西方国家。西方国家的自然保护区都是严令禁止开发的，生态脆弱区则是限制开发的，经济过密区需要优化调整。我国由于资源空间分布不平衡、经济增长粗放和人口数量剧增等原因，使得我国资源环境恶化程度重，区域经济发展极不平衡。由此可见，主体功能区提出的历史背景源于中国经济发展及其遇到的一系列资源环境问题。而事实上，该理论的提出已经远远滞后于经济发展的不平衡性了。

2006年3月，“十一五”规划纲要对区域协调发展的内涵进行了准确界定，并提出各地区要按照优化、重点、限制和禁止开发四种不同区域开发类型，根据资源环境承载能力和经济社会发展潜力，逐步形成各具特色的区域发展格局。

2007年10月，党的十七大提出了主体功能区构想，首次将主体功能区写入党代会报告中。2010年6月，国务院通过了《全国主体功能区规划》，该规划无论从理念上还是战略格局上都有较大改观。首先，明确了各地主体功能区规划新的开发理念与原则，即“以人为本、提高人民生活质量、增强可持续发展能力”。其次，进一步明确了优化开发、重点开发、限制开发和禁止开发四个开发类型的方向，将优化和重点开发的区域指向了城市化地区，限制开发和禁止开发的区域则指向了生态地区。

纲要对于优化开发区域、重点开发区域、限制开发区域以及禁止开发区域的基本内涵与发展方向给出了较为明确的界定（见表2–4）。

**表2–4　我国四类主体功能区的基本内涵与发展方向**

| 类型 | 开发密度 | 资源环境承载能力 | 发展潜力 | 内涵 | 发展方向 |
|---|---|---|---|---|---|
| 优化开发区域 | 高 | 减弱 | 较高 | 经济密集区和人口密集区 | 提高增长质量和效益参与全球分工与竞争的层次 |
| 重点开发区域 | 较高 | 高 | 高 | 经济和人口集聚条件较好的区域 | 逐步成为支撑全国经济发展和人口集聚的重要载体 |
| 限制开发区域 | 低 | 低 | 低 | 关系到全国或较大区域范围生态安全的区域 | 加强生态修复，引导超载人口有序转移，逐步成为全国或区域性的重要生态功能区 |
| 禁止开发区域 | 较低 | 很低 | 很低 | 依法设立的自然保护区域 | 依法实施强制性保护，严禁不符合主体功能的开发活动 |

主体功能区区划将我国国土空间划分为四类主体功能，根据开发方式、开发内容、主体功能以及其他功能，对四类主体功能进行定位（见图2–1）。

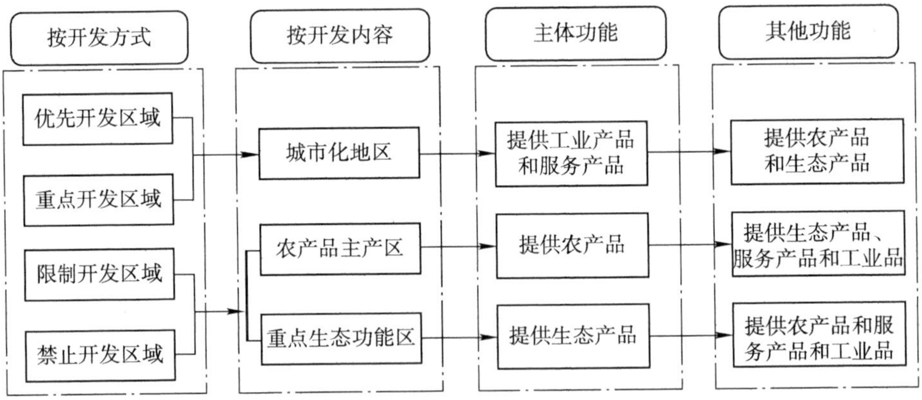


**图2–1　我国主体功能区规划体系**

党的十八大报告中又明确把“主体功能区布局基本形成”作为到2020年全面建设小康社会的重要目标，并提出“加快实施主体功能区战略”。党的十九大进一步明确要扎实推进主体功能区建设。按照党的十八、十九大精神，随着全国主体功能区规划的全面实施，我国国土空间开发和区域管理将进入一个新台阶。

### 2.4.2 主体功能区的相关指标体系

鉴于主体功能区的指标体系并无现成完整的参考，2006年，国家发展改革委员会规划司牵头成立了主体功能区划研究小组，构建了国家层面的主体功能区区划指标体系，同时建议中央和省级自治区级政府分别制定主体功能区划。

国家发展改革委员会提出的指标体系（见表2-5）。根据主体功能区指标体系，国家明确提出京津冀、珠三角、长三角、胶济沿线和福建沿海等区域为优化开发区，还有22处限制开发区和64处禁止开发区。

表2-5 我国主体功能区指标体系

| 一级指标 | 二级指标 |
|---|---|
| 资源环境承载能力 | 水资源的丰裕程度 |
| | 土资源的丰裕程度 |
| 资源环境承载能力 | 水的环境容量 |
| | 大气的环境容量 |
| | 水土流失的生态敏感性 |
| | 沙漠化的生态敏感性 |
| | 生物多样性的生态重要性 |
| | 水源涵养的生态重要性 |
| | 自然灾害频发程度（地质、地震、气候、风暴潮） |
| 现有开发密度 | 土地资源开发强度 |
| | 水资源开发强度 |
| 发展潜力 | 经济社会发展基础 |
| | 科技教育水平 |
| | 区位条件 |
| | 历史和民族 |
| | 国家和地区的战略导向 |

资料来源：潘玉君，等. 省域主体功能区划研究［M］. 北京：科学出版社，2011：7.

### 2.4.3 主体功能区的区域政策体系

区域政策即区域经济发展促进政策，区域政策体系是由一系列政策组成的，包括产业政策、财政政策、土地政策、投资政策、民族政策、农业政策、人口政策、环境政策和应对气候变化政策，共九大方面。区域政策体系的目的是促进资源在区域间、区域内的有效配置，实现区域社会、经济和生态环境的和谐发展，对实现区域公平发展具有重要作用。

这九类政策，根据政策手段的特点可以分为两大类：一是综合运用政府宏观经济调控手段的财政政策、投资政策、土地政策、产业政策和农业政策；二是政府运用行政手段对人口、资源环境以及自身绩效考核的政策，如人口政策、民族政策、环境政策和应对环境变化政策。

根据政策对应的作用范围，可以分为三大类：一是各个主体功能区普遍适用的政策，有产业政策、人口政策、土地政策、环境政策；二是适合限制开发区的政策，有财政政策和投资政策；三是适合禁止开发区以外的政策，有民间投资政策、应对环境变化政策和民族政策等。

### 2.4.4 主体功能区与产业结构演进的内在关系

#### 2.4.4.1 主体功能区与产业结构合理化

主体功能区提出的历史背景是源于我国经济发展及其遇到的一系列资源环境问题。因此，依据现有开发密度和未来发展潜力，并充分考虑资源环境承载能力，对产业结构合理化提出了新的要求。对于资源环境承载能力减弱、开发密度高地区，要鼓励发展现代服务业、高新技术产业和出口导向产业，加快产业转移，提升全球产业竞争能力。对于经济和人口集聚条件较好、资源环境承载能力较强的地区，努力发展产业集群；对于经济和人口集聚条件不好、资源环境承载能力弱又关系到生态安全的区域，要坚持保护优先、点状发展的原则，因地制宜地发展环境可承载的特色产业。

#### 2.4.4.2 主体功能区与产业结构高度化

主体功能区建设要求必须根据各区域的资源环境承载能力布局和发展产业，优化开发区和重点开发区内各产业应广泛引用新技术，使产出能力和效率得到不断的提升，实现产业结构升级换代，引领新兴产业兴起和壮大，发展成新的主导产业。优化开发区内的产业要向技术密集型转变，向信息知识密集型转变。努力提高第三产业（劳动力）占国民经济总产值（劳动力）比重，以此提高主体功能区内的产业服务化水平。重点开发区则要从第一产业为主转变为第二、第三产业为主。限制开发区内的产业高度化首要满足其资源环境的承载力，主要以第一产业和第三产业为主。

## 2.5 本章小结

通过上文对牧业旗市产业结构演进的相关概念界定及理论基础的梳理可知，作为重点生态功能区的内蒙古33个牧业旗市，其产业结构调整的目标在于选择适宜的牧区产业发展模式，促进牧区内人口、经济、资源和环境的协调和可持续发展，实现经济效益、社会效益与生态效益协同发展。这与主体功能区划以人为本、人与自然和谐及可持续发展的开发理念，实现社会、经济与资源环境承载力协调的目标高度吻合。

主体功能区评价指标体系是以资源环境承载能力、现有开发密度和发展潜力作为一级分指标，其中的资源环境承载能力与牧业旗市产业结构的调整所要达到的生态环境可持续能力和资源可持续能力有相通之处。同样，主体功能区一级分指标中“现有开发密度”指标与牧业旗市产业结构调整所要实现的经济可持续能力、发展潜力与社会可持续能力亦有相通的地方。

总之，内蒙古33个牧业旗市产业结构演进必须以生态经济理论、主体生态功能区理论和产业结构理论等相关理论作为基础。产业结构相关理论则揭示了33个牧业旗市产业结构演进的动力机制与转型方式。主体功能区理论和生态经济理论为牧业旗市产业结构演进明确了目标和方向。内蒙古33个牧业旗市产业结构演进分析理论框架图如图2-2所示。

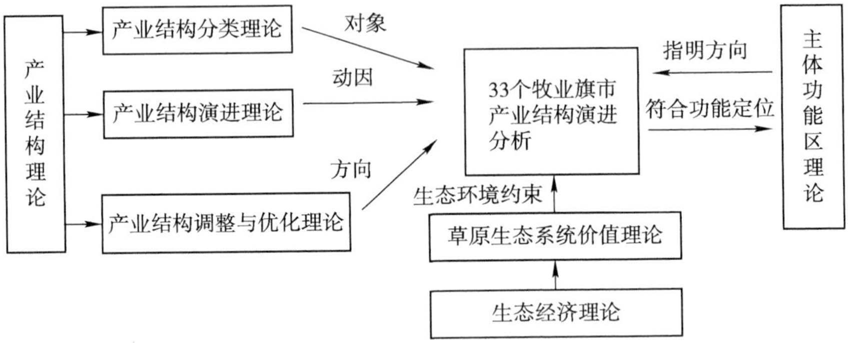


图2-2　内蒙古33个牧业旗市产业结构演进分析理论框架

# 3 内蒙古33个牧业旗市产业结构演进分析

## 3.1 内蒙古33个牧业旗市的总体特征

内蒙古33个牧业旗市地处祖国北部边疆，拥有广袤的草场，是蒙古族主要聚居的地方，是游牧文化的摇篮和传承载体，是我国能矿、生物、旅游等资源富集地区，特别是发展畜牧业的天然基地。如今，33个牧业旗市成为我国重要的生态功能区，肩负着构筑北方生态屏障的重任。33个牧业旗市因其自身所具有的生态、文化、社会、经济价值与多样的发展潜质，在我国社会经济发展中占有特殊的战略地位。与其他地区相比，33个牧业旗市的民族性、地缘性、民族性及生态性等特点显著。

### 3.1.1 地缘关系敏感

33个牧业旗市主要分布在内蒙古3个盟7个地级市（见表3-1），从最东部的陈巴尔虎旗到最西部的额济纳旗，横跨4000多公里，东部、中部和西部均有分布。33个牧业旗市还是典型的少数民族边境旗，蒙古族人口约占内蒙古牧业旗市总人口的41.3%。蒙古族比例超过70%的有6个旗，分别是科尔沁右翼中旗（84%）、新巴尔虎右旗（82%）、科尔沁左翼后旗（75.2%）、新巴尔虎左旗（73.3%）、东乌珠穆沁旗（72.2%）和科尔沁左翼中旗（70.3%）。蒙古族比例在50%～69%之间的有4个牧业旗，40%～49%之间的有5个牧业旗。而且，33个牧业旗市大部分处于边疆，在长达4200千米的内蒙古自治区边境线上，共有20个边境旗市，其中33个牧业旗市就有15个处于边境线上，属于地缘政治学应该关注的地缘关系敏感地带。就目前而言，33个牧业旗市政治安定，民族团结。33个牧业旗市同样存在着不同利益主体的矛盾，因草原权益而导致的纠纷不断。

表3–1 内蒙古33个牧业旗市的行政区划

| 盟、市 | 个数 | 各牧业旗市 |
|---|---|---|
| 锡林郭勒盟 | 9 | 锡林浩特市、阿巴嘎旗、苏尼特左旗、苏尼特右旗、东乌珠穆沁旗、西乌珠穆沁旗、镶黄旗、正镶白旗、正蓝旗 |
| 赤峰市 | 5 | 阿鲁科尔沁旗、巴林左旗、巴林右旗、克什克腾旗、翁牛特旗 |
| 呼伦贝尔市 | 4 | 鄂温克旗、新巴尔虎右旗、新巴尔虎左旗、陈巴尔虎旗 |
| 鄂尔多斯市 | 4 | 鄂托克前旗、鄂托克旗、杭锦旗、乌审旗 |
| 阿拉善盟 | 3 | 阿拉善左旗、阿拉善右旗、额济纳旗 |
| 通辽市 | 3 | 科尔沁左翼中旗、科尔沁左翼后旗、扎鲁特旗 |
| 巴彦淖尔市 | 2 | 乌拉特中旗、乌拉特后旗 |
| 乌兰察布市 | 1 | 四子王旗 |
| 包头市 | 1 | 达尔罕茂明安联合旗 |
| 兴安盟 | 1 | 科尔沁右翼中旗 |

资料来源：根据《内蒙古统计年鉴（2016）》和各旗市政府网站相关数据整理。

### 3.1.2 生态系统脆弱

内蒙古草原气候干湿不一，东西跨度大，草原类型复杂多样。典型草原是内蒙古草原的主体，总面积 2767.35万公顷，占全区草地总面积的35.12%。其次是荒漠类草原，草原总面积为1686.67万公顷，占全区草地总面积的21.47%，而实际可利用面积仅为940万公顷，主要分布在极干旱的阿拉善高原。草甸草原是内蒙古最优良的天然植被，占全区草地总面积的10.95%，主要分布在半湿润气候区；荒漠草原和草原化荒漠处于草原向荒漠的过渡地带，主要分布在干旱气候区，分别占全区草地总面积的10.68%和6.84%。总的来说，内蒙古草原是干旱、半干旱草原，生态系统极为脆弱、弹性小，草原生态极易被破坏。根据内蒙古第三次草地资源普查资料，内蒙古33个牧业旗市可利用草地面积约为5188万公顷，占天然草地资源总面积（6495万公顷）的80%。

20世纪50—70年代，内蒙古荒漠化土地平均每年扩大1560平方千米；80—90年代，平均每年扩大2100平方千米；进入90年代以后，荒漠化的扩展速度已经达到每年2460平方千米。在内蒙古地区的天然草原中，约有30%的草原退化，35%的草原沙化和3%的草原盐碱化。

33个牧业旗市草原生态恶化最明显的表现就是草原退化。20世纪50年代前，退化现象还不明显，自60年代中期以后，草地退化现象日益突出。到80年代，草原出现了相当程度的退化，退化面积大大增加。整个内蒙古草原和33个牧业旗市草地的退化面积分别增加了36.7%和50.46%。内蒙古33个牧业旗市的草地退化面积约为1904万公顷，占到可利用草地的36%。轻度退化（地上生物量与盖度下降20%～35%）草地面积为946万公顷，占18%；中等程度退化（地上生物量与盖度下降35%～60%）的草地面积为597万公顷，约占12%，而非常严重（地上生物量与盖度下降60%～85%）的草地退化状况，在当时也已经发生了，退化面积约288万公顷，大约占6%[①]。

20世纪80年代初期，退化率较大的旗多数在内蒙古的中部和中西部，如翁牛特旗、镶黄旗及杭锦旗等旗，退化比例都在 65%以上。内蒙古东部的陈巴尔虎旗、鄂温克旗，还有内蒙古西部的阿拉善左旗、阿拉善右旗、额济纳旗的草地退化相对轻一些，退化率基本都小于20%。陈巴尔虎旗退化比例最小，为9%，科尔沁区退化比例最高，为96%，其最大与最小之差达到了87%。

21世纪初期，从整体上看草地资源呈退化加剧趋势。到2001年，33个牧业旗市的天然草地退化面积已经达到 2865万公顷，与20世纪80年代初相比，几乎快翻了一倍。轻度（1347万公顷）、中度（1158万公顷）、重度退化（360万公顷）比例也分别达到47%、40.4%和12.6%（资料来源于内蒙古草地资源第四次普查资料）。内蒙古东部的新巴尔虎右旗、新巴尔虎左旗的草地退化率相对较高，草地退化率达到了70%；毗邻的陈巴尔虎旗和鄂温克旗的退化率较低；西部阿拉善盟的三个旗中，阿拉善左旗和右旗属于中度退化，但额济纳旗属于重度退化，草地退化率明显高于前两个旗。内蒙古中部除了东乌珠穆沁旗和西乌珠穆沁旗之外，多数旗属于重度退化程度。从样本个数上看，21世纪初，33个牧业旗市重度退化的旗市已经有27个，远远高于20世纪80年代初的8个。表3-2对20世纪80年代和21世纪初33个牧业旗市的草原退化情况进行了对比。通过对比分析可以看出，虽然33个牧业旗市21世纪初期的可利用草地面积增加了，但从退化的速度和程度来看，草地资源退化更为严重了（见表3-2）。

① 资料来源：国家环保局统计资料（1999）。

表3-2 20世纪80年代和21世纪初33个牧业旗市草原退化对比

| 可利用草原面积 | 20 世纪 80 年代<br>5188 万公顷 | | | 21 世纪初<br>5223 万公顷 | | |
|---|---|---|---|---|---|---|
| 退化率（R） | 退化率 / % | 样本旗个数 | 旗市名 | 退化率 / % | 样本旗个数 | 旗市名 |
| 轻 度<br>R ≤ 33% | 18 | 10 | 陈巴尔虎旗、鄂温克旗，新巴尔虎左旗，新巴尔虎右旗，阿拉善左旗、阿拉善右旗、额济纳旗，西乌珠穆沁旗，锡林浩特市，乌拉特后旗 | 47 | 0 | 无 |
| 中度<br>66% ≥ R > 33% | 12 | 16 | 其他旗市 | 40.4 | 6 | 陈巴尔虎旗、鄂温克旗，东乌珠穆沁旗，西乌珠穆沁旗，阿拉善左旗，阿拉善右旗 |
| 重 度<br>R > 66% | 6 | 8 | 巴林左旗，阿鲁科尔沁旗，科尔沁左翼中旗，翁牛特旗，镶黄旗，四子王旗，鄂托克前旗，杭锦旗 | 12.6 | 27 | 其他旗市 |

数据来源：笔者根据内蒙古草地资源第三和第四次普查资料整理。

### 3.1.3 为民族集中贫困区

33个牧业旗市牧民生活贫困。内蒙古自治区共有31个国贫旗，主要分布在赤峰市、乌兰察布市、兴安盟、通辽市、锡林郭勒盟和呼伦贝尔市。其中33牧业旗市中属于国贫县的就有10个，分别是科尔沁左翼中旗、科尔沁左翼后旗、科尔沁右翼中旗、阿鲁科尔沁旗、巴林左旗、巴林右旗、翁牛特旗、苏尼特右旗、正镶白旗以及四子王旗（见表3-3）。同属于边境旗的有科尔沁右翼前旗、苏尼特右旗以及四子王旗，由于牧业旗牧民生活地理位置特殊，绝大部分牧业旗贫困人群生活在生态环境脆弱和自然条件恶劣的地区。33个牧业旗市就业人口总数从2010年年末的266.99万人，增加到2015年年末的310.3万人，5年内增加全社会就业总人数增加3.05%。其中三次产业就业比例，2010年为57.17：15.17：27.66（全区为48.20：17.41：34.39），2015年为52.9：15.7：31.4（全区为39.10：17.06：43.84），第一产业的从业人口比例较高。2010年，33个牧业旗市农牧民人均纯收入为5527元（全区为5530元），2015年人均纯收入为10151元（全区为10776元）。5年间，几何平均增长率为12.92%，全区为13.04%，收入水平依然低于全区平均水平，牧民生活贫苦。牧民增收脱贫的实现直接关系到牧区的繁荣稳定和经济社会的良性循环，更关乎国家安全问题。

**表3–3　内蒙古33个牧业旗市经济社会基本信息**

| 序号 | 牧业旗市 | 边境旗 | 贫困旗 | 蒙古族比例 | 农牧民人均可支配收入／元 | 总人口／人 |
|---|---|---|---|---|---|---|
| 1 | 新巴尔虎右旗 | 是 | | 82.0% | 16956 | 34987 |
| 2 | 新巴尔虎左旗 | 是 | | 73.3% | 16831 | 42052 |
| 3 | 陈巴尔虎旗 | 是 | | 44.3% | 17185 | 56768 |
| 4 | 鄂温克旗 | | | 18.9% | 17646 | 139775 |
| 5 | 科尔沁左翼中旗 | | 是 | 70.3% | 8997 | 519090 |
| 6 | 科尔沁左翼后旗 | | 是 | 75.2% | 9502 | 408894 |
| 7 | 扎鲁特旗 | | | 48.7% | 11764 | 303584 |
| 8 | 科尔沁右翼中旗 | 是 | 是 | 84.0% | 7325 | 253900 |
| 9 | 巴林左旗 | | 是 | 33.5% | 7841 | 347478 |
| 10 | 巴林右旗 | | 是 | 47.8% | 8068 | 183877 |
| 11 | 阿鲁科尔沁旗 | | 是 | 37.7% | 7390 | 298997 |
| 12 | 翁牛特旗 | | 是 | 13.0% | 8050 | 479772 |
| 13 | 克什克腾旗 | | | 11.3% | 8702 | 248809 |
| 14 | 阿巴嘎旗 | 是 | | 55.3% | 20075 | 44644 |
| 15 | 苏尼特左旗 | 是 | | 60.8% | 11760 | 34648 |
| 16 | 苏尼特右旗 | 是 | 是 | 33.2% | 8405 | 68337 |
| 17 | 正蓝旗 | | | 36.9% | 13626 | 83229 |
| 18 | 镶黄旗 | | | 62.5% | 11223 | 31349 |
| 19 | 正镶白旗 | | 是 | 28.8% | 8244 | 72277 |
| 20 | 锡林浩特市 | | | 29.3% | 20635 | 183806 |
| 21 | 东乌珠穆沁旗 | 是 | | 72.2% | 23843 | 81147 |
| 22 | 西乌珠穆沁旗 | | | 68.0% | 20286 | 79793 |
| 23 | 四子王旗 | 是 | 是 | 8.6% | 8491 | 212666 |
| 24 | 达茂旗 | 是 | | 12.3% | 11784 | 112788 |
| 25 | 乌拉特中旗 | 是 | | 19.0% | 13042 | 141664 |
| 26 | 乌拉特后旗 | 是 | | 27.0% | 11790 | 58837 |
| 27 | 阿拉善左旗 | 是 | | 48.0% | 14813 | 147843 |

续表

| 序号 | 牧业旗市 | 边境旗 | 贫困旗 | 蒙古族比例 | 农牧民人均可支配收入／元 | 总人口／人 |
|---|---|---|---|---|---|---|
| 28 | 阿拉善右旗 | 是 | | 33.0% | 17096 | 25012 |
| 29 | 额济纳旗 | 是 | | 29.0% | 18060 | 18132 |
| 30 | 鄂托克前旗 | | | 31.0% | 14501 | 78750 |
| 31 | 鄂托克旗 | | | 19.4% | 14418 | 97650 |
| 32 | 杭锦旗 | | | 17.9% | 14258 | 142379 |
| 33 | 乌审旗 | | | 29.8% | 14418 | 111510 |

资料来源：根据《内蒙古统计年鉴》（2016）和各旗市政府网站相关数据整理得到。

### 3.1.4 经济发展不平衡

图3–1是1993—2015年33个牧业旗市各自生产总值的对比图。从图3–1中可以清晰地看出33个牧业旗市经济发展极不平衡，鄂托克旗、乌审旗、阿拉善左旗、锡林浩特市、扎鲁特旗生产总值遥遥领先；阿拉善右旗、正镶白旗、新巴尔虎左旗、苏尼特左旗、镶黄旗生产总值很低。

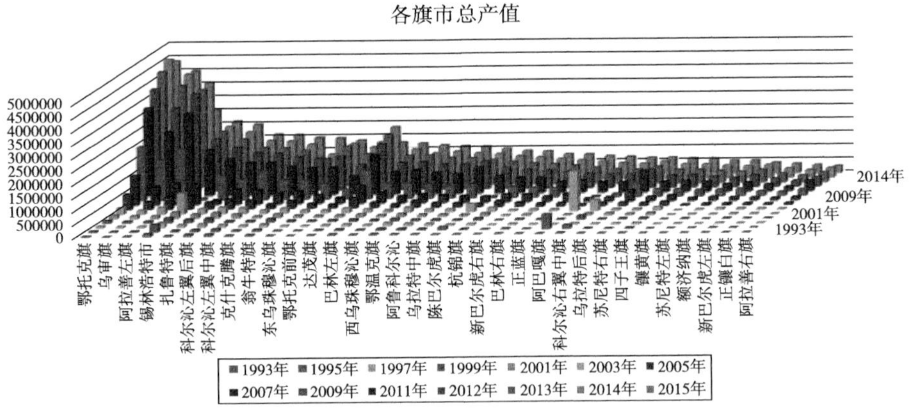


**图3–1 1993—2015年各牧业旗市生产总值对比**

资料来源：《内蒙古统计年鉴》（1994—2016）。

2000年后，33个牧业旗市经济开始实现稳定增长。尽管以蒙古族为主体的33个牧业旗市经济实现了稳定增长，但经济发展依然极度不平衡。33个牧业旗市在内蒙古102个旗县市中，生产总值排名在前50位的只有11个旗市，而且名次居后者占多数（见表3–4）。2015年，生产总值排在前5名的分别是鄂托克旗、乌审旗、阿拉善左旗、锡林浩特市和达茂旗。33个牧业旗市生产总值排第1位的鄂托克旗是最后一位阿拉善右旗的15.8倍。农林牧渔人均产值靠前的主要有翁牛特旗、科尔沁左翼中旗、扎鲁特旗、科尔沁左翼后旗、科尔沁右翼中旗、东乌珠穆沁旗、巴林左旗及阿鲁科尔沁旗。农牧民人均可支配收入最多的东乌珠穆沁旗是农牧民人均可支配收入最少的科尔沁右翼中旗的3.3倍。

**表3-4　2015年内蒙古33个牧业旗市生产总值排序**

| 牧业旗市 | 生产总值 / 万元 | 生产总值排名 | 工业总产值 / 万元 | 农林牧渔人均产值 / 万元 |
|---|---|---|---|---|
| 鄂托克旗 | 4357500 | 1（11） | 3017400（1） | 134442 |
| 乌审旗 | 3989100 | 2（13） | 2701700（2） | 220522 |
| 阿拉善左旗 | 2526446 | 3（21） | 1667875（3） | 138996 |
| 锡林浩特市 | 2101811 | 4（30） | 896385（6） | 246373 |
| 达茂旗 | 2087800 | 5（31） | 1124100（4） | 274264 |
| 扎鲁特旗 | 1970938 | 6（32） | 949193（5） | 581602 |
| 科尔沁左翼后旗 | 1618737 | 7（39） | 602051（12） | 570146 |
| 科尔沁左翼中旗 | 1586889 | 8（42） | 584146（15） | 644331 |
| 克什克腾旗 | 1471357 | 9（45） | 841836（7） | 180855 |
| 翁牛特旗 | 1446499 | 10（46） | 533588（17） | 678941 |
| 东乌珠穆沁旗 | 1361953 | 11（49） | 799009（8） | 376336 |
| 鄂托克前旗 | 1289900 | 12（51） | 635800（11） | 192882 |
| 西乌珠穆沁旗 | 1153290 | 13（54） | 721540（9） | 270603 |
| 巴林左旗 | 1235948 | 14（52） | 509290（18） | 365152 |
| 鄂温克旗 | 1115644 | 15（55） | 679723（10） | 146902 |
| 阿鲁科尔沁旗 | 1090063 | 16（57） | 402429（23） | 309932 |
| 乌拉特中旗 | 995700 | 17（61） | 600300（13） | 259418 |
| 陈巴尔虎旗 | 909200 | 18（63） | 573082（16） | 167514 |
| 新巴尔虎右旗 | 780260 | 19（69） | 595952（14） | 76999 |
| 杭锦旗 | 896100 | 20（65） | 261700（27） | 296093 |
| 巴林右旗 | 771298 | 21（70） | 340795（26） | 191349 |
| 正蓝旗 | 696799 | 22（77） | 427039（21） | 123263 |
| 阿巴嘎旗 | 673551 | 23（79） | 440093（19） | 137732 |
| 科尔沁右翼中旗 | 634138 | 24（83） | 180465（28） | 485510 |
| 乌拉特后旗 | 630400 | 24（84） | 425800（22） | 50788 |

续表

| 牧业旗市 | 生产总值 / 万元 | 生产总值排名 | 工业总产值 / 万元 | 农林牧渔人均产值 / 万元 |
|---|---|---|---|---|
| 苏尼特右旗 | 595391 | 26（88） | 361523（25） | 92719 |
| 四子王旗 | 562298 | 27（89） | 157860（29） | 272521 |
| 镶黄旗 | 527296 | 28（90） | 381164（24） | 61752 |
| 苏尼特左旗 | 498179 | 29（94） | 440093（19） | 102934 |
| 新巴尔虎左旗 | 359071 | 30（99） | 113503（33） | 117937 |
| 额济纳旗 | 410959 | 30（97） | 146043（31） | 28464 |
| 正镶白旗 | 310757 | 32（100） | 130476（32） | 90200 |
| 阿拉善右旗 | 275156 | 33（101） | 153235（30） | 37666 |

注：括号里为33个牧业旗市生产总值在101个旗县（市）内的排名。

资料来源：《内蒙古统计年鉴》（2016）。

### 3.1.5 具有独一无二的草原生态经济价值

草地资源是牧区畜牧业经济发展的重要保证，可以说，草原的饲草价值是草原的使用价值之一。草原是牧民们赖以生存的生产生活资料，因此具有牧民生存发展的空间价值。但更为重要的草原价值在于它的生态功能。学者们的研究显示，草原所具有生态经济价值十分巨大。我国学者谢高地（2001）研究发现，我国天然草地年生态系统服务价值为12416.86×108元。学者们对内蒙古牧区草原生态系统价值也进行过测算，石益丹等（2007）通过测算得出呼伦贝尔草地生态系统每年提供的服务总价值为2658.30×108元，是呼伦贝尔市同年GDP 261.79×108元的10.15倍。于遵波等（2006）对锡林郭勒盟草原生态系统服务价值进行了全面测算，得出锡林郭勒盟草原的生态服务价值约为311.69亿元，远远超过了食物生产和畜产品价值。

### 3.1.6 地处我国的重点生态功能区

主体功能区是实现社会、经济与资源环境承载力协调发展的重要举措。2012年内蒙古自治区依据《全国主体功能区规划的意见》制定了《内蒙古自治区主体功能区规划》，对自治区主体功能区的范围、开发方式、定位和发展方向作出规定，成为内蒙古国土开发的行动纲领。内蒙古主体功能区规划体系如图3–2所示。

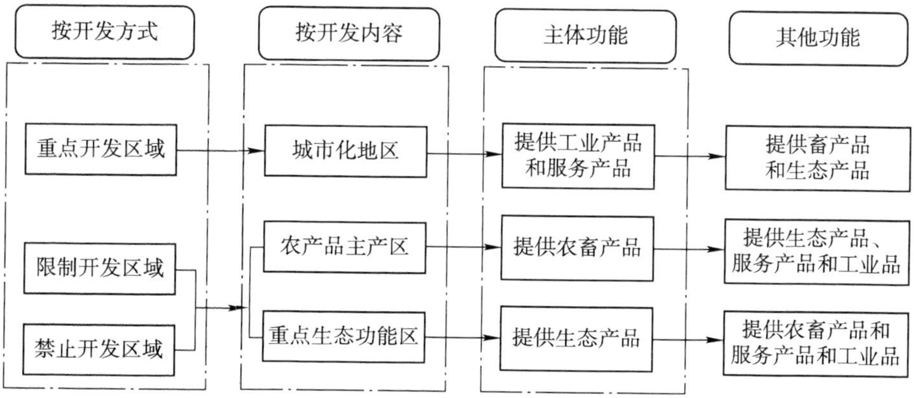


**图3–2　内蒙古主体功能区规划体系**

内蒙古自治区的102个旗县市中，有 40 个旗县市（区）为重点开发区，33个牧业旗市中有5个牧业旗市（鄂托克旗、乌审旗、锡林浩特市、鄂托克前旗、杭锦旗）属于重点开发区。

其余62个旗县市（区）为限制开发区，其中21个旗县市（区）为限制开发区中的农产品主产区，41个旗县市（区）为限制开发区中的重点生态功能区。内蒙古33个牧业旗市中有28个牧业旗属于限制开发区。28个限制开发区中，有3个牧业旗（巴林左旗，东乌珠穆沁旗和西乌珠穆沁旗）属于农产品主产区，其余25个牧业旗属于重点生态功能区，具体如表3–5所示。

**表3–5　内蒙古33个牧业旗市所属的主体功能区**

| 主要归属主体功能区 | 所属生态功能区域 | 牧业旗市 | 隶属盟市 | 级别 | 点状发展乡镇数 |
|---|---|---|---|---|---|
| 重点生态功能区 | 呼伦贝尔草原草甸生态功能区 | 新巴尔虎右旗 | 呼伦贝尔市 | 国家级 | 2 |
| | | 新巴尔虎左旗 | | 国家级 | 3 |
| | | 陈巴尔虎旗 | | 自治区级 | 0 |
| | | 鄂温克旗 | | 自治区级 | 0 |
| | 科尔沁草原生态功能区 | 科尔沁左翼中旗 | 通辽市 | 国家级 | 2 |
| | | 科尔沁左翼后旗 | | 国家级 | 3 |
| | | 扎鲁特旗 | | 国家级 | 2 |
| | | 科尔沁右翼中旗 | 兴安盟 | 国家级 | 2 |
| | | 巴林右旗 | 赤峰市 | 国家级 | 2 |
| | | 阿鲁科尔沁旗 | | 国家级 | 2 |
| | | 翁牛特旗 | | 国家级 | 2 |

续表

| 主要归属主体功能区 | 所属生态功能区域 | 牧业旗市 | 隶属盟市 | 级别 | 点状发展乡镇数 |
|---|---|---|---|---|---|
| 重点生态功能区 | 浑善达克沙漠化防治生态功能区 | 克什克腾旗 | 赤峰市 | 国家级 | 2 |
| | | 阿巴嘎旗 | 锡林郭勒盟 | 国家级 | 2 |
| | | 苏尼特左旗 | | 国家级 | 2 |
| | | 苏尼特右旗 | | 国家级 | 1 |
| | | 正蓝旗 | | 国家级 | 1 |
| | | 镶黄旗 | | 国家级 | 2 |
| | | 正镶白旗 | | 国家级 | 2 |
| | 阴山北麓草原生态功能区 | 四子王旗 | 乌兰察布市 | 国家级 | 3 |
| | | 达茂旗 | 包头市 | 国家级 | 4 |
| | | 乌拉特中旗 | 巴彦淖尔市 | 国家级 | 2 |
| | | 乌拉特后旗 | | 国家级 | 2 |
| 重点生态功能区 | 阿拉善沙漠化防治生态功能区 | 阿拉善左旗 | 阿拉善盟 | 自治区级 | 0 |
| | | 阿拉善右旗 | | 自治区级 | |
| | | 额济纳旗 | | 自治区级 | |
| 重点开发区 | | 鄂托克前旗 | 鄂尔多斯市 | 国家级 | 0 |
| | | 鄂托克旗 | | 国家级 | 0 |
| | | 杭锦旗 | | 国家级 | 0 |
| | | 乌审旗 | | 国家级 | 0 |
| | | 锡林浩特市 | 锡林郭勒盟 | 自治区 | 0 |
| 农产品主产区 | 呼伦贝尔—锡林郭勒草原畜牧业产业带 | 东乌珠穆沁旗 | 锡林郭勒盟 | 自治区级 | 0 |
| | | 西乌珠穆沁旗 | | 自治区级 | 0 |
| | 西辽河平原农业主产区 | 巴林左旗 | 赤峰市 | 国家级 | 0 |

2015年1月，内蒙古人民政府对重点开发区域、农产品主产区和重点生态功能区的功能定位和发展方向进行了明确的界定：重点开发区的主体功能是提供服务产品和工业品，同时必须保护好功能区内的各种生态空间。农产品主产区主要用于提供农畜产品，发挥生态功能作用。重点生态功能区用于提供生态产品，主要发挥生态功能作用，保证国家生态安全，围绕“两屏三区”，严守生态红线，保护生态空间。

由此可见，33个牧业旗市作为我国主体功能区划的重要组成部分，特别是我国的重点生态功能区，在保护生态空间、保证国家生态安全方面发挥着无可替代的作用。

## 3.2 近70年内蒙古33个牧业旗市产业结构演进历程

### 3.2.1 产业发展历史

#### 3.2.1.1 第一产业发展历史

内蒙古自治区和平解放前，33个牧业旗市第一产业主要由畜牧业组成，几乎没有林、渔业。和平解放后，33个牧业旗市基本上仍属于以牧为主体的单一农业经济，林、渔业所占比例极小，在第一产业中处于从属地位。

畜牧业。和平解放后的33个牧业旗市畜牧业经历了从头数畜牧业发展阶段（1947—1999年）到现代畜牧业（2000年至今）阶段的转变。改革开放以前的牧业旗市畜牧业，总体来说还是获得了较快的发展，特别是1962—1965年，是畜牧业发展最为兴旺的阶段。到1965年，牲畜头数发展到2092.38万头（只），占全区的50.1%。这一时期的畜牧业发展强化了对牲畜头数纯增长的片面追求。“文化大革命”期间，畜牧业遭到很大的破坏。改革开放后，牧区畜牧业在一系列政策的拨乱反正中逐渐得到了恢复。1984年，自治区实行“牲畜作价、户有户养、草场公有、承包经营”的制度。1989年，落实草原所有权、使用权和承包责任。1996年，自治区进一步完善草原“双权一制”，提出把草原彻底承包到户，并坚持30年不变。这一时期，牧区草畜矛盾越来越突出。1999—2001年，牧区草场连续3年干旱，退化严重，传统草原畜牧业陷入困境。从2002年开始实行“围封转移、禁牧休牧”等措施。此后，畜牧业增长方式逐渐由数量增长向质量效益增长转变，经营方式由粗放经营向集约化经营转变，并向畜牧业产业化生态化转变。到2015年，牧区牲畜总头数为3287.31万头（只），小畜已达到2714.13万只，农林牧渔总产值为7960925万元，是1978年251207万元的31.7倍。畜牧业是33个牧业旗市的主导产业，又是基础产业和特色产业，从传统畜牧业逐渐发展为现代畜牧业。几十年来，33个牧业旗市为国家提供了大量的乳畜产品，山羊绒、牛奶、牛羊肉的产量在全国居于首位。2015年33个牧业旗市羊肉产量约为395590吨，牛肉产量244843吨，猪肉产量191022吨，羊毛产量为65313吨，分别占到全区产量的42.7%、46.3%、26.9%和44.8%[①]。

种植业。计划经济体制下，受“以粮为纲”政策的影响，农业开始逐渐由集体统一经营，一部分人游牧，一部分人农业。“大跃进”时期，受“左”倾思想和“深挖洞，广积粮”政策的引导，半农半牧区牧业不断减少，农业不断扩大。20世纪60年代末，出现了大规模的草原垦荒，创造了近70年历史的最高纪录。到“文化大革命”时期，牧业旗掀起过三次大规模的草原垦荒，农牧结合已是当时牧业旗市最为普遍的经济结构[②]。改革开放后，在农村牧区推行家庭联产承包责任制，加速了农牧区交错带的变迁。半农半牧区逐渐演变为纯农区，牧区逐渐演变为半农半牧区。如今，处于蒙中的牧业旗已成为内蒙古自治区重要的商品粮油糖基地，小麦、马铃薯、葵花籽种植面积较大。蒙东牧业旗，玉米种植面积占总播种面积的一半还多，是我国国家重点产粮乡。蒙东北部牧业旗，高蛋白大豆、高筋小麦是其优势作物。到2015年，33个牧业旗市粮食产量为786.25万吨，占到了全区粮食产量27.8%[③]。

#### 3.2.1.2 工业产业发展历史

内蒙古自治区和平解放后，由于牧业旗市现代工业不发达，手工业成为地方工业的一个重要组成部分。1956年，掀起了手工业合作化高潮，手工业合作社达到1033个，并开始着手建立呼伦贝尔和锡林郭勒俩大畜产品加工工业。“一五”期间，农牧业机械工业开始起步。皮革、皮毛加工业都有一定程度的发展。但牧业旗当时是以牧为主，着力恢复和发展畜牧业。随着牧业的快速发展，牧业旗市工业经济才悄然出现，但基础相当薄弱。1958—1980年，是牧业旗市工业经济大起大落、曲折徘徊的阶段。“大跃进”期间，工业经历了欲速则不达的曲折发展，工业生产大起大落，各旗大办“五小工业”，一哄而起建立了大批工厂。“文化大革命”期间，工业生产又遭到严重破坏。可以

---

① 资料来源：《内蒙古畜牧业发展史》（2000）、《内蒙古自治区统计年鉴》（2017）。

② 陈建华．农牧交错带可持续发展战略与对策［M］．北京：化学工业出版社，2004.

③ 张建华，侯少平．牧区经济发展［M］．北京：中国经济出版社，1991.

说，改革开放以前，牧业旗市工业以畜产品加工、乳品加工和小规模的矿产开发为主。从改革开放到20世纪90年代初，牧业旗市工业经济逐渐发展起来，尤其是90年代初，牧业旗市执行资源转换战略，遵照“以改革促开放，以开放促开发”的建设方针，立足自身资源优势，多方筹资，内引外联发展工业，使牧业旗市工业水平向前迈了一大步。20世纪90年代初至今，33个牧业旗市出现了高消耗型资源开发为主的工业经济跨越式发展。依托丰富资源，以高消耗型资源开发为主的工业经济迅速发展，工业经济呈现出跨越式高位发展态势。经过近70年的发展，33个牧业旗市的工业经济从无到有，由小到大，逐步做强，建立起以能源为核心，冶金、机械、电子、医药、建材以及农畜产品加工业为辅的现代工业体系。从工业增加值看，33个牧业旗市的工业增加值2010年为4096.58亿元（全区为16020亿元），到2015年增加到5159.81亿元（全区为23424.87亿元），五年几何平均增长率为4.72%（全区为7.90%）。

总之，和平解放后的内蒙古33个牧业旗市工业发展主要经历了以下四个阶段：1947—1957年，从无到有悄然发展；1958—1980年，大起大落徘徊发展；改革开放到20世纪90年代后期，恢复并快速发展；21世纪初至今，高消耗型资源开发为主的工业经济跨越式高位发展。

#### 3.2.1.3 第三产业发展历史

内蒙古自治区解放初期，33个牧业旗市经济十分落后，自然经济占据主导地位，第三产业几乎一片空白。交通基础设施和运输业十分薄弱，交通闭塞，主要以畜力车为运输工具。邮电通信落后，草原上的牧民要想传递信息只能通过骑马的方式；金融发展严重滞后，而且非常混乱，当时牧区高利贷盛行。内蒙古自治区解放后，建立了内蒙古银行，高利贷被明令禁止并予以严厉打击，开始发展民族贸易，扶植商业，扩大流通，促进城乡物资交流。改革开放后，33个牧业旗市的第三产业快速发展，尤其是旅游业成为新的经济支撑点。内蒙古通信事业进入持续、快速、稳定、协调的发展时期。交通运输能力有了很大提升，到1998年，乡（苏木）通车率达97%，行政村（嘎查）通车率为77.6%。如今，33个牧业旗市除交通运输业、邮电通信业、旅游业、商业贸易金融保险等行业以外，还有信息咨询、房地产、医疗卫生、文化教育，第三产业从无到有、从小到大，迅速发展，为促进牧业旗市人民物质文化生活水平的不断提高发挥了极为重要的作用。

## 3.2.2 产业结构演进历程与阶段划分

### 3.2.2.1 产业结构演进历程

自1947年内蒙古自治区成立至2015年近70年间，33个牧业旗市产业结构演进轨迹如图3-3所示：三次产业产值之比从1947年的94.5：2.1：3.4变为2015年的11.4：61.6：27.0。到2003年，第二产业产值（40.2%）首次超过第一产业产值（29.2%），33个牧业旗市产业结构从“一、二、三”模式演变为“二、三、一”模式。从此，第二产业成为比重最高的产业。第三产业产值在GDP中的比重在改革开放以前长期处于20%以内，改革开放后，特别是1983年以后，第三产业比重上升明显，2003年占比达到最高（见图3-3）。

通过近70年33个牧业旗市产业结构演进轨迹分析，我们不难发现其产业结构演进的规律：产业结构从最初的以第一产业为主的“一、二、三”结构，逐渐演变为以第二产业为主、第三产业快速发展和第一产业为辅的“二、三、一”产业结构，其演进规律与“配第—克拉克”定理相吻合，即沿着降低第一产业比重、提高第二产业比重、大力发展第三产业的方向演进。

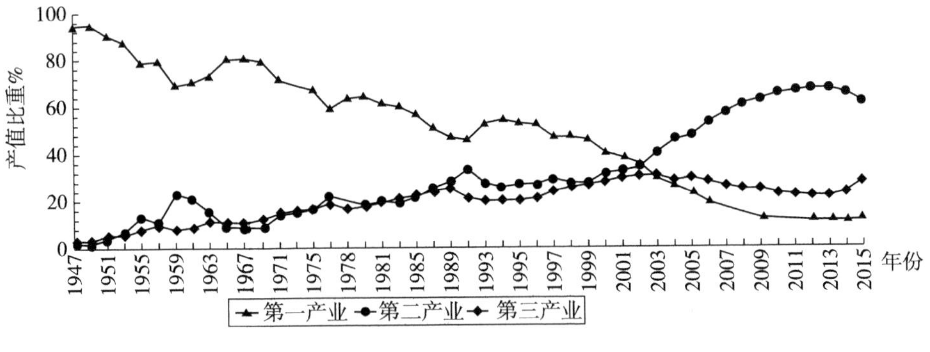


图3-3 1947—2015年内蒙古33牧业旗市产业结构变迁

资料来源：根据《辉煌的内蒙古（1947—1999）》《内蒙古统计年鉴》、各牧业旗市统计年鉴计算整理。

### 3.2.2.2 阶段划分

2003年以前的内蒙古33个牧业旗市的产业结构一直处于农业、畜牧业等第一产业占主导地位的状态，这一阶段33个牧业旗市的产业结构表现为“一、

二、三”的结构特征。但是2003年之后，形成了以重工业为主的产业经济体系，产值结构也由之前的“一、二、三”结构演变为当前的“二、三、一”结构。综合考察内蒙古自治区成立近70年来33个牧业旗市产业结构的变迁轨迹，可将其过程分为两大阶段4个分阶段（见表3-6）。

**表3-6 内蒙古33个牧业旗市产业结构变迁阶段划分**

| 阶段 | 分时段 | 发展阶段 | 社会经济背景 | 主要产业演进状态 |
|---|---|---|---|---|
| 1947—2002年 | “一、二、三”结构 | | | |
| | 1947—1978年 | 和平解放，民主改革，社会主义改造，社会主义建设时期 | 解放封建生产关系计划经济体制下的结构变迁 | 畜牧业一枝独大，占比超过60%；第二、第三产业缓慢发展 |
| | 1978—1992年 | 改革开放时期 | 经济建设为中心 | 工业经济复苏，旅游业开始起步。第一产业比重小幅上升后逐渐下降，第二产业、第三产业比重逐渐上升 |
| | 1993—2002年 | 工业经济恢复与发展时期 | 经济跨越式发展 | 第二产业比重增加明显，第三产业较快发展，第一产业先升后降 |
| 2003年至今 | “二、三、一”的结构 | | | |
| | 2003—2015年 | 高消耗型工业经济跨越式发展时期 | 生态文明建设 | 第一产业比重持续下降，第二产业比重持续上升，第三产业比重先升后降，但下降幅度明显小于第一产业 |

（1）第一阶段：1947—2002年

该阶段的产业结构表现为“一、二、三”结构。此阶段，又可具体分为3个分阶段。

第一分阶段：1947—1978年。

该阶段的产业结构表现为典型的“一、二、三”结构特征（见表3-7）。1947年内蒙古自治区成立，第一产业占比为94.47%，表现为一枝独大。这一阶段，33个牧业旗市经济发展的主要产业是畜牧业。从1948年开始，33个牧业旗市陆续开始了民主改革运动，废除封建特权。1953年，中央提出“慎重稳定”“人畜两旺”和“三不两利”的方针政策，畜牧业开始快速恢复发展，占比超过60%，第二产业和第三产业发展缓慢。1958年开始了“大跃进”，在“深挖洞，广积粮”等政策的号召下，出现了大规模的草原垦荒，畜牧业严重受挫，工业“以钢为纲”，经历了大起大落的曲折发展。1962年，中央制定了《牧业四十条》，重申了牧区以牧为主、保护草原、禁止开荒的政策，畜牧业经历了一段曲折后，获得了较快的发展，这一阶段被称为牧区发展的“黄金时期”。“文化大革命”时期（1966—1976年），牧区“以农挤牧，以农代牧”，提出了“牧民不吃亏心粮”的观点，四处乱垦乱开草牧场，面积多达100多万公顷，大片牧场遭到破坏，这十年是各牧业旗市经济社会发展最为曲折和艰难的时期，使原本稳定发展的畜牧业遭到了严重破坏，起步不久的工业呈现出不断萎缩的趋势，第二产业产值从1959年的51946.4万元降到1969年的17524.3万元，十年间下降了14.59%。

**表3-7　1947—1977年内蒙古33个牧业旗市三产比重**　（%）

| 年份 | 第一产业产值比重 | 第二产业产值比重 | 第三产业产值比重 |
|---|---|---|---|
| 1947 | 94.47 | 2.14 | 3.39 |
| 1949 | 95.09 | 1.82 | 3.09 |
| 1951 | 90.52 | 3.92 | 5.56 |
| 1953 | 87.55 | 6.97 | 5.48 |
| 1955 | 78.75 | 13.31 | 7.94 |
| 1957 | 79.33 | 10.80 | 9.87 |
| 1959 | 69.01 | 23.15 | 7.84 |
| 1961 | 70.21 | 20.94 | 8.85 |
| 1963 | 73.38 | 15.35 | 11.27 |
| 1965 | 80.03 | 8.92 | 11.05 |
| 1967 | 80.46 | 8.81 | 10.73 |
| 1969 | 79.17 | 8.56 | 12.27 |
| 1971 | 71.31 | 13.94 | 14.75 |
| 1973 | 68.94 | 14.97 | 16.09 |
| 1975 | 67.18 | 16.35 | 16.47 |
| 1977 | 59.04 | 22.00 | 18.96 |

资料来源：根据《辉煌的内蒙古（1947—1999）》和各牧业旗市统计年鉴计算整理。

第二分阶段：1978—1992年。

该阶段的主要特征为第一产业比重小幅上升后逐渐下降，第二产业和第三产业逐渐上升（见表3-8）。第一产业比重从1978年的63.51%下降到1991年的45.73%。1981年，内蒙古党委要求牧区实行以林牧为主、多种经营的路子。牧区畜牧业在一系列拨乱反正的政策中得到恢复，工业经济开始复苏。20世纪90年代初，按照“以改革促开放，以开放促开发”的建设方针，牧区立足资源优势，实施资源转换战略，多方筹资发展工业，使牧区工业整体水平跃上新台阶，第二产业产值比重从1978年的20.08%上升到1991年的33.15%。凭借景色各异的草原景观，旅游业开始起步，规模不断扩大，从而带动了第三产业的发展，第三产业从1978年的16.41%逐渐上升到1991年的21.12%。其间，内蒙古党委提出了“草畜双承包制”（1984年），1989年，自治区政府提出并实施了“双权一制”，牧区家庭经营制度开始确立，小牧经济真正形成。

**表3-8 1978—1992年内蒙古33个牧业旗市三产比重** （%）

| 年份 | 第一产业产值比重 | 第二产业产值比重 | 第三产业产值比重 |
|---|---|---|---|
| 1978 | 63.51 | 20.08 | 16.41 |
| 1979 | 64.22 | 18.22 | 17.56 |
| 1981 | 61.17 | 19.72 | 19.11 |
| 1983 | 59.89 | 18.97 | 21.14 |
| 1985 | 56.41 | 21.49 | 22.10 |
| 1987 | 50.55 | 25.30 | 24.15 |
| 1989 | 46.76 | 28.02 | 25.22 |
| 1991 | 45.73 | 33.15 | 21.12 |

资料来源：根据《辉煌的内蒙古（1947—1999）》和各牧业旗市统计年鉴计算整理。

第三分阶段：1993—2002年。

该阶段的特征表现为第一产业比重先升后降，第二产业比重明显增加，第三产业较快发展，但产业结构依然呈“一、二、三”的结构（见表3-9）。从1993年开始，33个牧业旗市执行的是“以畜牧业为基础，一、二、三产业相结合协调发展”的产业战略，打破了牧区单一发展畜牧业的产业格局，因此牧区二、三产业都有较大发展，第二产业比重增加明显，第三产业也有较快发展。1998—2002年全区草牧场“双权一制”的落实，再次调动了牧民的生产积极性，畜牧业得到了快速发展。但在实行过程中，出现了草场围栏化、牲畜棚圈化和牧民定居化等现象，结果引发了草场严重退化、牲畜品质下降、牧民贫富分化等一系列矛盾。从2001年起，为解决畜草矛盾，牧区引入了环境政策，很多牧业旗市开始实行“草畜平衡”“禁牧休牧”“生态移民”等政策，虽然以畜牧业为主的第一产业占比仍然最高，但每年都呈下降态势。国内旅游异军突起，旅游业发展迅速，第三产业在旅游业的带动下有了较快发展。这一阶段，33个牧业旗市产业结构依然为“一、二、三”结构，但三次产业比重已经非常接近，到2002年三次产业产值之比为35.66∶33.96∶30.38。

**表3-9　1993—2002年内蒙古33个牧业旗市三产比重**　（%）

| 年份 | 第一产业产值比重 | 第二产业产值比重 | 第三产业产值比重 |
|---|---|---|---|
| 1993 | 52.79 | 27.32 | 19.89 |
| 1994 | 54.32 | 25.68 | 20.00 |
| 1995 | 52.87 | 26.86 | 20.27 |
| 1996 | 52.07 | 27.02 | 20.91 |
| 1997 | 46.88 | 29.21 | 23.91 |
| 1998 | 46.86 | 27.58 | 25.56 |
| 1999 | 45.86 | 27.46 | 26.68 |
| 2000 | 40.34 | 31.69 | 27.97 |
| 2001 | 38.14 | 32.35 | 29.51 |
| 2002 | 35.66 | 33.96 | 30.38 |

资料来源：根据《内蒙古统计年鉴》（1994—2003）计算整理。

（2）第二阶段：2003年至今

该阶段，产业结构首次呈现出“二、三、一”的结构特征（见表3-10）。第一产业持续下降，第二产业持续上升，第三产业先升后降，但下降幅度明显小于第一产业。从2001年中央提出西部大开发战略，包括各牧业旗市在内的内蒙古全区抓住西部大开发战略的机遇，深化改革、扩大开放。33个牧业旗市纷纷以“工业强旗”为口号。2002年时，第一产业产值比重为35.66%，第二产业产值比重为33.96%，从2003年开始，33个牧业旗市出现了高消耗型资源开发为主的工业经济跨越式发展，也是在这一年，第二产业产值比重（40.2%）首次超过第一产业（29.23%），此后，第二产业比重持续上升，在2013年达到了67.25%的最高比重，2015年开始有下降趋势。第一产业占比继续下降，第三产业的比重在2003年达到峰值，之后开始下降，但下降幅度明显小于第一产业，产业结构呈现为“二、三、一”结构。

表3-10　2003—2015年内蒙古33个牧业旗市三产比重　（%）

| 年份 | 第一产业产值比重 | 第一产业产值比重 | 第三产业产值比重 |
|---|---|---|---|
| 2003 | 29.23 | 40.20 | 30.57 |
| 2004 | 26.12 | 45.53 | 28.35 |
| 2005 | 23.05 | 47.38 | 29.57 |
| 2006 | 18.97 | 53.18 | 27.85 |
| 2007 | 16.57 | 57.35 | 26.08 |
| 2008 | 14.42 | 60.94 | 24.64 |
| 2009 | 12.30 | 62.88 | 24.82 |
| 2010 | 11.89 | 65.13 | 22.98 |
| 2011 | 11.49 | 66.18 | 22.33 |
| 2012 | 11.05 | 67.17 | 21.78 |
| 2013 | 11.08 | 67.25 | 21.67 |
| 2014 | 11.07 | 65.49 | 23.44 |
| 2015 | 11.36 | 61.57 | 27.00 |

资料来源：根据《内蒙古统计年鉴》（2004—2016）计算整理。

## 3.3　内蒙古33个牧业旗市产业结构现状

### 3.3.1　产业结构变动趋势

1993—2015年的20余年，是内蒙古33个牧业旗市产业结构演进发生转折性变化的时期。图3-4为内蒙古33个牧业旗市1993—2015年的产业结构变迁图，从图3-4中可以清楚地看出，1993—2002年内蒙古33个牧业旗市产业结构为“一、二、三”结构。1993—1999年，内蒙古33个牧业旗市的第二、第三产业产值小幅上升，第一产业产值开始下降。2000—2003年，第二、第三产业产值继续增加，到2003年，第二产业产值比重首次超过第一产业，初步形成了“二、三、一”的产业结构模式。内蒙古33个牧业旗市的产业结构从“一、二、三”结构演变为“二、三、一”结构。2004年以后，第二产业比值快速上升，成为支柱产业，传统农牧业的发展速度减缓，“二、三、一”型的产业结构一直延续至今。

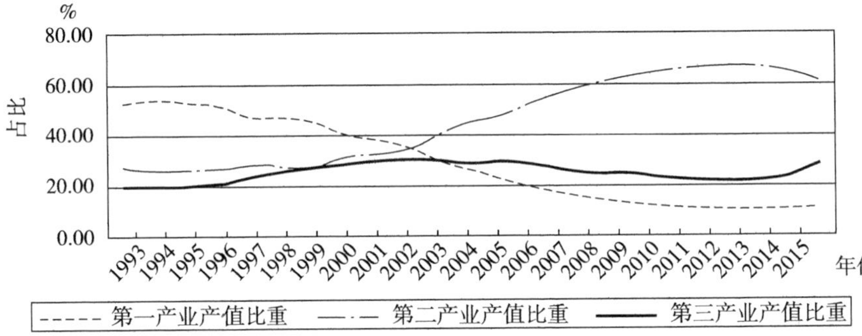


**图3-4　1993—2015年内蒙古33个牧业旗市产业结构变迁**

资料来源：根据《内蒙古统计年鉴》(1994—2016)计算整理。

### 3.3.2　劳动力变动趋势

从内蒙古33个牧业旗市三次产业劳动力的变化看，劳动力结构一直表现为“一、三、二”的顺序。其中，第一产业劳动力占比最高，但呈逐年下降趋势，1999年占比最高，达到68.02%，2007年以后，劳动力占比降到60%以下，到2015年变为52.88%。总的来说，33个牧业旗市第一产业劳动力占比一直保持在 50%以上。33个牧业旗市第二产业劳动力占比最低，最高仅为2012年的17.14%，最低为2001年的7.85%，但总体来看，呈稳中有升的趋势，但上升速度比较缓慢。内蒙古33个牧业旗市第三产业劳动力占比高于第二产业，从2013年开始占比已经超过30%，上升速度较快，快于第二产业。

总之，农牧业仍是内蒙古33个牧业旗市中就业人数最多的行业，大量剩余劳动力闲置在农牧业中，劳动生产率低下。第二产业吸收的牧业旗市的劳动力较少，对牧业旗市的就业推动作用不明显（见表3-11）。

**表3-11 内蒙古33个牧业旗市三次产业就业人数结构变化**

| 年份 | 第一产业 | | 第二产业 | | 第三产业 | |
|---|---|---|---|---|---|---|
| | 人数 / 人 | 构成 /% | 人数 / 人 | 构成 /% | 人数 / 人 | 构成 /% |
| 1999 | 1356227 | 68.02 | 161070 | 8.08 | 476539 | 23.90 |
| 2000 | 1295864 | 65.89 | 164755 | 8.38 | 505960 | 25.73 |
| 2001 | 1359695 | 65.03 | 164152 | 7.85 | 567169 | 27.12 |
| 2002 | 1387425 | 67.08 | 182613 | 8.83 | 498300 | 24.09 |
| 2003 | 1453107 | 65.75 | 212143 | 9.60 | 544893 | 24.65 |
| 2004 | 1435607 | 62.73 | 265927 | 11.62 | 587115 | 25.65 |
| 2005 | 1399023 | 61.56 | 277198 | 12.20 | 596461 | 26.24 |
| 2006 | 1464499 | 60.14 | 307671 | 12.63 | 662994 | 27.23 |
| 2007 | 1501817 | 59.62 | 360138 | 14.29 | 657428 | 26.09 |
| 2008 | 1465769 | 56.61 | 394875 | 15.25 | 728502 | 28.14 |
| 2009 | 1493118 | 57.83 | 371399 | 14.38 | 717598 | 27.79 |
| 2010 | 1503422 | 57.17 | 398966 | 15.17 | 727510 | 27.66 |
| 2011 | 1558120 | 54.96 | 471885 | 16.64 | 805240 | 28.40 |
| 2012 | 1562907 | 53.45 | 501333 | 17.14 | 859960 | 29.41 |
| 2013 | 1490533 | 52.55 | 481327 | 16.97 | 864415 | 30.48 |
| 2014 | 1610073 | 53.42 | 493928 | 16.39 | 909702 | 30.19 |
| 2015 | 1640980 | 52.88 | 488050 | 15.73 | 974044 | 31.39 |

资料来源：根据《内蒙古统计年鉴》（2000—2016）计算整理。

### 3.3.3 各牧业旗市产业结构变动趋势

整体而言，内蒙古33个牧业旗市产业结构演进轨迹表现为“一、二、三”结构变为“二、三、一”结构的特点，但是1993—2015年，内蒙古33个牧业旗市各自的产业结构变迁轨迹并不一样（见图3-5）。

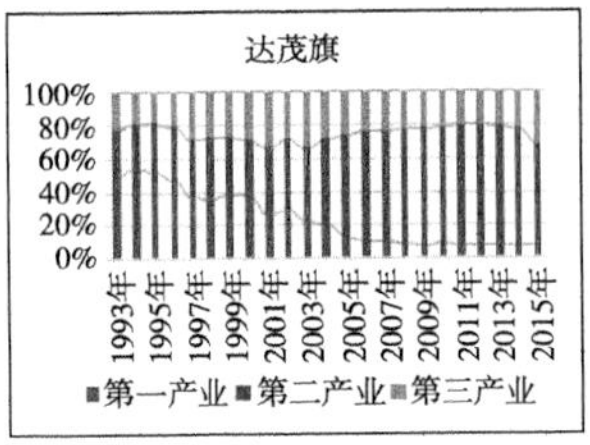
达茂旗
100%
80%
60%
40%
20%
0%
1993年
1995年
1997年
1999年
2001年
2003年
2005年
2007年
2009年
2011年
2013年
2015年
■第一产业 ■第二产业 ■第三产业

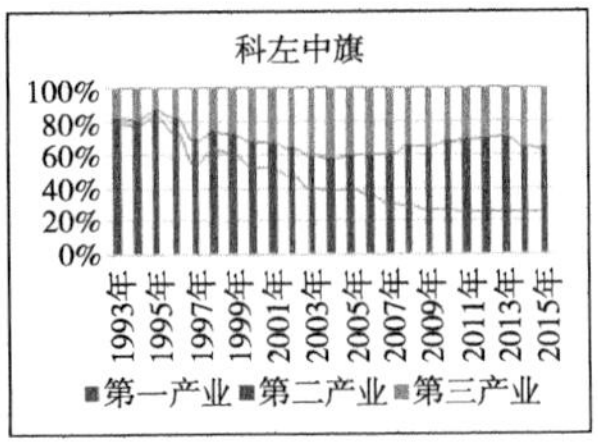
科左中旗
100%
80%
60%
40%
20%
0%
1993年
1995年
1997年
1999年
2001年
2003年
2005年
2007年
2009年
2011年
2013年
2015年
■第一产业 ■第二产业 ■第三产业

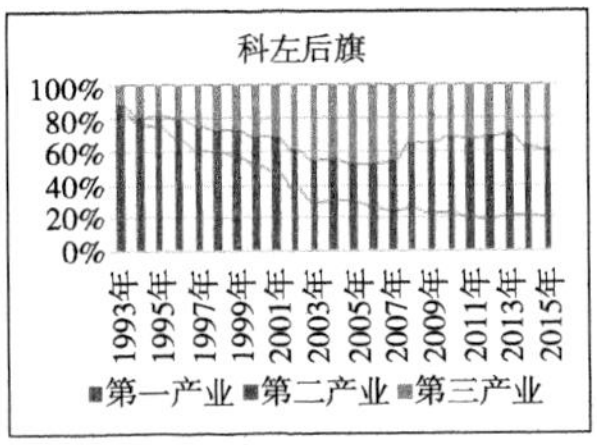
科左后旗
100%
80%
60%
40%
20%
0%
1993年
1995年
1997年
1999年
2001年
2003年
2005年
2007年
2009年
2011年
2013年
2015年
■第一产业 ■第二产业 ■第三产业

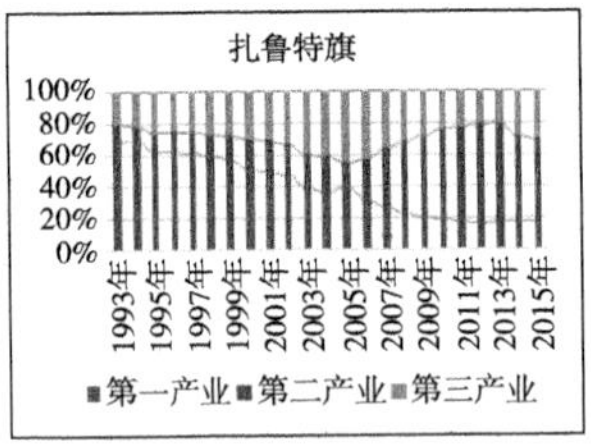
扎鲁特旗
100%
80%
60%
40%
20%
0%
1993年
1995年
1997年
1999年
2001年
2003年
2005年
2007年
2009年
2011年
2013年
2015年
■第一产业 ■第二产业 ■第三产业

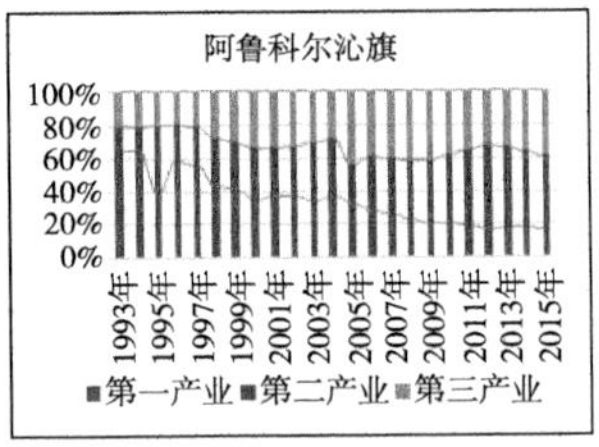
阿鲁科尔沁旗
100%
80%
60%
40%
20%
0%
1993年
1995年
1997年
1999年
2001年
2003年
2005年
2007年
2009年
2011年
2013年
2015年
■第一产业 ■第二产业 ■第三产业

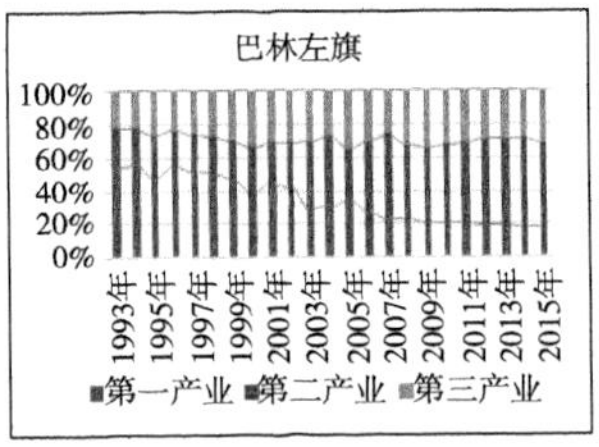
巴林左旗
100%
80%
60%
40%
20%
0%
1993年
1995年
1997年
1999年
2001年
2003年
2005年
2007年
2009年
2011年
2013年
2015年
■第一产业 ■第二产业 ■第三产业

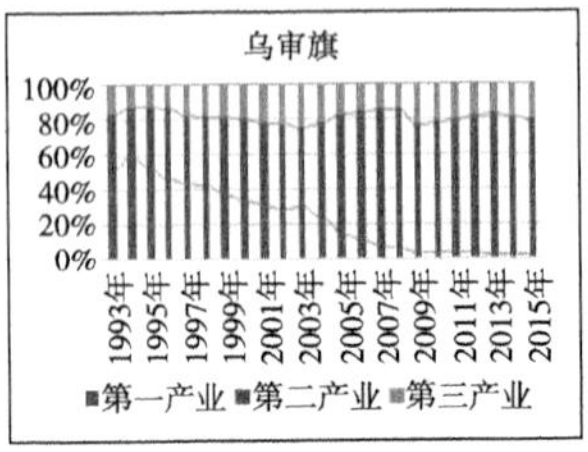
乌审旗
100%
80%
60%
40%
20%
0%
1993年
1995年
1997年
1999年
2001年
2003年
2005年
2007年
2009年
2011年
2013年
2015年
■第一产业 ■第二产业 ■第三产业

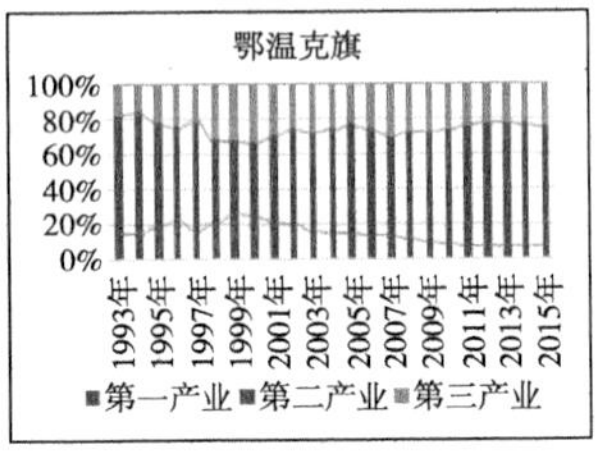
鄂温克旗
100%
80%
60%
40%
20%
0%
1993年
1995年
1997年
1999年
2001年
2003年
2005年
2007年
2009年
2011年
2013年
2015年
■第一产业 ■第二产业 ■第三产业

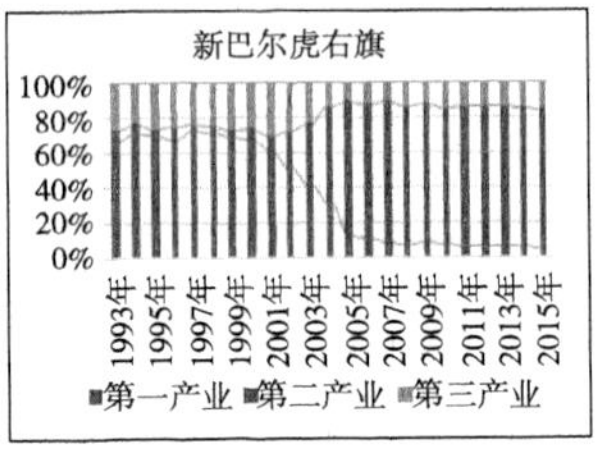
新巴尔虎右旗
100%
80%
60%
40%
20%
0%
1993年
1995年
1997年
1999年
2001年
2003年
2005年
2007年
2009年
2011年
2013年
2015年
■第一产业 ■第二产业 ■第三产业

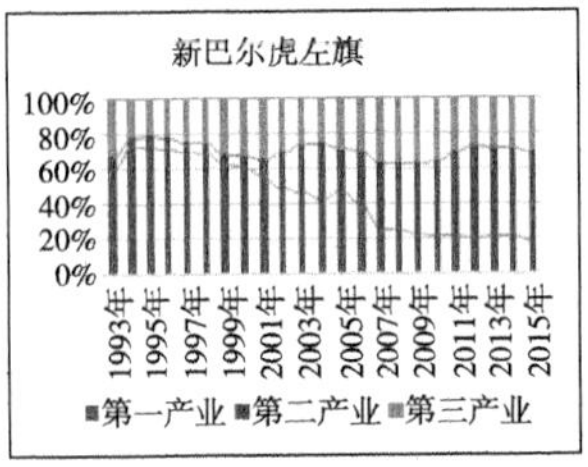
新巴尔虎左旗
100%
80%
60%
40%
20%
0%
1993年
1995年
1997年
1999年
2001年
2003年
2005年
2007年
2009年
2011年
2013年
2015年
■第一产业 ■第二产业 ■第三产业

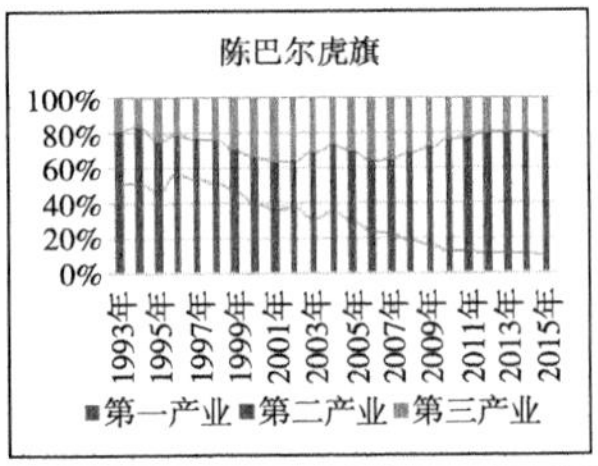
陈巴尔虎旗
100%
80%
60%
40%
20%
0%
1993年
1995年
1997年
1999年
2001年
2003年
2005年
2007年
2009年
2011年
2013年
2015年
■第一产业 ■第二产业 ■第三产业

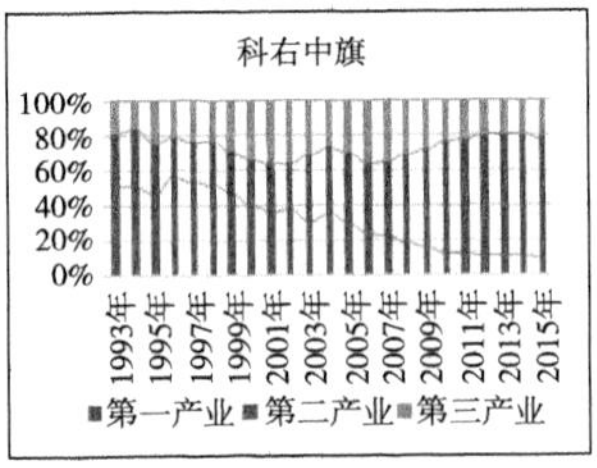
科右中旗
100%
80%
60%
40%
20%
0%
1993年
1995年
1997年
1999年
2001年
2003年
2005年
2007年
2009年
2011年
2013年
2015年
■第一产业 ■第二产业 ■第三产业

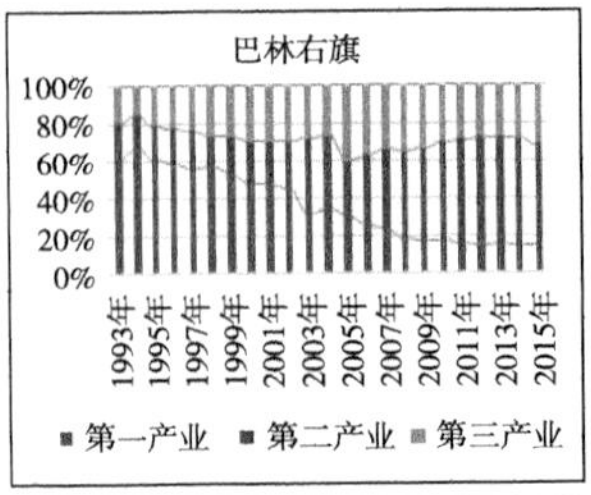
巴林右旗
100%
80%
60%
40%
20%
0%
1993年
1995年
1997年
1999年
2001年
2003年
2005年
2007年
2009年
2011年
2013年
2015年
■第一产业 ■第二产业 ■第三产业

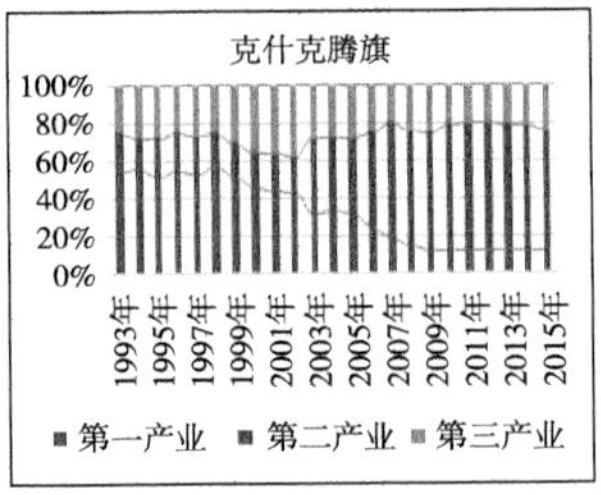
克什克腾旗
100%
80%
60%
40%
20%
0%
1993年
1995年
1997年
1999年
2001年
2003年
2005年
2007年
2009年
2011年
2013年
2015年
■第一产业 ■第二产业 ■第三产业

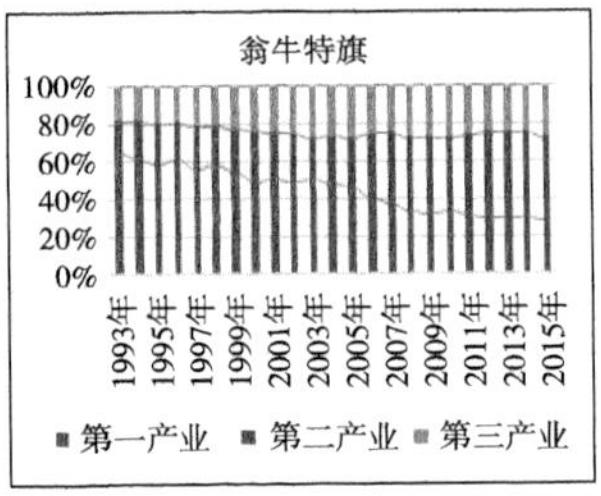
翁牛特旗
100%
80%
60%
40%
20%
0%
1993年
1995年
1997年
1999年
2001年
2003年
2005年
2007年
2009年
2011年
2013年
2015年
■第一产业 ■第二产业 ■第三产业

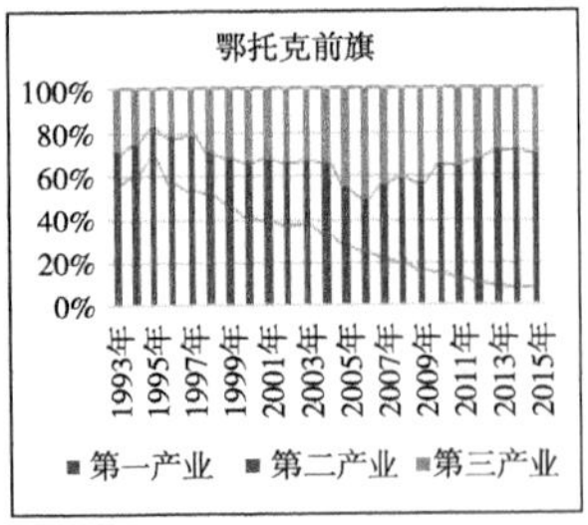
鄂托克前旗
100%
80%
60%
40%
20%
0%
1993年
1995年
1997年
1999年
2001年
2003年
2005年
2007年
2009年
2011年
2013年
2015年
■第一产业 ■第二产业 ■第三产业

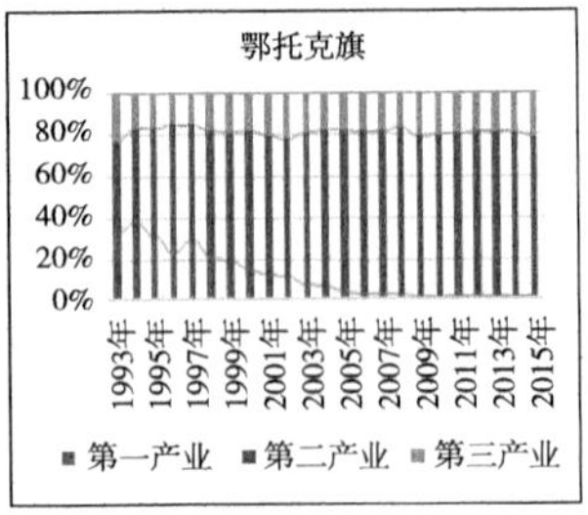
鄂托克旗
100%
80%
60%
40%
20%
0%
1993年
1995年
1997年
1999年
2001年
2003年
2005年
2007年
2009年
2011年
2013年
2015年
■第一产业 ■第二产业 ■第三产业

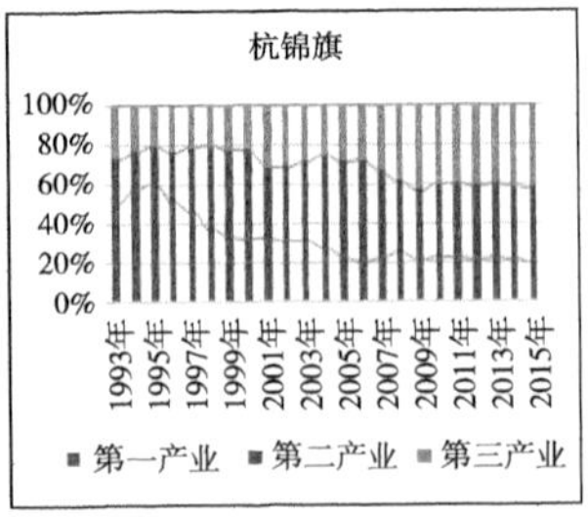
杭锦旗
100%
80%
60%
40%
20%
0%
1993年
1995年
1997年
1999年
2001年
2003年
2005年
2007年
2009年
2011年
2013年
2015年
■第一产业 ■第二产业 ■第三产业

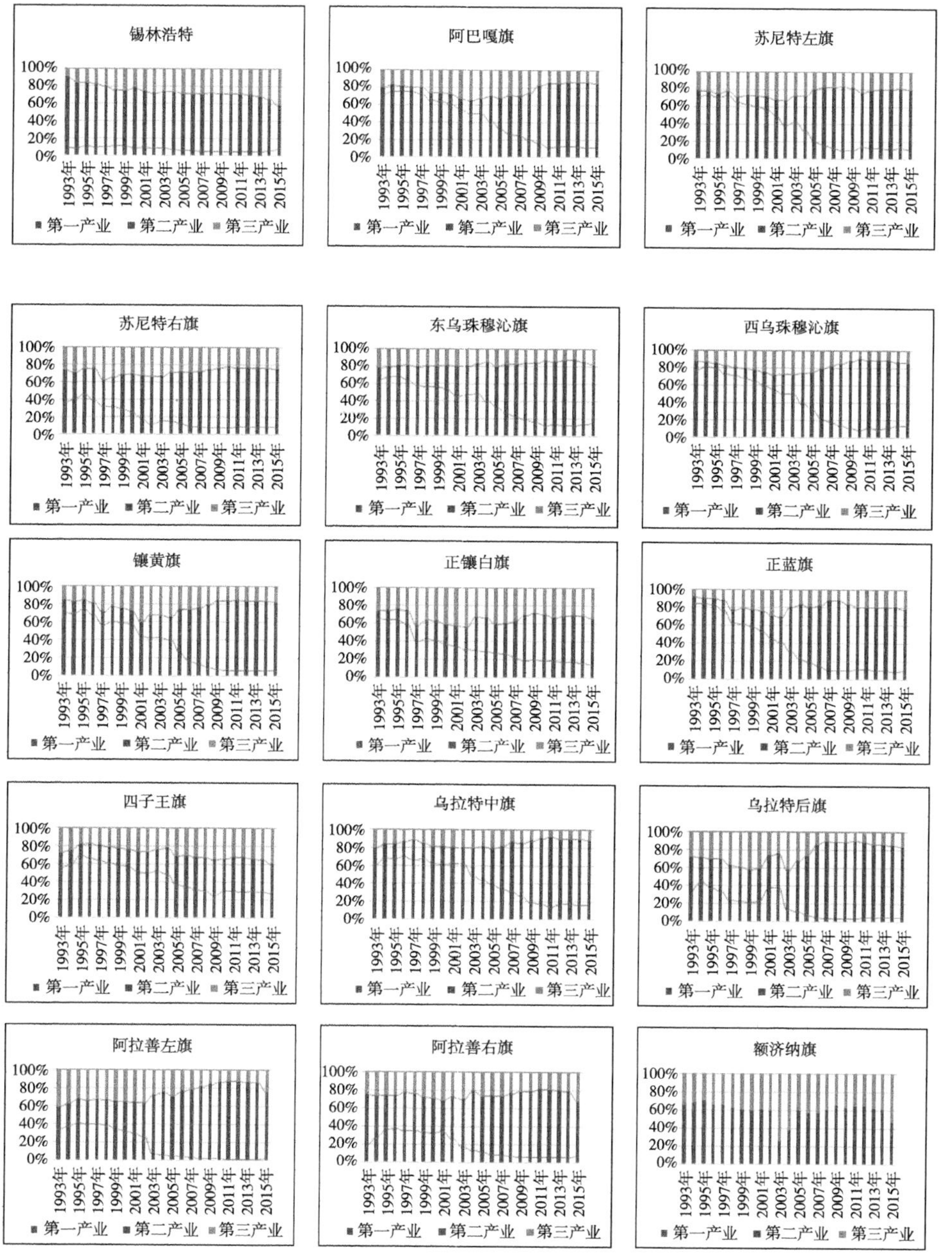


**图3-5 1993—2015年内蒙古各牧业旗市各自的产业结构变化**

资料来源：根据《内蒙古统计年鉴》(1994—2016)计算整理。

通过对比1993—2015年33个牧业旗市各自的变迁图，我们发现，1993—2015年各牧业旗市各自的产业结构变化并不同步、差异很大，大致可以分成以下几类。

第一类：第二产业较早地成为主导产业，这类牧业旗市有：鄂温克旗、鄂托克旗、锡林浩特、阿拉善右旗和乌审旗，其主要特征是第二产业产值一直占有很高的比例，达到80%。

第二类：产业结构从“一、三、二”结构演变为“二、三、一”结构。这类牧业旗主要有新巴尔虎右旗、阿巴嘎旗、苏尼特左旗、镶黄旗、正镶白旗、东乌珠穆沁旗、西乌珠穆沁旗、阿拉善左旗、乌拉特中旗、乌拉特后旗、新巴尔虎左旗、陈巴尔虎旗、克什克腾旗、巴林右旗。这类旗县的典型特征是，20世纪90年代初，第二产业产值占比非常低，但是从2000年左右开始，第二产业产值开始激增，并且一直保持高速增长的态势。这类牧业旗主要集中于草地面积较大的锡林郭勒大草原、呼伦贝尔大草原和科尔沁大草原上，正处于浑善达克沙漠化防治生态功能区、呼伦贝尔草原草甸生态功能区和科尔沁草原生态功能区。

此外，还有几个牧业旗，如科尔沁左翼中旗、科尔沁左翼后旗、扎鲁特旗、阿鲁科尔沁旗、巴林左旗、科尔沁右翼中旗、翁牛特、四子王旗，其产业结构虽然也是从“一、三、二”结构演变为“二、三、一”结构，但第二产业产值增加较为缓和，第一产业产值较高，占到1/3。这类牧业旗主要集中在种植业较为发达的蒙东牧业旗。

其他类：额济纳旗的产业结构从“一、三、二”演变为“三、一、二”，再演变为“二、三、一”；杭锦旗的产业结构从“一、三、二”演变为“二、三、一”再演变为“三、二、一”；达茂旗和苏尼特右旗的产业结构从“一、二、三”演变为“二、三、一”。

## 3.3.4 各牧业旗市产值对比情况

### 3.3.4.1 第一产业产值对比

图3-6是1993—2015年内蒙古33个牧业旗市各旗的第一产业产值对比图。从图3-6中发现，1993—2015年，翁牛特旗、科尔沁左翼中旗、扎鲁特旗、科尔沁左翼后旗、巴林左旗的第一产业产值一直遥遥领先。额济纳旗、阿拉善右旗、镶黄旗、乌拉特后旗的第一产业产值一直是33个牧业旗市中最低的。

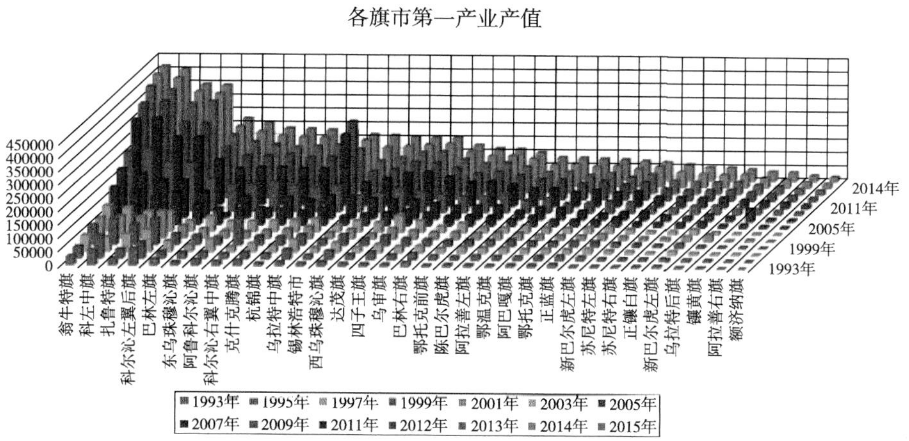


**图3-6　1993—2015年各牧业旗市第一产业产值对比**

资料来源：根据《内蒙古统计年鉴》(1994—2016)整理。

### 3.3.4.2　第二产业产值对比

图3-7为内蒙古33个牧业旗市各旗市1993—2015年的第二产业产值对比图。从图3-7中发现，在2000年以前，锡林浩特市第二产业产值在33个牧业旗市居于榜首，其次是鄂温克旗。在2000年以后，鄂托克旗、乌审旗、阿拉善左旗迎头赶上，超过了锡林浩特市。新巴尔虎左旗、正镶白旗、科尔沁右翼中旗的第二产业产值一直是33个牧业旗市中最低的。

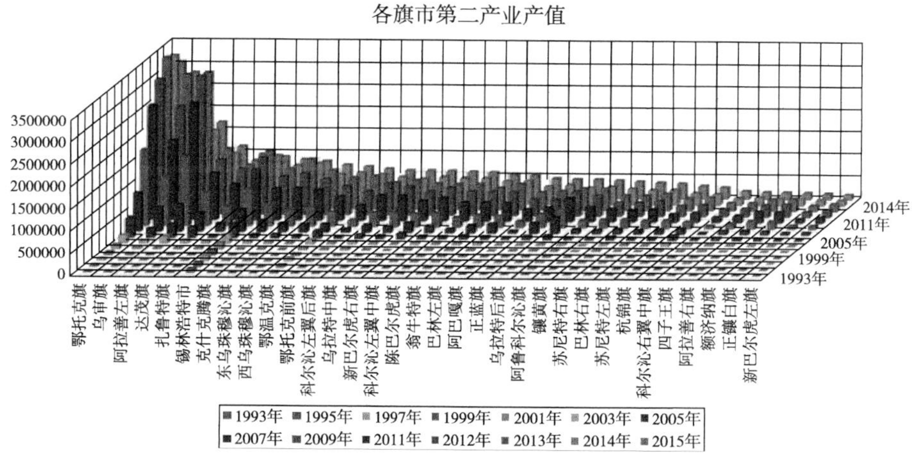


**图3-7　1993—2015年各牧业旗市第二产业产值对比**

资料来源：根据《内蒙古统计年鉴》(1994—2016)整理。

#### 3.3.4.3　第三产业产值对比

图3-8是1993—2015年33个牧业旗市各旗的第三产业产值对比图。从图3-8中发现，20世纪90年代初，33个牧业旗市的第三产业产值很低，在2000年左右，科尔沁左翼后旗和科尔沁左翼中旗的第三产业产值增加明显。从2005年开始，其第三产业迅速发展起来，第三产业产值较高的旗县集中在鄂托克旗、锡林浩特市、乌审旗、达茂旗和科尔沁左翼后旗等牧业旗。阿拉善右旗、镶黄旗、苏尼特左旗、乌拉特后旗等牧业旗第三产业产值一直位居后列。

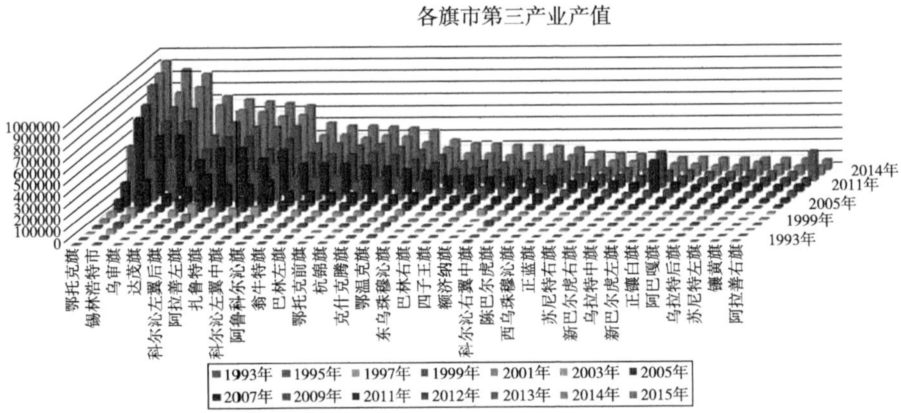


**图3-8　1993—2015年各牧业旗市第三产业产值对比**

资料来源：根据《内蒙古统计年鉴》（1994—2016）整理。

## 3.4　三次产业内部结构

### 3.4.1　第一产业内部结构

#### 3.4.1.1　农、林、牧、渔结构

内蒙古33个牧业旗市的第一产业主要包括种植业、畜牧业、林业和渔业。和平解放前，33个牧业旗市的第一产业主要由畜牧业组成，几乎没有林业和渔业。

内蒙古从和平解放后到“文化大革命”时期，基本属于以畜牧业为主、种植业为辅、林业和渔业所占比例极小的农业经济。改革开放后，种植业比重逐年上升，1995年后开始下降，2000年后下降明显，占比从1990年的49.2%下降到2000年的37.2%。畜牧业则呈先下降后上升的趋势，占比从1978年的50.1%下

降到1990年的40.8%，然后又上升到2000年的52.5%。林业和渔业在33个牧业旗市的第一产业中依然处于从属地位，林业占比不超过10%，渔业不超过3%（见表3-12）。

表3-12 内蒙古33个牧业旗市农、林、牧、渔业比重变化

| 年份 | 农林牧渔总产值/万元 | 种植业/万元 | 比重/% | 畜牧业/万元 | 比重/% | 林业/万元 | 比重/% | 渔业/万元 | 比重/% |
|---|---|---|---|---|---|---|---|---|---|
| 1978 | 251207 | 100985 | 40.2 | 125855 | 50.1 | 18338 | 7.3 | 3517 | 1.4 |
| 1985 | 434719 | 185625 | 42.7 | 201275 | 46.3 | 40429 | 9.3 | 7390 | 1.7 |
| 1990 | 561996 | 276502 | 49.2 | 229294 | 40.8 | 48894 | 8.7 | 7306 | 1.3 |
| 1995 | 712236 | 288455 | 40.5 | 348995 | 50.0 | 59828 | 8.4 | 14957 | 2.1 |
| 2000 | 997498 | 371069 | 37.2 | 523686 | 52.5 | 80797 | 8.1 | 21945 | 2.2 |
| 2005 | 2566602 | 977875 | 38.1 | 1324366 | 51.6 | 210462 | 8.2 | 53899 | 2.1 |

注：2005年以后，统计口径发生变化，不再细分种植业、畜牧业、林业和渔业。

资料来源：《内蒙古自治区旗县（市）经济和社会发展概况》。

#### 3.4.1.2 畜牧业结构

（1）牲畜数量结构

解放后的内蒙古33个牧业旗市畜牧业经历了从头数畜牧业发展阶段到现代畜牧业发展的阶段。表3-13为1949—2015年内蒙古33个牧业旗市牲畜总量和全区牲畜总量的对比表。从表3-13中我们可以清晰地看到，在2000年以前，内蒙古33个牧业旗市牲畜的总数量几乎占到全区的一半，这一时期的牲畜数量增长迅速，主要特征表现为头数畜牧业。从2000年以后，内蒙古33个牧业旗市进入环境政策介入阶段，自治区党委政府提出转变生产经营方式发展生态畜牧业，牲畜数量增速逐渐减缓，占比逐年下降，内蒙古33个牧业旗市牲畜的总数量占全区比例从1947年的49.8%下降到2015年的27.2%。

表3-13 1947—2015年内蒙古33个牧业旗市牲畜数量占全区比重变化

| 年份 | 33个牧业旗市牲畜总量/万头只 | 全区牲畜总量/万头只 | 占比/% |
|---|---|---|---|
| 1947 | 476.01 | 956.3 | 49.8 |
| 1952 | 767.87 | 1593.8 | 48.2 |
| 1957 | 1093.23 | 2266.6 | 48.2 |

续表

| 年份 | 33 个牧业旗市牲畜总量 / 万头只 | 全区牲畜总量 / 万头只 | 占比 /% |
|---|---|---|---|
| 1965 | 2092.38 | 4176.2 | 50.1 |
| 1976 | 1775.84 | 3866.4 | 45.9 |
| 1982 | 1818.27 | 4218.3 | 43.1 |
| 1989 | 2122.59 | 4757.7 | 44.6 |
| 1996 | 2637.2 | 5629.8 | 46.8 |
| 1999 | 3021.45 | 6294.5 | 48.0 |
| 2001 | 2438.07 | 6130.1 | 39.8 |
| 2011 | 2998.71 | 9524.2 | 31.5 |
| 2015 | 3287.32 | 12094.8 | 27.2 |

资料来源：根据《内蒙古畜牧业统计资料》《内蒙古农村牧区经济调研文集》《内蒙古农牧业经济五十年》《内蒙古统计年鉴》计算整理。

（2）畜群结构

内蒙古自治区成立后，牲畜数量较过去有较大幅度增长，特别是绵羊和山羊的数量（见表3-14）。从表3-14中可见，羊的占比越来越高，特别是绵羊，从1947年的46%上升到2015年的77%，大畜（牛）的占比逐年递减，从1949年的23%下降到2015年的6%。由此可见，33个牧业旗市畜群结构呈现出越来越单一，向以小畜为主、一羊独大的畜群结构特征转变。

表3-14　1947—2015年内蒙古33个牧业旗市畜群结构变化

| 年份 | 山羊 / 万只 | 占比 /% | 绵羊 / 万只 | 占比 /% | 牛 / 万头 | 占比 /% |
|---|---|---|---|---|---|---|
| 1947 | 228.2 | 31 | 342.6 | 46 | 174.6 | 23 |
| 1957 | 721.4 | 35 | 992.5 | 48 | 353.2 | 17 |
| 1967 | 1187.8 | 33 | 1952.8 | 55 | 436.7 | 12 |
| 1977 | 872.6 | 25 | 2183.5 | 63 | 412.3 | 11 |
| 1987 | 854.6 | 23 | 2365.3 | 65 | 445.2 | 12 |
| 1997 | 1879.9 | 33 | 3285.0 | 58 | 488.1 | 9 |
| 2001 | 2019.7 | 34 | 3408.1 | 58 | 431.4 | 7 |
| 2005 | 2808.7 | 30 | 5904.3 | 63 | 721.9 | 7 |
| 2010 | 2626.0 | 28 | 5782.0 | 62 | 929.4 | 1 |
| 2015 | 1133.05 | 17 | 5011.32 | 77 | 398.86 | 6 |

资料来源：根据《内蒙古畜牧业统计资料》《内蒙古统计年鉴》计算整理。

（3）畜产品结构

33个牧业旗市中位于蒙东北的牧业旗，主要畜产品有牛皮、绵羊皮、牛奶、羊肉；蒙东9个牧业旗，主要畜产品有牛肉、猪肉、羊毛、羊肉、牛奶、绵羊皮；蒙中东9个牧业旗，主要畜产品有牛肉、驼绒、牛皮、羊肉、牛奶等；蒙中的牧业旗，主要畜产品有羊绒、羊毛、羊肉、绵羊皮、牛皮和驼绒、牛肉和猪肉；蒙西3个牧业旗，驼绒产量最大，其次是羊绒。

2015年，33个牧业旗市羊肉产量约为395590吨，牛肉产量约为244843吨，猪肉产量约为191022吨，羊毛产量约为65313吨，分别占到了全区产量的42.7%、46.3%、26.9%和44.8%（见表3-15）。

**表3-15　2015年内蒙古33个牧业旗市主要畜产品占全区比重**

| 畜产品 | 羊肉 | 牛肉 | 猪肉 | 羊毛 |
|---|---|---|---|---|
| 33个牧业旗市/吨 | 395590 | 244843 | 191022 | 65313 |
| 全区/吨 | 925918 | 528950 | 708078 | 145830 |
| 占比/% | 42.7 | 46.3 | 26.9 | 44.8 |

资料来源：根据《内蒙古统计年鉴》（2016）计算整理。

### 3.4.1.3　种植业结构

（1）粮食作物与经济作物结构

表3-16显示了1947—2015年33个牧业旗市种植业结构变动情况，从中可以看出，长期以来，33个牧业旗市农作物中，粮食作物占比一直很高，几乎都在95%以上，经济作物占比则很低，长期在1%～5%之间徘徊。

**表3-16　1947—2015年内蒙古33个牧业旗市种植业结构变动**

| 年份 | 粮食作物/万吨 | 经济作物/万吨 | 两者之比 | 年份 | 粮食作物/万吨 | 经济作物/万吨 | 两者之比 |
|---|---|---|---|---|---|---|---|
| 1947 | 55.8 | 1.83 | 96.8∶3.2 | 1990 | 534.9 | 26.88 | 95.2∶4.8 |
| 1957 | 103.2 | 1.89 | 98.2∶1.8 | 1995 | 492.9 | 16.38 | 96.8∶3.2 |
| 1965 | 201.3 | 1.80 | 99.0∶1.0 | 2000 | 442.2 | 24.30 | 94.8∶5.2 |
| 1976 | 219.0 | 3.75 | 98.3∶1.7 | 2005 | 816.3 | 39.27 | 95.7∶4.3 |
| 1980 | 160.5 | 7.17 | 95.7∶4.3 | 2010 | 1498.5 | 30.60 | 98.2∶1.8 |
| 1985 | 283.2 | 34.80 | 89.0∶11.0 | 2015 | 1829.4 | 45.90 | 97.6∶2.3 |

资料来源：根据《内蒙古农村牧区经济调研文集》和《内蒙古旗县（市）经济和社会发展概况》计算整理。

33个牧业旗市粮食作物以玉米、小麦、薯类、豆类为主，经济作物以油料、甜菜为主，农作物占比如表3-17所示。

**表3-17 内蒙古33个牧业旗市种植业地区分布结构**

| 地区 | 33个牧业旗市 | 种植业 |
|---|---|---|
| 蒙中 | 四子王旗、达茂旗、乌拉特中旗、乌拉特后旗、鄂托克前旗、鄂托克旗、杭锦后旗、乌审旗 | 种植业以玉米（24%）、马铃薯（22%）、小麦（21%）与油料（18%）为主 |
| 蒙东 | 科尔沁左翼中旗、科尔沁左翼后旗、扎鲁特旗、科尔沁右翼中旗、巴林右旗、阿鲁科尔沁旗、翁牛特旗、克什克腾旗、巴林左旗 | 玉米主产区，玉米占77%，小麦13%，薯类、大豆和油料占10% |
| 蒙东北 | 新巴尔虎右旗、新巴尔虎左旗、陈巴尔虎旗、鄂温克旗 | 大豆占44%，小麦占28%，玉米占11%，油料（油菜）占10% |
| 蒙中东 | 阿巴嘎旗、苏尼特左旗、苏尼特右旗、正蓝旗、镶黄、正镶白、东乌珠、西乌珠、锡林浩特市 | 种植业不发达，小麦占34%，油料占20% |
| 蒙西 | 阿拉善左旗、阿拉善右旗、额济纳旗 | 农作物播种面积小，种植结构单一，以小麦、玉米粮食作物为主 |

资料来源：根据《内蒙古统计年鉴》（2016）计算整理。

（2）农作物产量结构

2015年内蒙古33个牧业旗市粮食产量为7862541 吨，占到了全区粮食产量的27.8%。油料产量为557661吨，占到了全区油料产量的28.8%。甜菜产量为413743吨，占到了全区甜菜产量的18 %（见表3-18）。其中，粮食主产区集中在蒙东牧业旗，占比高达78.7%，科尔沁左翼中旗粮食产量位居第一（24.8%）。油料主要集中在蒙中和蒙东牧业旗，占比达到80.5%，乌拉特中旗（19.4%）居第一位。甜菜则高度集中于蒙东牧业旗，占比为72.6%，翁牛特旗（61.3%）居第一位。蒙东北、蒙中东和蒙西牧业旗甜菜产量为0。

**表3-18 2015年内蒙古33个牧业旗市农作物产量结构**

| 农作物产品 | 粮食产量 | 油料产量 | 甜菜产量 |
|---|---|---|---|
| 33个牧业旗市/万吨 | 78.62 | 55.77 | 41.37 |
| 全区/万吨 | 282.7 | 193.6 | 230.1 |
| 占比/% | 27.8 | 28.8 | 18.0 |

资料来源：根据《内蒙古统计年鉴》（2016）计算整理。

（3）农作物播种面积结构

1947—2015年，内蒙古33个牧业旗市农作物播种面积呈增加趋势，1947

年农作物播种面积为97.1万公顷，2015年增加到210.8万公顷。粮食播种面积也从1947年的84.41万公顷增加到2015年的153.6公顷（见表3-19）。

表3-19 1947—2015年内蒙古33个牧业旗市农作物播种面积变化 单位：万公顷

| 年份 | 农作物播种面积 | 粮食播种面积 | 年份 | 农作物播种面积 | 粮食播种面积 |
|---|---|---|---|---|---|
| 1947 | 97.1 | 84.41 | 1987 | 124.8 | 94.12 |
| 1957 | 147.3 | 122.6 | 1997 | 162.9 | 129.86 |
| 1967 | 137.8 | 118.71 | 2007 | 188.7 | 135.04 |
| 1977 | 133.4 | 107.6 | 2015 | 210.8 | 153.6 |

资料来源：根据《内蒙古农牧业经济五十年》《内蒙古统计年鉴》计算整理。

2015年，内蒙古33个牧业旗市农作播种总面积为2108363万公顷，占全区的27.9%。粮食播种面积为1515881万公顷，占全区的26.7%（见表3-20）。农作物播种面积占比最高的是蒙东9个牧业旗，占33个牧业旗市的64.4%。蒙西3个牧业旗占比最低，仅为2.7%。粮食播种面积占比，蒙东牧业旗仍然最高，占比为70%，最低为蒙西牧业旗，占比为1.3%。

表3-20 2015年内蒙古33个牧业旗市农作物播种面积及占比

| 地区 | 农作物播种面积 | 粮食播种面积 |
|---|---|---|
| 33 个牧业旗市 / 万公顷 | 210.8 | 153.6 |
| 全区 / 万公顷 | 756.8 | 572.7 |
| 占比 /% | 27.9 | 26.7 |

资料来源：根据《内蒙古统计年鉴》（2016）计算整理。

## 3.4.2 第二产业内部结构

### 3.4.2.1 轻重工业结构

和平解放后，内蒙古33个牧业旗市第二产业（工业）的发展主要经历了从无到有、悄然发展（1947—1957年）；大起大落，徘徊发展（1958—1980年）；恢复并快速发展（改革开放到20世纪90年代后期）和高消耗型资源开发为主的工业经济跨越式高位发展（21世纪初至今）。轻重工业结构发生了显著的变化，以典型牧业盟锡林郭勒盟为例，图3-9为锡林郭勒盟1947—2015年轻重工业变迁图。由图3-9可知，第二产业（工业）总体发展趋势为轻工业逐年下降、重工业逐年上升，从1992年开始，重工业反超轻工业，2012年重工业占比最高，高达85.1%。锡林郭勒盟的轻工业和重工业之比由1947年的97.7：2.3变为2015年的23.5：76.5。

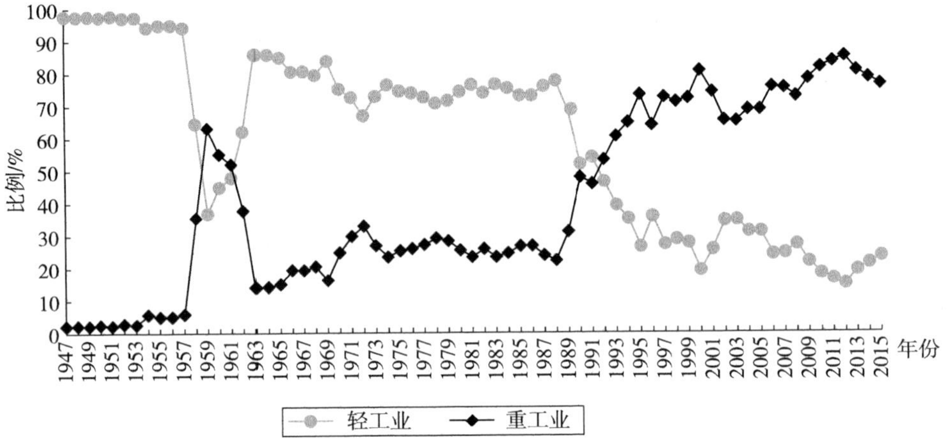


**图3-9　1947—2015年锡林郭勒盟轻工业与重工业结构变迁**

资料来源：根据《辉煌的五十年》《锡林郭勒盟统计年鉴》计算整理。

### 3.4.2.2　工业产业内部结构

从产值比例看，内蒙古33个牧业旗市的现有工业产业仍以重工业为主，重工业中又以采矿业、原材料工业和电、气等能源生产为主。为了分析产业内部结构，对2015年内蒙古33个牧业旗市各类产业的产值与其占第二产业的总产值比重进行加总、计算，得出结果如表3-21所示。

**表3-21　2015年内蒙古33个牧业旗市第二产业内部各类行业总产值及比重**

| 行业部门 | 产值 / 万元 | 占总产值比重 /% |
|---|---|---|
| 采矿业 | 13979890.43 | 26.6 |
| 轻工业加工制造 | 10111817.34 | 19.2 |
| 原材料工业、化工业 | 18146163.76 | 34.5 |
| 重工业制造 | 3125041.38 | 5.9 |
| 电力、燃气及水的生产供应 | 6129989.39 | 11.7 |
| 小计：工业总产值 | 51582902.30 | 98.1 |

资料来源：根据《内蒙古统计年鉴》（2016）计算整理。

由表3-21可知，内蒙古33个牧业旗市的第二产业以采矿和包括原材料加工、化工、电力燃气生产等行业的重工业为主。包括农畜副产品加工、食品、纺织品、日用品制造等在内的轻工业比重较轻，约占总值的19%。重工业又以采矿业、原材料加工（如各类矿产加工）和化工业（包括制药）为主，重工业产品的制造相对薄弱，这也在一定程度上反映出，一直以来内蒙古牧业旗市矿产资源的采掘加工行业的投入多，积累的生产能力强，但是工业品加工制造方面的投入相对而言较少，一直处于能源化工采矿业偏重状态。

### 3.4.3 第三产业内部结构

33个牧业旗市的第三产业主要包括批发和零售业，交通运输、仓储和邮政业，住宿餐饮业，信息技术服务业，金融业，房地产业，租赁和商务服务业，水利环境，科学研究技术及教育等。

以锡林郭勒盟为例，2003年以来，其第三产业内部主要行业产值如表3-22所示。

表3-22 锡林郭勒盟第三产业内部主要行业产值 单位：万元

| 年份 | 批发和零售业 | 交通运输和仓储业 | 住宿餐饮业 | 信息技术服务业 | 金融业 | 房地产业 | 租赁和商务服务业 | 水利环境 | 科学研究技术 | 教育 |
|---|---|---|---|---|---|---|---|---|---|---|
| 2003 | 63440 | 51050 | 15664 | 2307 | 7434 | 19514 | 0 | 2532 | 2307 | 22546 |
| 2005 | 105009 | 57558 | 32585 | 24692 | 18164 | 27116 | 33438 | 3079 | 4642 | 26964 |
| 2007 | 150696 | 126527 | 150696 | 50158 | 27466 | 53036 | 62262 | 6877 | 15870 | 50998 |
| 2009 | 247026 | 295205 | 111360 | 34739 | 92700 | 69150 | 9154 | 6837 | 18594 | 66238 |
| 2015 | 824700 | 589900 | 353300 | 128100 | 329300 | 149100 | 92900 | 12600 | 33900 | 121800 |

资料来源：《锡林郭勒盟统计年鉴》（2004—2016）。

表3-23 锡林郭勒盟第三产业内部各行业产值占比 （%）

| 年份 | 批发和零售业 | 交通运输和仓储业 | 住宿餐饮业 | 信息技术服务业 | 金融业 | 房地产业 | 租赁和商务服务业 | 水利环境 | 科学研究技术 | 教育 |
|---|---|---|---|---|---|---|---|---|---|---|
| 2003 | 21.4 | 17.2 | 5.3 | 0.8 | 2.5 | 6.6 | 0 | 0.8 | 0.7 | 6.5 |
| 2005 | 24.7 | 13.6 | 7.7 | 5.8 | 4.3 | 6.4 | 7.9 | 0.7 | 1.0 | 6.4 |
| 2007 | 18.8 | 15.8 | 18.8 | 6.3 | 3.4 | 6.6 | 7.8 | 0.8 | 1.9 | 6.4 |
| 2009 | 21.2 | 25.3 | 9.6 | 3.0 | 7.9 | 5.9 | 0.8 | 0.6 | 1.6 | 5.7 |
| 2015 | 26.1 | 18.6 | 11.2 | 4.0 | 10.4 | 4.7 | 2.9 | 0.4 | 1.1 | 3.8 |

资料来源：《锡林郭勒盟统计年鉴》（2004—2016）。

表3-23为锡林郭勒盟第三产业内部主要行业产值占比。从表3-22和表3-23中可以看出，批发和零售业占比最高，占比一直保持在20%以上。其次是交通运输和仓储邮政业，再次是住宿和餐饮业，这三者占到第三产业产值的一半。房地产业比较稳定，从2007年以后有下降趋势，金融业呈逐年递增的趋势。

由此可见，在内蒙古牧业旗市中，第三产业仍是以传统的批发、零售及交通仓储等行业为主，而对第一产业和第二产业发展具有较大拉动作用的生产性服务业如软件和信息服务业、金融保险、现代物流还有技术研发等高端服务业发展相当落后，甚至缺位（见表3-24）。

将内蒙古33个牧业旗市第三产业产值占比与钱纳里·赛尔奎因模式进行对比发现，即使在2003年，33个牧业旗市的第三产业产值占比也达到了最高，为30.57%，远远低于标准结构中的第三产业产值比重，这说明33个牧业旗市的服务化指标还较低，产业结构不够高级化（见表3-25）。

**表3-24　1993—2015年内蒙古33个牧业旗市第三产业产值比重**　（%）

| 年份 | 比重 | 年份 | 比重 | 年份 | 比重 | 年份 | 比重 |
|---|---|---|---|---|---|---|---|
| 1993 | 19.89 | 1999 | 26.69 | 2005 | 29.57 | 2011 | 22.33 |
| 1994 | 20.00 | 2000 | 27.97 | 2006 | 27.85 | 2012 | 21.78 |
| 1995 | 20.27 | 2001 | 29.51 | 2007 | 26.08 | 2013 | 21.67 |
| 1996 | 20.91 | 2002 | 30.38 | 2008 | 24.64 | 2014 | 23.44 |
| 1997 | 23.91 | 2003 | 30.57 | 2009 | 24.82 | 2015 | 28.30 |
| 1998 | 25.56 | 2004 | 28.35 | 2010 | 22.98 | | |

资料来源：《内蒙古统计年鉴》（1994—2016）。

**表3-25　钱纳里·赛尔奎因模式（1989）：产值比例指标的标准结构**

| 产值比例 | 人均国内生产总值的基准水平 /1980 年美元 | | | | | |
|---|---|---|---|---|---|---|
| | 300 以下 | 300 | 500 | 1000 | 2000 | 4000 |
| 第一产业产值比例 | 46.3 | 36.0 | 30.4 | 26.7 | 21.8 | 18.6 |
| 第二产业产值比例 | 13.5 | 19.6 | 23.1 | 25.5 | 29.0 | 31.4 |
| 第三产业产值比例 | 40.1 | 44.4 | 46.5 | 47.8 | 49.2 | 50.0 |

资料来源：[美] 钱纳里.工业化与经济增长的比较研究：中文版 [M].上海：上海三联书店，1989：71.

# 3.5 内蒙古33个牧业旗市工业化阶段判断

## 3.5.1 工业化阶段判断标准

经典的工业化阶段的划分法主要有库兹涅兹划分法、霍夫曼系数划分法、钱纳里划分法以及联合国的工业阶段划分法等。其中，钱纳里提出的标准产业结构最具代表性，在我国应用最为广泛。钱纳里根据人均国内生产总值，将整个经济变化过程划分为三个阶段六个时期，笔者根据美元换算指数和美元对人民平均汇率计算出2015年钱纳里工业阶段划分标准，如表3-26所示。

表3-26 2015年钱纳里工业阶段划分标准

| 人均GDP | 经济发展阶段 | 工业化阶段 | | | 发达经济阶段 | |
|---|---|---|---|---|---|---|
| | | 初期 | 中期 | 后期 | 发达经济初级阶段 | 发达经济高级阶段 |
| 人均GDP/1970美元 | 140~280 | 280~560 | 560~1120 | 1120~100 | 2100~3360 | 3360~5040 |
| 人均GDP/2015美元 | 676~1352 | 1352~2705 | 2705~5410 | 5410~0143 | 10143~16229 | 16229~24343 |

注：1970年美元与2015年美元换算指数约为4.83；2015年美元对人民币平均汇率为6.23。

资料来源：［美］H.钱纳里.工业化与经济增长的比较研究［M］.上海：上海三联书店，1995：72；史忠良.产业经济学［M］.北京：经济管理出版社，2005：63.

钱纳里主要以人均GDP作为工业化阶段的判断标准；库兹涅兹主要是通过总产值和劳动力分布结构判断工业化各阶段产业结构变动的总方向；联合国工业阶段划分法则是根据国民收入中工业净产值所占的比重来划分。世界银行等组织提出，工业化阶段的划分除了参考人均GDP、产值结构、就业结构、制造业增加值占总商品增加值的比重外，还需参考城镇化水平。各类划分方法不同阶段的标志值总结如表3-27所示。

表 3-27 2015年工业化不同阶段的标志值

| 基本指标 | 前工业化阶段 | 工业化阶段 | | | 后工业化阶段 |
|---|---|---|---|---|---|
| | | 初期 | 中期 | 后期 | |
| 人均GDP/2015美元 | 676~1352 | 1352~2705 | 2705~5410 | 5410~10143 | 10143~ |

续表

| 基本指标 | 前工业化阶段 | 工业化阶段 | | | 后工业化阶段 |
|---|---|---|---|---|---|
| | | 初期 | 中期 | 后期 | |
| 三次产业结构 | A > I | A > 20%；<br>A < I | A < 20%，<br>I > S | A < 10%；<br>I > S | A < 10%，<br>I < S |
| 城市化率 | < 30% | 30%~50% | 50%~60% | 60%~75% | 75% 以上 |
| 工业增加值占比 | < 35% | 35%~55% | 55%~65% | 65%~75% | 75% 以上 |
| 第一产业就业比重 | > 60% | 45%~60% | 30%~45% | 10%~30% | 10% 以下 |

注：A、I、S分别代表第一、第二和第三产业增加值在GDP中所占的比重。

整理出内蒙古33个牧业旗市2015年人均GDP、三次产业增加值比、工业增加值占比、城镇化率以及三次产业就业比例如表3-28所示，接下来从给出的五个量度，对33个牧业旗市工业化阶段进行分析。

**表3-28　2015年内蒙古各牧业旗市工业化阶段指标值**

| 旗市 | 人均 GDP | | 三次产业增加值比 | 工业增加值占比 /% | 城镇化率 /% | 三次产业就业比 |
|---|---|---|---|---|---|---|
| | 人民币计（元 / 人） | 美元计（美元 / 人） | | | | |
| 达茂旗 | 185108 | 6139 | 7.3 : 61.3 : 31.4 | 53.8 | 48.1 | 52.1 : 14.2 : 33.7 |
| 科尔沁左翼中旗 | 30570 | 1014 | 25.3 : 38.7 : 36 | 36.8 | 22.4 | 58.3 : 14.9 : 27.8 |
| 科尔沁左翼后旗 | 39588 | 1313 | 21.2 : 40.3 : 38.5 | 37.2 | 30.9 | 65.5 : 8.7 : 25.8 |
| 扎鲁特旗 | 64922 | 2153 | 17.6 : 52.4 : 30.0 | 48.1 | 31.8 | 64 : 6.6: 29.4 |
| 阿鲁科尔沁旗 | 36457 | 1209 | 16.9 : 44.5 : 38.6 | 36.9 | 21.6 | 62.7 : 11 : 25.3 |
| 巴林左旗 | 35569 | 1179 | 17.7 : 50.4 : 31.9 | 41.2 | 18.0 | 59.9 : 20 : 20 |
| 巴林右旗 | 41946 | 1391 | 14.8 : 54.2 : 31 | 44.2 | 33.0 | 49 : 14.8 : 36.2 |
| 克什克腾旗 | 59136 | 1961 | 12.2 : 63.8 : 24.1 | 57.2 | 23.6 | 57.3 : 12.7 : 30 |
| 翁牛特旗 | 30149 | 999 | 28.5 : 44.1 : 27.4 | 36.9 | 24.0 | 66.1 : 16.5 : 17.4 |
| 鄂托克前旗 | 163796. | 5432 | 8.7 : 61.4 : 29.9 | 49.3 | 30.0 | 45.4 : 24.5 : 30.1 |
| 鄂托克旗 | 446236 | 14798 | 1.7 : 76.3 : 22 | 69.2 | 49.7 | 35 : 26.3 : 38.7 |
| 杭锦旗 | 62937 | 2087 | 19.7 : 38.5 : 41.8 | 29.2 | 20.3 | 55.6 : 20.7 : 23.7 |

续表

| 旗市 | 人均GDP | | 三次产业增加值比 | 工业增加值占比/% | 城镇化率/% | 三次产业就业比 |
|---|---|---|---|---|---|---|
| | 人民币计（元/人） | 美元计（美元/人） | | | | |
| 乌审旗 | 357734 | 11864 | 3.2：75.6：21.3 | 67.7 | 23.5 | 42.4：16.4：41.2 |
| 鄂温克旗 | 79817 | 2647 | 7.2：68.2：24.6 | 60.9 | 83.0 | 23.5：26：50.5 |
| 新巴尔虎右旗 | 223014 | 7396 | 5.6：78.2：16.3 | 76.4 | 46.6 | 41.4：21.4：37.2 |
| 新巴尔虎左旗 | 85387 | 2832 | 19：50：31.1 | 31.6 | 43.8 | 52.4：9.3：38.3 |
| 陈巴尔虎旗 | 160160 | 5312 | 10.9：67.1：22 | 63.0 | 67.7 | 48.5：17.6：33.8 |
| 科尔沁右翼中旗 | 24975 | 828 | 28.7：37.9：33.4 | 28.5 | 41.8 | 66.1：7.7：26.1 |
| 锡林浩特市 | 114349 | 3792 | 7.6：50.3：42.1 | 42.6 | 86.1 | 6.4：23.1：70.4 |
| 阿巴嘎旗 | 150871 | 5003 | 11.5：73.2：15.3 | 65.3 | 48.2 | 50：15.6：34.4 |
| 苏尼特左旗 | 143782 | 4768 | 12：67.9：20.1 | 57.4 | 42.3 | 48.5：14.9：36.7 |
| 苏尼特右旗 | 87125 | 2889 | 8.6：66.9：24.5 | 60.7 | 54.3 | 43：20.3：36.8 |
| 东乌珠穆沁旗 | 167837 | 5566 | 15：67.1：17.8 | 58.7 | 49.4 | 41.3：19.2：39.5 |
| 西乌珠穆沁旗 | 144535 | 4793 | 13.5：72.4：14.1 | 62.6 | 54.7 | 44.6：19：36.3 |
| 镶黄旗 | 168201 | 5578 | 6.4：75.7：17.9 | 72.3 | 42.2 | 51：19.8：29.3 |
| 正镶白旗 | 42995 | 1426 | 15.8：50.2：33.9 | 41.9 | 22.2 | 68.6：9.1：22.4 |
| 正蓝旗 | 83720 | 2776 | 10.1：67.9：22.1 | 61.3 | 64.0 | 47.5：14.7：37.8 |
| 四子王旗 | 26440 | 877 | 27.3：32.9：39.8 | 28.0 | 22.5 | 71.7：6.9：21.4 |
| 乌拉特中旗 | 70286 | 2331 | 16.3：72.2：11.5 | 60.2 | 26.7 | 63.2：9.8：27 |
| 乌拉特后旗 | 107143 | 3553 | 5.6：78.1：16.3 | 67.5 | 51.9 | 30.9：33：36.1 |
| 阿拉善左旗 | 170887 | 5667 | 3.2：72.9：23.9 | 66.0 | 61.8 | 23.1：28.1：48.8 |
| 阿拉善右旗 | 110009 | 3648 | 7.8：60.5：31.7 | 55.7 | 94.4 | 27.5：29.7：42.8 |
| 额济纳旗 | 226648 | 7516 | 4.1：42.4：53.5 | 35.5 | 70.4 | 24：15.9：60.1 |

资料来源：根据《内蒙古统计年鉴》（2016）整理，表中人均GDP（2015年美元）依据2015年统计数据和国家统计局《2015年国民经济和社会发展公报》中公布的平均汇率得到。

（1）从人均GDP来看

如果把33个牧业旗市作为一个整体来看，33个牧业旗市人均GDP达到了13074美元，牧业旗市已处于后工业化阶段的前半期。

从33个牧业旗市内部人均GDP看，有2个牧业旗处于发达经济的后工业化阶段，7个牧业旗处于前工业化阶段；7个牧业旗处于工业化阶段初期，10个牧业旗处于工业化阶段中期；7个牧业旗刚刚达到工业化阶段后期。具体旗市如表3-29所示。

表3-29　内蒙古33个牧业旗市人均GDP下的工业化阶段判断　单位：美元

| 前工业化阶段 | 工业化阶段 | | | 后工业化阶段 |
|---|---|---|---|---|
| | 初期 | 中期 | 后期 | |
| 676~1352 | 1352~2705 | 2705~5410 | 5410~10143 | 10143 以上 |
| 科尔沁左翼中旗，科尔沁左翼右旗，科尔沁右翼中旗，阿鲁科尔沁旗，巴林左旗，翁牛特旗，四子工旗 | 扎鲁特旗，巴林右旗，克什克腾，杭锦旗，鄂温克旗，正镶白旗，乌拉特中旗 | 新巴尔虎左旗，陈巴尔虎旗，锡林浩特市，阿巴嘎旗，苏尼特左旗，苏尼特右旗，西乌珠穆沁旗，正蓝旗，乌拉特后旗，阿拉善右旗 | 额济纳旗，新巴尔虎右旗，达茂旗，阿拉善左旗，镶黄旗西乌珠穆沁旗，鄂托克前旗 | 鄂托克旗，乌审旗 |
| 7 | 7 | 10 | 7 | 2 |

（2）从三次产业结构来看

如果把33个牧业旗市作为一个整体来看，2015年内蒙古33个牧业旗市产业产值比重为11.4：61.6：28.3，虽然属于工业化中期，但已较接近工业化后期。

从33个牧业旗市的三次产业产值之比看，有5个牧业旗处于工业化阶段初期，14个牧业旗处于工业化阶段中期，13个牧业旗处于工业化阶段后期，没有任何牧业旗处于前工业化阶段和后工业化阶段，具体旗市如表3-30所示。

（3）从工业增加值占总商品增加值比重来看

如果把33个牧业旗市作为一个整体来看，2015年33个牧业旗市工业增加值占比为51.6%，属于工业化中期阶段。

从33个牧业旗市第一产业就业占比看，有4个牧业旗处于前工业化阶段，12个牧业旗属于工业化阶段前期，9个牧业旗处于工业化阶段中期，7个牧业旗处于工业化阶段后期，1个牧业旗处于后工业化阶段。具体旗市如表3-31所示。

**表3-30　内蒙古33个牧业旗市三次产业产值下的工业化阶段判断**

| 三次产业结构 | 前工业化阶段 | 工业化阶段 | | | 后工业化阶段 |
|---|---|---|---|---|---|
| | | 初期 | 中期 | 后期 | |
| | A＞I | A＞20%且A＜I | A＜20%且I＞S | A＜10%且I＞S | A＜10%且I＜S |
| 旗市 | 无 | 科尔沁左翼中旗，科尔沁左翼后旗，翁牛特旗，科尔沁右翼中旗，四子王旗 | 扎鲁特旗，阿鲁科尔沁旗，巴林左旗，巴林右旗，克什克腾旗，杭锦旗，新巴尔虎左旗，阿巴嘎旗，苏尼特左旗，东乌珠穆沁旗，西乌珠穆沁旗，乌拉特中旗，陈巴尔虎旗，正蓝旗 | 达茂旗，鄂托克前旗，鄂托克旗，乌审旗，鄂温克旗，新巴尔虎右旗，锡林浩特，苏尼特右旗，镶黄旗，乌拉特后旗，阿拉善左旗，阿拉善右旗，额济纳旗 | 无 |
| 个数 | 0 | 5 | 14 | 13 | 0 |

注：A、I、S分别代表第一、第二和第三产业增加值在GDP中所占的比重。

**表3-31　内蒙古33个牧业旗市工业增加值下的工业化阶段判断**

| 工业增加值占比 | 前工业化阶段 | 工业化阶段 | | | 后工业化阶段 |
|---|---|---|---|---|---|
| | | 初期 | 中期 | 后期 | |
| | ＜35% | 35%~55% | 55%~65% | 65%~75% | 75%以上 |
| 牧业旗市 | 杭锦旗，新巴尔虎左旗，科尔沁右翼中旗，四子王旗 | 达茂旗，科尔沁左翼中旗，科尔沁右翼后旗，扎鲁特旗，巴林左旗，巴林右旗，翁牛特旗，锡林浩特，正白旗，额济纳旗，阿鲁科尔沁旗，苏尼特左旗 | 克什克腾旗，鄂温克旗，陈巴尔虎旗，苏尼特右旗，东乌珠穆沁旗，西乌珠穆沁旗，正蓝旗，乌拉特中旗，阿拉善右旗 | 鄂托克旗，乌审旗阿巴嘎旗，乌拉特后旗，阿拉善左旗，鄂托克前旗，镶黄旗 | 新巴尔虎右旗 |
| 个数 | 4 | 12 | 9 | 7 | 1 |

（4）从城镇化率来看

把33个牧业旗市作为一个整体，2015年33个牧业旗市城镇化率为41.8%，处于工业化初期阶段。从33个牧业旗市各自的城镇化率看，有11个牧业旗市处于前工业化阶段，11个牧业旗属于工业化阶段初期，4个牧业旗处于工业化阶段中期，4个牧业旗处于工业化阶段后期，3个牧业旗处于后工业化阶段。具体旗市如表3-32所示。

表3-32　内蒙古33个牧业旗市城镇化率下的工业化阶段判断

| 城市化率 | 前工业化阶段 | 工业化阶段 | | | 后工业化阶段 |
|---|---|---|---|---|---|
| | | 初期 | 中期 | 后期 | |
| | < 30% | 30%~50% | 50%~60% | 60%~75% | 75% 以上 |
| 牧业旗县 | 科尔沁左翼中旗，阿鲁科尔沁旗，巴林左旗，克什克腾旗，翁牛特旗，鄂托克前旗，杭锦旗，乌审旗，正镶白旗，乌拉特中旗，四子王旗 | 达茂旗，科尔沁左翼后旗，扎鲁特旗，巴林右旗，鄂托克旗，新巴尔虎左旗，新巴尔虎右旗，阿巴嘎旗，苏尼特左旗，东乌珠穆沁旗，镶黄旗 | 阿拉善右旗，西乌珠穆沁旗，苏尼特右旗，乌拉特后旗 | 陈巴尔虎旗，正蓝旗，阿拉善左旗，额济纳旗 | 阿拉善右旗，鄂温克旗，锡林浩特市 |
| 个数 | 11 | 11 | 4 | 4 | 3 |

（5）从劳动力结构来看

如果把33个牧业旗市作为一个整体来看，2015年33个牧业旗市三次产业劳动就业比值为47.3∶19.8∶32.9，第一产业劳动力就业比重为47.3%，处于工业化阶段初期。

从33个牧业旗市第一产业就业占比看，有 8个牧业旗处于前工业化阶段，15个牧业旗属于工业化阶段前期，5个牧业旗市处于工业化阶段中期，4个牧业旗处于工业化阶段后期，1个牧业旗处于后工业化阶段。具体旗市如表3-33所示。

表3-33　内蒙古33个牧业旗市劳动力结构下的工业化阶段判断

| 第一产业就业比重 | 前工业化阶段 | 工业化阶段 | | | 后工业化阶段 |
|---|---|---|---|---|---|
| | | 初期 | 中期 | 后期 | |
| | > 60% | 45%~60% | 30%~45% | 10%~30% | 10%以下 |
| 牧业旗市 | 扎鲁特旗，阿鲁科尔沁旗，正镶白旗，乌拉特中旗，科尔沁左翼后旗，翁牛特旗，科尔沁右翼中旗，四子王旗 | 达茂旗，科尔沁左翼中旗，巴林左旗，巴林右旗，克什克腾旗，鄂托克前旗，杭锦旗，新巴尔虎左旗，陈巴尔虎旗，阿巴嘎旗，苏尼特左旗，东乌珠穆沁旗，西乌旗，正蓝旗，镶黄旗 | 鄂托克旗，乌审旗，新巴尔虎右旗，苏尼特右旗，乌拉特后旗 | 鄂温克旗，阿拉善左旗，阿拉善右旗，额济纳旗 | 锡林浩特市 |
| 个数 | 8 | 15 | 5 | 4 | 1 |

### 3.5.2 内蒙古33个牧业旗市工业化阶段综合判断

通过对此各项基本指标，根据人均GDP进行判断，33个牧业旗市处于后工业化阶段前半段；根据产业结构和工业结构进行判断，33个牧业旗市处于工业化阶段中期；根据城镇化率和就业结构进行判断，33个牧业旗市处于工业化阶段初期（见表3-34）。

表3-34 2015年内蒙古33个牧业旗市工业化各项指标

| 工业化指标 | 人均 GDP/2015 年美元 | 三次产业结构 | 工业结构 | 城镇化率 | 第一产业就业人数比重 |
|---|---|---|---|---|---|
| 33 个牧业旗市 | 13074 | 11.4 : 61.6 : 28.3 | 51.6% | 41.8% | 47.3% |
| 所属阶段 | 后工业化阶段前半段 | 工业化阶段中期 | 工业化阶段中期 | 工业化阶段初期 | 工业化阶段初期 |

借鉴中国社会科学院重大课题研究成果《工业化蓝皮书——中国工业化进程报告：1995—2010》（陈佳贵，2012）（见表3-35）：根据各项基本指标得分及各项指标所占权重，然后利用加全合成法得到综合反映工业化进程的指数，依次判断各地区所处的工业化阶段。操作过程为：①先确定某地区某个指标所处的工业化阶段；②假如该指标实际值处于第一阶段，则得分为0；③假如该指标实际值处于第五阶段，则得分为100（表示已进入后工业化阶段）；④假如指标处于第二、第三、第四阶段，得分=基础值（分别是0、33、66）+33（实际值-该阶段最小临界值）/（该阶段最大临界值-该阶段最小临界值）。

表3-35 工业化综合评价指标体系的参考值

| 基本指标 | 工业化阶段 | | |
|---|---|---|---|
| | 工业化阶段初期（第二阶段） | 工业化阶段中期（第三阶段） | 工业化阶段后期（第四阶段） |
| 人均 GDP/2010 年美元 | min=1644<br>max=3308 | min=3308<br>max=6615 | min=6615<br>max=12398 |
| 三次产业产值结构 | min=20<br>max=33 | min=10<br>max=20 | 赋值公式 =66+S/（I+S）×33 |
| 工业结构 | min=20<br>max=40 | min=40<br>max=50 | min=50<br>max=60 |

续表

| 基本指标 | 工业化阶段 | | |
|---|---|---|---|
| | 工业化阶段初期（第二阶段） | 工业化阶段中期（第三阶段） | 工业化阶段后期（第四阶段） |
| 城市化率 | min=30<br>max=50 | min=50<br>max=60 | min=60<br>max=75 |
| 第一产业就业人数比重（就业结构） | min=45<br>max=60 | min=30<br>max=45 | min=10<br>max=30 |

资料来源：陈佳贵.工业化蓝皮书——中国工业化进程报告：1995—2010.［M］.北京：社会科学文献出版社，2012：34.

根据以上步骤，算得内蒙古33个牧业旗市工业化指标得分如表3-36所示。

**表3-36　内蒙古33个牧业旗市工业化指标得分情况**

| 指标 | 人均 GDP/2015 年美元 | 产业结构 /% | 工业结构 /% | 城镇化率 /% | 就业结构 /% |
|---|---|---|---|---|---|
| 得分 | 100 | 37.6 | 71.28 | 19.45 | 2.3 |

然后按各个指标的权重（陈佳贵，2012）：人均GDP权重为36%，产业结构权重为22%，工业增加值占比权重为22%，人口城镇化率权重为12%，第一产业就业占比权重为8%。得分大于0小于33的表示工业化阶段初期；得分大于33小于66，表示工业化阶段中期；得分大于66小于100，表示工业化阶段后期。得分为0表示前工业化阶段，得分为100表示后工业化阶段。

根据33个牧业旗市工业化指标得分情况，赋上各个指标的权重，最后算得33个牧业旗市工业化指标综合得分为62.3，由此判断出33个牧业旗市处于工业化阶段中期。

作为一个整体，33个牧业旗市处于工业化阶段中期，但各个牧业旗市之间的工业化程度千差万别。根据上述方法，对33个牧业旗市所处的工业化阶段分别进行判断，如表3-37所示。

尽管以指标数据计算得出33个牧业旗市工业化处于工业化中后期，但实际上对33个牧业旗市而言，必须考虑到权重较大的人均GDP和工业结构对工业化阶段判断结果的影响。

表3-37 各牧业旗市工业化阶段判断结果

| 阶段 | 前工业化阶段 | 工业化阶段 | | | 后工业化阶段 |
|---|---|---|---|---|---|
| | | 初期 | 中期 | 后期 | |
| 牧业旗市 | 无 | 科尔沁左翼中旗，科尔沁左翼后旗，扎鲁特旗，阿鲁科尔沁旗，巴林左旗，巴林右旗，翁牛特旗，正镶白旗，四子王旗，科尔沁右翼中旗 | 杭锦旗，克什克腾旗，鄂温克旗，新巴尔虎左旗，陈巴尔虎旗，阿巴嘎旗，苏尼特左旗，苏尼特右旗，东乌珠穆沁旗，西乌珠穆沁旗，正蓝旗，乌拉特中旗，阿拉善右旗 | 达茂旗，鄂托克前旗，新巴尔虎右旗，锡林浩特市，阿拉善左旗，额济纳旗，镶黄旗，乌拉特后旗 | 鄂托克旗，乌审旗 |
| 个数 | 0 | 10 | 13 | 8 | 2 |

关于人均GDP对33个牧业旗市工业化阶段判断的影响，绝大多数牧业旗人口密度低，因此人均GDP会高于其他地区，依据人均GDP指标作出的工业化阶段判断也会相应超前。关于工业结构指标对工业化阶段判断结果的影响，牧业旗工业产值的迅速增加，一是因为西部大开发后33个牧业旗市加快了工业化进程；二是因为2000年后，国际能源价格一路飙升，使得能源型产业对工业产值的贡献十分突出，直接影响了该指标对工业化实际水平的反映。可以说，用指标数据算得的工业化阶段，其实超过了现有工业化的实际水平。33个牧业旗市工业化的实际情况是：工业水平低，发展滞后，资源依赖度高，产业结构不合理，技术研发投入不足。以锡林郭勒盟为例，2015年在科学研究和技术服务业上的投资仅为7%。

## 3.6 本章小结

本章首先介绍了作为生态功能区的内蒙古33个牧业旗市区别于其他地区的显著特征。其次，梳理了自1947年内蒙古自治区成立至2015年，33个牧业旗市近70年的产业发展历史、产业结构变迁轨迹和阶段划分。再次，从产业结构变动趋势、劳动力变动趋势，及各牧业旗市之间产业结构变动趋势对比等方面，对1993—2015年的33个牧业旗市产业结构现状进行了分析。最后，对33个牧业旗市三次产业内部结构进行了细致分析，运用综合指标对其所处的工业化阶段进行了判断。主要结论如下：

第一，33个牧业旗市是蒙古族的主要聚居区，属于典型的少数民族边境旗，属于地缘政治学应该关注的地缘关系敏感地带，这里的经济发展极不平衡，牧民生活贫困，是我国的重点生态功能区。草原生态经济价值的重要性和生态功能区的定位，更加凸显了33个牧业旗市的生态战略地位，并决定着33个牧业旗市的产业结构调整方向，注定与其他区域与众不同。

第二，经过近70年的产业结构变迁，33个牧业旗市产值比重从1947年的94.5：2.1：3.4变为2015年的11.4：61.6：27.0，产业结构已经从最初的以第一产业为主的“一、二、三”结构，逐渐演变为以第二产业为主，第三产业快速发展和第一产业为辅的“二、三、一”产业结构，其演进规律与“配第—克拉克”定理相吻合。整个产业结构演进过程可分为两大阶段：第一阶段为1947—2002年，产业结构表现为“一、二、三”结构；第二阶段为2003年至今，产业结构表现为“二、三、一”结构。

第三，1993—2015年的20余年，是内蒙古33个牧业旗市产业结构演进发生转折性变化的时期，其产业结构从“一、二、三”结构变为“二、三、一”结构，但内蒙古33个牧业旗市各自的产业结构变迁轨迹并不一样。与产值结构不同，1993—2015年，33个牧业旗市的劳动力结构一直表现为“一、三、二”的结构顺序。

第四，从三次产业内部结构看：第一产业中畜牧业占比最高，其次是种植业。畜牧业结构呈现出越来越单一，向以小畜为主、一羊独大的畜群结构特征转变。大畜主要集中于蒙东牧业旗，小畜分布较为均衡。种植业则以粮食作物为主，主要集中在蒙东牧业旗。第二产业轻重工业结构发生了显著的变化，轻工业逐年下降，重工业逐年上升。重工业又以原材料加工（如各类矿产加工）、采矿业和化工业（包括制药）为主。第三产业中，批发和零售业占比最高，其次是交通运输和仓储邮政业，再次是住宿和餐饮业，这三者占到了第三产业产值的一半。

第五，根据综合指标测算出33个牧业旗市整体经济发展现在处于工业化中期偏后阶段。如表3–37所示，但旗县之间差异很大，10个牧业旗市处于工业化阶段初期，13个处于工业化阶段中期，8个处于工业化阶段后期，2个处于后工业化阶段。由于人均GDP对牧业旗市工业化阶段判断的影响较大，用指标数据测算所得的33个牧业旗市的工业化阶段其实是超过了现有工业化的实际水平。

# 4　内蒙古33个牧业旗市产业结构演进影响因素分析

无论是用就业比重还是产出比重衡量，产业结构演进大体都会呈Kuznets事实：第一产业比重下降，第三产业比重上升，第二产业比重先上升后缓慢下降。自1947年内蒙古自治区成立至今，内蒙古33个牧业旗市的经济发展也符合这一趋势：三次产业产值比重从1947年的94.5：2.1：3.4变为2003年的29.2：40.2：30.6，产业结构从“一、二、三”结构演变为“二、三、一”结构。截至2015年，三次产业比重为11.4：61.6：27.0。内蒙古33个牧业旗市产业结构从“一、二、三”结构演变为“二、三、一”结构，哪些因素推动了内蒙古33个牧业旗市产业结构的转型？本章主要围绕这一问题进行探讨。

## 4.1　理论方法介绍

关于产业结构影响因素的实证分析方法，目前国内外学者主要运用的有描述性统计分析、层次分析法（安增军、曾倩林，2012）、灰色关联度分析（彭继增等，2015）、主成分分析（戚兆坤等，2014）、线性相关分析及组合评价法（范德成、李昊，2016）。本章主要采取多元线性回归方法分析影响内蒙古33个牧业旗市产业结构演进的影响因素。

回归分析最早是由19世纪末生物统计学派的奠基人高尔顿在研究人类遗传问题时提出并发展起来的。“线形回归”的术语也因此沿用下来。当模型参数为线性时，根据自变量的个数，线性回归可以分为一元线性回归和多元线性回归。

多元线性回归，主要描述的是一个因变量和多个自变量之间的线性关系，是计量分析中使用最多的方法，用来分析两个以上的变量相互之间因果关系的统计方法，用于确定因变量与自变量间相关关系的数学表达式，从众多的自变量中，判断哪些变量对因变量的影响是显著的，哪些是不显著的。多元线性回归方程的模型为：

$$Y=\beta_0+\beta_1X_1+\beta_2X_2+\cdots+\beta_mX_m+\varepsilon$$

其中，$\beta_0$是常数项，$\beta_1$，$\beta_2$，…，$\beta_m$称为偏回归系数。$\beta_1$（i =1，2，…，$m$）表示在其他自变量保持不变的条件下，自变量$X_i$改变一个单位时因变量的平均改变量。$\varepsilon$为残差，又称随机误差，是$Y$的变化中不能由自变量解释的部分。

多元线性回归步骤如下：

首先，建立模型。

$$Y=\beta_0+\beta_1X_1+\beta_2X_2+\cdots+\beta_mX_m+\varepsilon$$

其次，进行参数估计。若要确定多元线性回归模型，则必须估计出回归系数$\beta_1$，$\beta_2$，$\beta_m$的值。最小二乘法是最基本、最常用的估计方法。设与多元回归模型对应的样本回归模型为：

$$Y=\hat{\beta}_0+\hat{\beta}_1X_1+\hat{\beta}_2X_2+\cdots+\hat{\beta}_mX_m+\hat{\varepsilon}$$

用矩阵表示为：

$$Y=X\hat{\beta}+\hat{\varepsilon}$$

其中，$X=[X_1 \quad X_2 \quad \cdots \quad X_m]$，$\hat{\beta}=[\hat{\beta}_0 \quad \hat{\beta}_1 \quad \cdots \quad \hat{\beta}_m]^{\mathrm{T}}$为总体回归系数的最小二乘估计，$\hat{\varepsilon}$为残差向量。

根据最小二乘法的定义，在样本回归模型中使残差平方和最小的回归系数的估计，也就是使$\hat{\varepsilon}^{\mathrm{T}}\hat{\varepsilon}=(Y-X\hat{\beta})^{\mathrm{T}}(Y-X\hat{\beta})$最小的$\hat{\beta}$。为使$\hat{\beta}$最小，可将$\hat{\varepsilon}^{\mathrm{T}}\hat{\varepsilon}=(Y-X\hat{\beta})^{\mathrm{T}}(Y-X\hat{\beta})$看作$\hat{\beta}$的函数，则关于$\hat{\beta}$的一阶偏导必须为零，即$\dfrac{\partial(\hat{\varepsilon})^{\mathrm{T}}\hat{\varepsilon}}{\partial\hat{\beta}}=-2X^{\mathrm{T}}Y+2X^{\mathrm{T}}X\hat{\beta}=0$，可得到$X^{\mathrm{T}}X\hat{\beta}=X^{\mathrm{T}}Y$，因此$\hat{\beta}=(X^{T}X)^{-1}X^{T}Y$。至此，得到了回归系数的求解公式。

对于多元情形，古典线性回归模型还要求解释变量之间不相关，即不存在多重共线性，如果存在某两个解释变量完全相关或近似相关，即完全或近似多重共线性，这时的参数是不可识别的。这就需要对原始数据进行处理。

再次，模型检验，包括拟合优度检验（$R^2$）、方程的显著性检验（F值）和显著性检验（t检验）。

拟合优度检验中，$R^2$越接近于1，模型的拟合度越高。由于增加解释变量个数引起的$R^2$增大与拟合好坏无关，需要调整$R^2$。调整的思路是将残差平方和与总离差平方和分别除以各自的自由度。

方程的显著性检验（F值）旨在对模型中的被解释变量与解释变量之间的线性关系在总体上是否显著成立作出推断。可通过ESS/RSS=$\sum \hat{y}_1^2 / \sum \hat{e}_1^2$比值的大小对总体线性关系进行推断。若比值较大，则认为总体存在线性关系。给定显著性水平$\alpha$，可得临界值$F_\alpha$（$k-1$，$n-k$），由样本求出统计量F的数值，通过拒绝或接受原假设，以判断原方程总体上的线性关系是否显著成立。

方程的总体线性关系显著，不等于每个解释变量对被解释变量的影响都是显著的。因此，必须对每个解释变量进行显著性检验，这一检验是由对变量t检验完成的。给定显著性水平$\alpha$，可得临界值$t_{\alpha/2}$（$n-k$），由样本求出统计量t的数值，通过$|t|>t_{\alpha/2}$（$n$-$k$），$|t|\leq t_{\alpha/2}$（$n$-$k$），拒绝或通过原假设，从而判定对应的解释变量是否应包括在模型中。

最后，经济意义解释。

## 4.2　产业结构演进影响因素的作用机理

一般来讲，产业结构演进要受到内在动力和外在作用两方面因素的影响。内在动力因素包括需求、供给、科技进步、产业创新。外在作用因素主要包括经济体制、产业政策、外国投资、国际贸易等（见图4-1）。

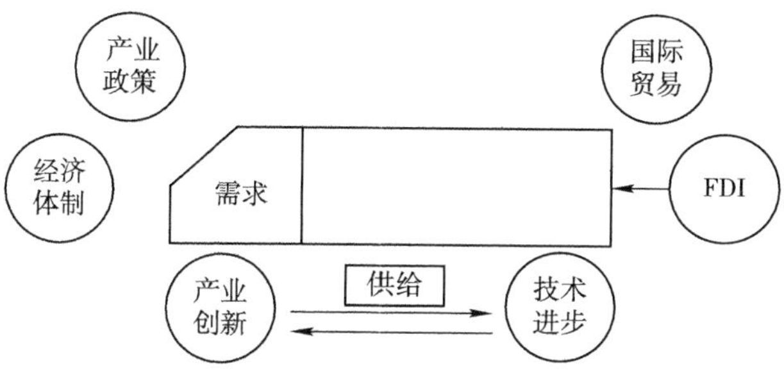


**图4-1　产业结构影响因素**

## 4.2.1 供给因素

### 4.2.1.1 自然资源禀赋

无论什么时期，产业发展都离不开自然资源、劳动力、资金及技术等生产要素的参与。将生产函数$Y=AK^{\alpha}L^{\beta}Z^{\gamma}$进行全微分，可得$y=a+\alpha k+\beta l+\gamma z$（其中，$Z$为自然资源数量），从中可见各要素所发挥的作用。

不同时期、不同的经济发展阶段，自然资源对产业结构演进的影响也不同。自然资源禀赋是影响其初始产业布局的决定性因素。经济发展初期，自然资源的分布决定着农业经济类型。工业发展初期，自然资源密集型产业为主导产业，产业发展严格受制于资源的丰度和结构。工业化中后期，资源开发利用程度的加大和技术进步，大大推进了产业结构的演进过程，产业结构除了受制于自然资源，还受制于区位、社会经济以及技术水平等因素。进入知识经济时代，产业对自然资源的依赖程度进一步减弱，并不断出现新能源和新材料，自然资源利用结构效率越来越高，自然资源在经济发展中的地位逐渐下降。因此，从社会劳动分工的角度来看，自然资源的丰裕程度会影响初始的产业布局，从而在一开始就对该地区的产业结构演进产生作用①。

自然资源是生产的源头，自然资源是否被合理开发十分重要。假如企业销售收入为$T$，利润为$S$，产品价格为$p$，资源价格为$p_1$，自然资源消耗为$Z$，企业产品产量$Y=f(Z)$，资源破坏量$H=g(Z)$，单位资源破坏量的补偿价值为$p_2$，则：

$$S=T-p_1Z-p_2H=pf(Z)-p_1Z-p_2g(Z)$$

$H$是$Z$的约束函数，也就是说，$H$的最大值等于$Z$的最大值。若不然，产业发展不可持续。技术水平不变时，$Z$增加，$Y$也随之增加。依据$Y=AK^{\alpha}L^{\beta}Z^{\gamma}$，可以通过技术进步提高资源产出量，降低资源消耗量和资源补偿成本。通过求导，求出$S$的最大值：

$$\frac{dS}{dZ}=pf'(Z)-p_1-p_2q'(z)=0$$

---

① Auty R.M., Kiiski S. Natural Resources, Capital Accumulation, Structural Change and Welfare［J］. Resource Abundance and Economic Growth, Oxford University Press, 2001.

可得，$pf'(Z)=p_1+p_2q'(z)$。即$p\Delta Y=p_1\Delta Z+p_2\Delta H$，其中$p\Delta Y$为边际收益，$p_1\Delta Z+p_2\Delta H$为边际成本，在满足资源约束的条件下，$S$的最大值为$S_{max}$。设对应$Z$的消耗量为$z$，若$z_n>Z_{max}$，对应的值为最大利润。如果$p\Delta Y<p_1\Delta Z+p_2\Delta H$，意味着边际成本大于边际收益，即使此时$z_n>Z_{max}$，也不能实现产业持续增长，唯有通过技术进步来降低$Z$的消耗量。如果$p\Delta Y>p_1\Delta Z+p_2\Delta H$，而且$z_n>Z_{max}$，那么可以提高$p_1$和$p_2$来增加边际成本，防止资源过度开发。

#### 4.2.1.2 劳动力因素

产业结构演进取决于产业劳动生产率的变化和产业劳动力占总劳动力的比重变化。因此，劳动力资源作为一种无法完全替代的资源，影响着产业结构由低到高的演进。

从劳动力数量对产业结构演进的影响来看，通过生产函数：$Y=AK^{\alpha}L^{\beta}$，可以看出产出与劳动力投入量和劳动力产出弹性呈正比，投入的劳动力越多，生产的产品就越多，该产业的发展就越快。而且，在劳动力资源丰富的区域，劳动力供给量较大，劳动力价格较低，形成了劳动密集型产业。

从劳动力比重来看，劳动力比重反映了劳动力在各产业之间的配置情况。劳动力比重的变化受到劳动力供给和需求的影响。从劳动力供给来看，劳动力倾向于追求较高的收入，因此，同一区域内，会存在从收入较低的产业向报酬较高的产业流动的情况。从劳动力需求来看，产业劳动力取决于劳动边际生产率、技术进步和产品价格。该产业劳动生产率较高，就会吸纳越来越多的劳动力，扩大生产规模扩大，促进产业发展。

#### 4.2.1.3 产业投资

在产业结构形成和优化的过程中，投资是至关重要的决定性因素。在各种要素中，资金要素无法完全被替代。产业投资规模直接影响着产业结构演进，没有充足的资金，新产业就不能形成和发展。投资额与固定资产成正比，产业内资源配置要靠产业投资来实现，只有投资才能带来固定资产量的增加和质的改善。因此，产业发展方向取决于投资规模。除了投资规模，投资结构对产业结构的作用也十分明显。投资结构就是指投资在国民经济各地区、各行业、各类项目上的分布比例关系。产业投资结构一般是通过对固定资产、产业投资品需求、产业关联的影响，对产业结构发生作用的。投资品需求可以直接作用于产业结构的变化方向，固定资产投资决定着各产业的产出能力，产业关联则可以促使产业关联度大的产业产生较大的产业联动效益，带动大批产业发展起来。可以说，投资结构是引导产业结构演进的有效手段。

### 4.2.2 需求因素

社会总需求主导着产业结构的方向。在社会总需求中，所占份额最大的是消费需求。消费需求主要由居民消费需求和政府消费需求构成。影响消费需求的因素有很多，如收入弹性、需求弹性、产业弹性以及消费偏好等。需求弹性和收入弹性越大，消费需求的增量就越多。

产业弹性越大的产业，消费需求越大，市场前景业就越广阔。按照马斯洛的需求理论，人的需求有生理、安全、社会、尊重和自我实现五种需求。新产业大体上就是沿着这五个路径由低到高地发展。从产业弹性和需求弹性看，农业低于轻工业，轻工业低于重工业，传统产业低于高新技术产业和现代服务业。工业化进程中，第一产业的产业弹性不断下降。接下来，轻纺工业和重工业的产业弹性开始变大。再后来，到了工业化阶段后期，现代服务业、高新技术产业的产业弹性开始变大，产业结构如是演进。

### 4.2.3 创新和技术因素

产业创新是技术创新、产品创新和市场创新的系统集成，而技术创新居于核心地位。特里克耶捷认为，创新可以引导生产要素流向新产业，并导致生产效率的提高。熊彼特认为创新提高了潜在的生产能力，并从需求方面拉动产业结构的升级，从供给方面拉动产业结构的升级，开辟新市场，采用新生产要素形式，以及形成新的生产组织形式即从五个方面来推动产业结构从低向高演进。产业创新对产业结构的影响，从单个产业部门来看，创新决定着单个产业部门的扩张与收缩。从主导产业的交替更迭看，有创新的行业，规模报酬递增，并通过产业渗透和扩散形成新的主导产业。

产业结构演进过程，其实就是主导产业随生产力的不断发展，由低向高更替的过程。产业结构演进逐渐从最初的受制于自然资源，变为主要受制于技术水平。技术水平越高，资源的利用率越高，生产成本越低，收益率也就越高，越能吸引资源从生产率低的产业流向生产率高的产业。技术水平越高，产业附加值越大，集约化程度就越高。技术进步还能够导致新的消费偏好产生，带来新的市场需求。技术进步使中间产品日新月异，产品的种类不断增多，产业聚合力增加。技术进步增强了产业之间的相互依存关系，产业关联增强。总之，产业会逐渐朝高技术化、高附加值化、高资本密集化的方向演进。

### 4.2.4 国际因素

包括外国投资和国际贸易在内的国际因素是产业结构演进的外部机制。

外国直接投资，既可以促进产业技术水平的提高，又可以带动高附加值产业的发展，推进产业结构合理化发展。目前，外国投资方式主要有独资、合资以及合作。相比较而言，合资方式通过共同经营促进原有企业的技术改造，更有利于东道国。投资类型主要包括资源指向型、市场指向型和战略指向型。而国际资本对产业投资的选择，往往会受到投资国的产业结构现状与演变趋势、经济发展所处的阶段以及投资连带效果的影响。从作用机理看，外国直接投资有利于改变产业的资源配置方式，引起要素生产率的提高和生产要素的重组，资源得以优化配置，促使经济型向集约型方式转变，从而实现产业结构向高级化方向演进。

国外贸易与产业结构之间相辅相成，相互促进。根据比较优势理论，每一个国家都会生产本国或本区域具有优势的产品，从而形成进出口商品结构。而且，通过提高技术含量和高附加值工业制成品在出口中的比重，可以使进出口商品结构得以优化，产业结构也随之得以优化。

### 4.2.5 政策制度因素

任何产业结构演进都是在具体的制度环境中进行的，产业结构的成长轨迹受体制环境和政策的影响非常大。无论是资源组织还是资源配置，或者是产业结构转换机制，都取决于经济体制。制度安排是基础前提，制约着微观经济主体的行为方式，又规定着产业结构变动的方向和效率。体制、结构和经济增长三者并不会自动达成一致，制度和结构若不能按照经济增长的要求适时进行动态调整，那么必然导致经济停滞不前，三者之间是连锁互动的关系。经济制度如何决定产业结构，可以从宏观和微观两个角度进行分析。

从宏观角度看，经济制度往往是通过资源分配方式、所有制结构和产业政策来决定产业结构的。在市场经济体制和计划经济体制两种不同的资源分配方式下，产业获得资源的方式也不同。例如，在计划经济体制中，产业资源分配方式主要通过国家计划的方式获得资源，进而影响产业结构。市场经济体制下，产业更多地根据市场竞争获得资源。在公有制条件下，经济活动受国家调控较为严格，因此，私有制条件下的产业结构受利润的诱导作用表现得更为明显。

产业政策，是政府为实现其发展目标而实施的干预性指导性措施，它既是一定时期内政府对于产业结构变化目标的确立，又是各个产业在社会经济发展中地位和作用的体现。产业政策作为政府指导产业发展和结构调整的重要手段，会从三个层次作用于产业结构，从而影响产业结构调整和产业走向。在微观层面上，通过引导产业规模经济、调整产业组织和企业间有效竞争来作用于产业结构。在产业部门层面上，通过调整产业结构间比例来作用于产业结构。在宏观层面上，通过改变产业环境来作用于产业结构。产业政策可以通过财政和信贷两种方式对产业结构进行调整。可以通过中央政府增加财政补贴、增加转移支付，扶持某些产业尽快发展。还可以通过信贷方式，如对某些产业增加信贷，或对某些企业减少信贷，从而实现产业结构的调整。

从微观角度看，产业结构演进主要是通过企业发生作用，企业才是产业结构演进的主要推动力量。在计划经济时代和市场经济发展的不完善阶段，国有企业的经营风险被转嫁到国家和银行等主体上，国有企业本身对经营后果则承担了很小的责任。经营风险的降低弱化了企业的激励机制，企业进行技术创新和降低成本的动力不足，从而对产业结构调整造成了不利影响。

综上所述，我们可以用“汽车”的模型来总结产业结构演进的动力因素。需求因素好似“汽车的方向盘”，引导着产业结构演进的方向。创新和技术进步技好似“汽车的前后车轮”，可以使产业结构更新、更高、更快、更广泛地演进。供给因素好似“车轴”，起到了中枢神经的作用。只有彼此配合默契，产业结构才能顺利演进。产业政策和经济体制好似汽车的“推力”，唯有适合的经济体制和产业政策，才会更好地推动产业结构演进。外商直接投资和对外贸易好似汽车的“拉力”，适时适度的对外贸易和国外直接投资也会对产业结构演进起到促进作用。

## 4.3 内蒙古33个牧业旗市产业结构演进影响因素的实证分析

### 4.3.1 指标设定

通过对产业结构演进内在机理的分析，对内蒙古33个牧业旗市产业结构演进影响因素，从供给、需求、技术进步、产业政策、经济制度、国际贸易几个方面选取指标。以Moore指数作为被解释变量，以8个影响因素作为解释变量，构造了产业结构演进影响因素的计量模型，并运用1993—2015年内蒙古33个牧业旗市面板数据进行实证分析。

（1）被解释变量

本章采用Moore指数（王延军等，2011）来衡量产业结构的演进情况。具体的计算公式为：

$$M_t^+=\sum_{i=1}^{n} W_{i,t}\cdot W_{it-1}/\left(\sqrt{\sum_{i=1}^{n} W_{i,t}^2}\cdot\sqrt{\sum_{i=1}^{n} W_{i,t-1}^2}\right) \tag{4-1}$$

其中，$W_{i,t}$表示在$t$期第$i$产业占GDP的比重，$W_{i,t-1}$表示在$t$-1期第$i$产业占GDP的比重。同时，定义$\theta$=arccos（$M_t^+$），$\theta$为相邻两个时期产业之间向量的夹角，取值为$\left[0,\frac{\pi}{2}\right]$。$\theta$越大，表明产业结构变动的程度越大。

（2）解释变量

解释变量可概括为供给因素、需求因素、技术进步、政策制度以及国际因素五大类。

① 供给因素，主要分为自然资源供给、人力资源供给和资金要素供给。自然资源供给用自然资源的丰裕程度来衡量。本章借鉴邵帅和齐中英（2008）

的计算方法，即自然资源的丰裕程度等于能源工业产值比上工业总产值。人力资源是产业结构演进的劳动力基础。本章借鉴绝大多数学者的做法，采用二、三产业从业人员与年末总人口之比作为衡量人力资源数量的指标。固定资产投资与产业结构关系密切，不同方向的投资是改变已有产业结构的直接原因，过去的资金供给塑造现有的产业结构，新的投资需求形成新的产业。因此，是以投资率（固定资产投资总额占GDP的比重）作为资金要素供给的衡量指标。考虑到固定资产投资对产业发展的重要作用，还有牧业旗市固定资产投资带有明显的政策倾向，这一指标也可作为产业政策的衡量指标之一。

② 需求要素，主要包括消费需求、投资需求和出口需求。其中，所占份额最大的是消费需求。本章选用学者们常用到的典型指标——消费率（社会消费品零售总额与GDP之比）作为消费需求的衡量指标。

③ 技术进步是产业结构演进的关键因素。目前，文献中主要存在三种途径间接地度量技术进步：第一种是投入法，如 R&D 经费投入法；第二种是产出法，如专利数量；第三种是技术的影响，如TFP（全要素生产率）。本章最终采用科学技术支出占财政支出的比重衡量科技进步的条件。

以上几种影响因素主要是内在动力因素。而外在动力因素，主要包括产业政策、经济制度和国际贸易。

① 产业政策，特别是产业政策的定量评估，是介于学术界和政治界之间的一个前沿问题，学者以理论分析和定性研究居多，部分学者对其定量分析进行了有益的尝试。有采用财政支出、银行信贷、政府补贴、税收优惠、研发补贴作为度量指标（郭晔、赖章福，2011），还有通过收集中国五年规划（宋凌云、王贤彬，2013）和法规规章数量来度量产业政策的（韩永辉等，2017）。本章认为，作为政策的制定和执行主体——政府，在政策支持、政策引导和政策保障方面发挥着巨大作用，其行为会对产业结构产生很大的影响。因此借鉴孙德梅等（2014）的研究，引入“政府行为”一词，用“一般公共服务支出／财政支出总额”表示地区政府行政成本，用财政支出／GDP表示政府对地区的掌控力和权力规模。政府行为的计算公式可表示为：[（一般公共服务支出／财政支出总额）+（财政支出总额／GDP）]/2。其值越大，表明政府行为越强，政府对产业发展的介入程度就越大。

② 经济制度。制度安排是产业结构演变的制度保障，会影响资源配置方式，是计划配置还是市场配置，还会影响产业结构演进的方向和演进的状态。对制度的测度目前仍比较困难，已有的度量指标主要包括市场化进程指数、工业总产值中非国有企业比重、固定资产投资中非国有经济份额等。本章采用内蒙古市场化指数替代33个牧业旗市市场化指数，作为制度的衡量指标。

③ 国际因素。国际因素主要包括外商投资和国际贸易。根据统计年鉴数据整理，33个牧业旗市的外商投资总额占GDP的比重几乎为0，因此采用对外贸易依存度（进出口总额占GDP的比重）作为衡量指标。其中，进出口总额按照当年汇率，将以美元为单位，将实际发生额转换为人民币计算得到的。

33个牧业旗市产业结构演进影响因素指标如表4–1所示。

**表4–1　33个牧业旗市产业结构演进影响因素指标**

| 类别 | 变量名称 | 变量 | 衡量指标及其说明 |
|---|---|---|---|
| 被解释变量 | 产业结构演进程度 | $Y$ | Moore 指数，根据 Moore 指数计算公式算得 |
| 解释变量 | 自然资源 | $X_{zr}$ | 自然资源丰裕度，等于能源工业产值 / 工业总产值的比重 |
| | 人力资源 | $X_{rl}$ | 二、三产业劳动力就业比，等于二、三产业从业人员数 / 年末总人口 |
| | 资金资源 | $X_{zj}$ | 固定资产投资率，等于固定资产投资总额 /GDP |
| | 社会需求 | $X_{xq}$ | 消费率，等于社会消费品零售总额 /GDP |
| | 技术进步 | $X_{js}$ | 科学技术投入率，等于科学技术支出 / 财政支出 |
| | 产业政策 | $X_{zc}$ | 政府行为，等于［（一般公共服务支出 / 财政支出总额）+（财政支出总额 / GDP）］/ 2 |
| | 经济制度 | $X_{zd}$ | 市场化进程指数 |
| | 国际因素 | $X_{gj}$ | 对外贸易依存度，等于进出口总额 /GDP |

（3）数据来源

本章以内蒙古33个牧业旗市的面板数据作为样本，数据来自《内蒙古统计年鉴》（1994—2016年）、33个牧业旗市所在的盟统计年鉴（1994—2016年），最终相加计算汇总而成，其中，内蒙古市场化进程指数来源于《中国市场化指数》《各地区市场化相对进程2011年报告》《中国分省份市场化指数报告（2016）》。

## 4.3.2 计量模型构建与实证分析

### 4.3.2.1 模型构建

为了实证分析各种内在动力因素和外在动力因素对产业结构演进的作用，本章提出面板数据回归方程：

$$Y=\beta_1 X_{zj_t}+\beta_2 X_{gj_t}+\beta_3 X_{js_t}+\beta_4 X_{rl_t}+\beta_5 X_{zd_t}+\beta_6 X_{xq_t}+\beta_7 X_{zc_t}+\beta_8 X_{zr_t}+c+u_i \quad (4\text{–}2)$$

对解释变量进行自然对数处理，动态面板数据模型可设定为：

$$Y=\beta_1 \ln X_{zj_t}+\beta_2 \ln X_{gj_t}+\beta_3 \ln X_{js_t}+\beta_4 \ln X_{rl_t}+\beta_5 \ln X_{zd_t}+\beta_6 \ln X_{xq_t}+\beta_7 \ln X_{zc_t}+\beta_8 \ln X_{zr_t}+c+u_i \quad (4\text{–}3)$$

其中，$Y$代表Moore值，下标$t$表示时间，$c$表示常数项，$u_i$表示随机扰动项，$\beta_i$代表待估参数。$X_{zj_t}$代表资金资源供给，$X_{gj_t}$代表国际因素，$X_{js_t}$代表技术进步，$X_{rl_t}$代表人力资源供给，$X_{zd_t}$表经济制度（市场化进程指数），$X_{xq_t}$代表社会需求，$X_{zc_t}$代表产业政策，$X_{zr_t}$代表自然资源禀赋。

### 4.3.2.2 实证分析过程与结果

通过建立多元线性回归模型，结合内蒙古牧业旗（市）1993—2015年的数据，对内蒙古牧业旗（市）产业结构的影响因素进行回归分析。8个影响因素滞后周期为一年。变量间的相关性需要作一阶差分处理。运用最小二乘法进行拟合处理。根据Moore值与各个变量分别测算，输出结果如表4–2所示：

表4–2　内蒙古牧业旗（市）产业结构影响因素回归分析

| Variable | Coefficient | Std. Error | t–Statistic | Prob. |
|---|---|---|---|---|
| C | 156.7736 | 53.96025 | 2.905354 | 0.0123 |
| *ZJ*（−*1*） | 3.122281 | 1.799490 | 1.735092 | 0.0106 |
| *GJ*（−*1*） | 1.139912 | 1.428354 | 0.798059 | 0.0124 |
| *JS*（−*1*） | 0.920535 | 0.693697 | 1.326998 | 0.0317 |
| *RL*（−*1*） | 1.145590 | 0.843182 | 1.358650 | 0.0197 |
| *ZD*（−*1*） | 1.277983 | 1.047883 | 1.219586 | 0.0463 |
| *XQ*（−*1*） | −6.256048 | 5.067093 | −1.234642 | 0.2388 |
| *ZC*（−*1*） | 2.755028 | 2.160514 | 1.275172 | 0.0401 |
| *ZR*（−*1*） | 2.947225 | 0.945766 | 3.116230 | 0.0011 |

续表

| Variable | Coefficient | Std. Error | t-Statistic | Prob. |
|---|---|---|---|---|
| R-squared | 0.872014 | Mean dependent var | | 3.206864 |
| Adjusted R-squared | 0.680176 | S.D. dependent var | | 2.289332 |
| S.E. of regression | 1.294686 | Akaike info criterion | | 3.646502 |
| Sum squared resid | 21.79074 | Schwarz criterion | | 4.092837 |
| Log likelihood | -31.11152 | Hannan-Quinn criter. | | 3.751645 |
| F-statistic | 6.582640 | Durbin-Watson stat | | 1.967629 |
| Prob（F-statistic） | 0.001541 | | | |

可决系数检验。根据输出结果显示，该模型的可决系数$R^2$=0.8782，$\overline{R}^2$=0.6801，通过查相关系数显著性检验表可知，置信度为$a$=0.05时，自由度为20-2=18的显著性为0.444，$\overline{R}^2>0.444$，可决系数较高，说明该方程拟合程度较好，通过R检验。

回归方程的显著性检验。设检验的原假设为 $H_0$与对立假设为$H_1$，分别为：$H_0$：$\alpha_1= \cdots =\alpha_8= 0$；$H_1$：至少有一个$\alpha_i \neq 0$ 且$i = \{i \in Z | 1 \leqslant i \leqslant 8\}$。F值服从以（$k$，$n-k-1$）为自由度的F分布$k-1=14-1=13$，$n-$（$k-1$）=20-13=7，在显著性水$\alpha$=0.05下检验可得，F值为6.5826，F>F（7，13）=2.195，则拒绝$H_0$，即各自变量与$Y$存在线性关系，故回归效果明显显著。

极大似然值（Log likelihood）为-31.11152，AIC和SC的值都比较小（分别为3.6465和4.0928），说明模型总体解释能力比较强。

回归系数的显著性检验——T检验，假设检验的原假设为$H_0$与对立假设为$H_1$，分别为：$H_0$：$\alpha_1= \cdots =\alpha_8= 0$；$H_1$：至少有一个$\alpha_i \neq 0$ 且$i = \{i \in Z | 1 \leqslant i \leqslant 8\}$。统计量t服从自由度为（$n-k-1$）=7的t分布，在显著性水平$a$=0.05下，$t_{0.05/2}$=1.2145，其中$|t_i| > t_{0.05/2}$成立，则拒绝$H_0$。在0.05的显著水平下，除了国际因素在T检验中不显著外，其余的自变量回归系数明显显著。

综上所述，多元线性回归模型通过检验，为：

$$Y = 3.122\ln X_{zj_{t-1}} + 1.139\ln X_{gj_{t-1}} + 0.920\ln X_{js_{t-1}} + 1.145\ln X_{rl_{t-1}} + 1.277\ln X_{zd_{t-1}} - 6.256\ln X_{xq_{t-1}} + 2.755\ln X_{zc_{t-1}} + 2.947\ln X_{zr_{t-1}} + 156.77$$

通过回归结果可以看出，固定资产投资、自然资源禀赋以及政府行为对产业结构演进的影响最为明显，其次是制度因素、人力资源供给和科学技术，而国际因素和需求因素的作用并不显著。

### 4.3.3 内蒙古33个牧业旗市产业结构演进的动力因素分析

通过以上实证分析结果，可以看出，内蒙古33个牧业旗市产业结构，从最初的“一、二、三”结构演变为“二、三、一”结构，其背后的推动力离不开政策、产业投资、科学技术、自然资源及对外贸易等因素。其中，强力的产业政策的引导和产业投资的拉动是产业结构演进最主要的动力因素。

#### 4.3.3.1 政策因素

产业政策是一个国家的中央或地区政府为了其全局和长远利益而主动干预产业活动的各种政策的总和。产业政策在产业结构调整中发挥着十分重要的作用，不同的产业政策，会导致不同的产业结构变动方向。产业政策的引导，对内蒙古33个牧业旗市产业结构演进的影响尤为明显。

内蒙古自治区成立70年来，内蒙古33个牧业旗市政策的演变大致可以分为两个路径：一是产业政策的演变，二是产权制度的演变。

（1）产业政策

1953年，中央提出了“慎重稳定”“人畜两旺”和“三不两利”的方针政策，畜牧业开始快速恢复发展，占比超过60%，一枝独大。1958年开始了“大跃进”，在“深挖洞，广积粮”等政策的号召下，出现了大规模的草原垦荒，畜牧业严重受挫。“以钢为纲”被提出后，工业经历了大起大落的曲折发展。1962年，中央制定了“牧业四十条”，重申牧区以牧为主、保护草原、禁止开荒的政策，畜牧业经历了一段曲折后，获得了较快的发展。这一阶段被称为牧区发展的黄金时期。“文化大革命”时期，牧区推行“以农挤牧，以农代牧”的错误政策，大片牧场遭到破坏，原本稳定发展的畜牧业遭到严重破坏，起步不久的工业呈现出不断萎缩的趋势。

1981年，内蒙古党委要求牧区实行“林牧为主，多种经营”的制度，牧区畜牧业得到恢复，工业经济开始复苏。20世纪90年代初，实行资源转换战略，多方筹资发展工业，使牧区工业整体水平跃上新台阶。凭借景色各异的草原景观，旅游业开始起步，规模不断扩大，从而带动了第三产业的发展。

1993—2002年，牧区执行“以畜牧业为基础，一、二、三产业相结合协调发展”的产业战略，打破了牧区单一发展畜牧业的产业格局，因此，牧区的二、三产业都有了较快发展，特别是从1995年开始，二产比重明显增加，三产也有较快发展。从2001年开始，为解决畜草矛盾，牧区引入环境政策，很多牧业旗市开始实行“草畜平衡”“禁牧休牧”“生态移民”等政策，虽然以畜牧业为主的第一产业占比仍然最高，但每年都呈现出下降趋势。

2001年，中央提出了西部大开发战略，包括各牧业旗市在内的内蒙古全区，抓住西部大开发战略的机遇，深化改革、扩大开放。33个牧业旗市纷纷以“工业强旗”为口号，从2003年开始，33个牧业旗市出现了以高消耗型资源开发为主的工业经济跨越式发展。同年，第二产业产值比重首次超过第一产业，产业结构呈现为“二、三、一”结构。此后，第二产业比重持续上升，在2013年达到了最高值。

上文提到的1953年、1962年、1966年、1981年、1993年及2001年等标志性时间点，对内蒙古33个牧业旗市的产业结构演进产生了较大的影响。在1953年和1962年，由于采取了符合牧区特点的以牧为主、保护草原、禁止开荒的政策，畜牧业经济得到健康、快速发展。1966年，牧区以农挤牧、以农代牧、乱开乱垦草原的错误政策，加速了农牧交错带的变迁。1981年和1993年，牧区实行林牧为主，多种经营，一、二、三产业相结合协调发展的政策，打破了牧区单一发展畜牧业的产业格局，从此，二、三产业开始崭露头角。而2001年中央提出的西部大开发战略，则是33个牧业旗市产业结构变动模式的转折点。此后，内蒙古33个牧业旗市产业结构由“一、二、三”结构演变为“二、三、一”结构。

（2）产权制度

产权可用来界定人们如何受益及如何受损，它的一个主要功能是引导人们实现将外部性较大地内在化的激励。

内蒙古自治区成立70年来，33个牧业旗市产权制度经历了废除封建特权“牧场公有，放牧自由”—“牧民私有，集体经营”—“集体所有，集体经营”—“集体所有，承包到户”四次大的变革。其中，“草畜双承包”和“双权一制”的实施，对牧业旗市的影响最为深远。

1947—1952年是第一次草地产权变革期。内蒙古自治区成立后，废除封建特权，草地所有权从封建统治阶级所有变为蒙古族民族公有。牧区的牲畜既是牧区的生产资料，又是牧民的生活资料，因此，自治区党委制定了“自由放牧”“不斗、不分”，“不划阶级”和“牧工牧主两利”等符合畜牧业生产特点的政策，规定牧民在所属的行政区域内都有放牧的自由，对牧主的牲畜不进行分配和在劳动牧民中不进行公开的划分阶级，使牧工在经济上得到合理的报酬。这一时期，牧民可以占有、使用、收益和处分自己所占用的草牧场，产权激励作用明显。在这样特定的历史条件下，产权激励调动了牧民的生产积极性，极大地促进了牧业的经济发展。

1952—1958年是第二次草地产权变革期。这一时期草地的所有权归牧民私有，但集体统一经营，属于牧业合作化时期。解放初期，牧区个体畜牧业居主导地位。当生产发展到一定程度，一家一户的经营方式逐渐暴露出经济力量薄弱、工具简陋落后、资金短缺等局限性，于是在牧业生产中牧民产生了合作的需要。政府也号召走畜牧业合作化道路，牧民们积极响应，先后成立了互助组、初级合作社和高级合作社，开展劳动互助以及其他生产资料的合作。各种生产要素在更大的范围内被优化组合起来。1957年冬，牧区掀起合作化高潮，1958年7月基本上实现了牧业合作化。由于牧业合作化采取的是渐进和自愿方式，牧民感受到了组织起来统一经营的优越性，极大地促进了牧业经济的发展。

1958—1980年是第三次草地产权变革期。草地产权单一归全民所有。1958年，人民公社化浪潮席卷了内蒙古。1958年7月，已有85%的牧户加入了牧业生产合作社，到12月，100%的牧户加入了人民公社，可以说，从合作化的高潮到人民公社化的高潮，只用了半年时间。草原民族公有制迅速解体，变为草原全民产权制度。由于牧区人民公社化运动滞后于农区，只是形式上成立了“人民公社”，并没有像农区那样造成严重的破坏，只有30%左右的牧区人民公社将劳动工具作价入社，取消了畜股报酬。自治区党委及时纠正各种乱象，进一步规定了生产队制、三包一奖、以产记工，保证了牧区畜牧业的稳定发展。但这一时期畜牧业的发展速度减缓了，这缘于这一时期的草原开垦高潮。1961—1966年，“保护牧场，禁止开垦”政策遏制了滥垦草原之风。1965年的牲畜总数创造了历史最高纪录——4176.2万头（只），但畜牧业的发展速度仍在减缓，牲畜的年平均递增率从1960年的9.9%下降到3.8%。

“文化大革命”时期，内蒙古草原成为无政府主义“全民产权制度”的地区，人人有权破坏，人人无责建设。1970—1973年，又一次掀起声势浩大的草原开垦高潮，畜牧业经济遭到极其严重的破坏，1976年与1965年相比，牲畜头数下降了7.4%。“文化大革命”后的四五年内，牧业旗市实行了大致类似于20世纪60年代前期的政策，虽然在草原产权制度问题上仍无举措，但牲畜头数有所增长，1977—1979年，年平均递增率为0.3%。

1980年至今是第四次草地产权变革期，草地产权集体所有但承包到户。主要分为“草畜双承包”阶段和“双权一制”阶段。改革开放后，牧业旗市主要推行以大包干为主的生产责任制，1984年开始实行“草畜双承包”，先是承包到村或联户，后以承包到户为核心。1985年1月进行了牲畜作价归户、草地承包到户责任制改革，明确规定草地全民所有制不变，草原承包期限延长至30年。1989年，在认真总结“草畜双承包”制度的基础上，自治区政府提出落实草原“双权一制”（草原所有权、使用权、有偿承包责任制）制度。自1996年以后，进一步落实和完善“双权一制”制度。从2000年开始，根据税费改革精神，牧民可以无偿使用已经承包到户的草原。2005年，牧业旗“双权一制”工作基本完成，理顺了畜牧业生产关系，巩固了牧区家庭经营的地位。

“草畜双承包”制度和“双权一制”制度，改变了牧民“草原无主，放牧无界、使用无偿、建设无责”的旧观念，增强了牧民“草原有价、使用有偿、建设有责”的意识，也大大改变了牧民的生活方式，使其从游牧半游牧改为定居，自然放牧开始向舍饲半舍饲转变。传统畜牧业生产方式开始发生转变，由低劣粗放向良种化、效益化转变，彻底改变了过去只出售初级畜产品的历史，把一家一户的分散生产与国内外大市场衔接起来，延长了畜牧业的产业链条。在我们肯定“草畜双承包”和“双权一制”成绩的同时，也要看到它们的缺憾和弊端：出现草场围栏化、牲畜棚圈化和定居化等现象。牧民间的互助劳动也开始引入市场机制，开始商品化，使得牧区互助文化逐步瓦解。

#### 4.3.3.2 产业投资因素

投资结构与产业结构关系密切，过去的投资塑了造现有的产业结构，而将来的产业结构又形成于现有的投资。内蒙古33个牧业旗市经济发展极不均衡，以典型牧业盟锡林郭勒盟为例来说明33个牧业旗市投资结构与产业结构之间的关系具有代表性。1952年，锡林郭勒盟全盟固定资产投资仅为25万元，到1965年，固定投资增长到1198万元，是1952年的48倍。1978年锡林郭勒盟全盟固定资产投资为6503万元，是1965年的4.5倍。2015年锡林郭勒盟全盟固定资产投资为625.71亿元，是1978年的962倍。由此可见，固定资产投资增速非常快。

通过分产业对锡林郭勒盟投资结构进行考察，可以看出，不同时期、不同产业之间的固定资产投资呈现出的层次很明显。1965年，三次产业投资比例为40.8：13.1：46.1，第三产业最高，第一产业次之。到1985年，三次产业投资比例为1：67.3：31.7，第二产业投资比例迅速提高，第一产业投资比例下降明显，仅占1%。到2015年，三次产业投资结构比例为7.2：48.5：44.3，第二产业投资比例下降，但占比仍然最高，第三产业投资比例上升（详见表4–3）。

**表4–3　1965—2015年锡林郭勒盟固定资产投资的产业结构分布**　（%）

| 时间 | 1965 | 1975 | 1985 | 1995 | 2005 | 2015 |
|---|---|---|---|---|---|---|
| 第一产业 | 40.8 | 29.5 | 1.0 | 1.3 | 7.3 | 7.2 |
| 第二产业 | 13.1 | 22.7 | 67.3 | 71.7 | 57.5 | 48.5 |
| 第三产业 | 46.1 | 47.8 | 31.7 | 27.0 | 35.2 | 44.3 |

资料来源：《锡林郭勒盟统计年鉴》（2016）。

从行业投资分布结构看，固定资产投资主要集中在第二产业中的工业。1985—2015年，采矿业呈先升后降的趋势，制造业占比逐年递减，电力、燃气及水的生产和供应业占比逐年上升（见表4–4）。到2015年，锡林郭勒盟采矿业投资77.62亿元，占比26.6%，比上年下降16.7%；制造业投资61.59亿元，占比20.3%，比上年增长26.9%；电力、燃气及水的生产和供应业投资164.00亿元，占比54.1%，比上年增长27.1%。由此可见，工业中，重工业投资占绝对优势，存在严重的投资结构倒置问题。重工业内部，电力、燃气及水的生产和供应业后来居上。

**表4–4　锡林郭勒盟第二产业投资分布结构**　（%）

| 年份 | 采矿业 | 制造业 | 电力、燃气及水的生产和供应业 |
|---|---|---|---|
| 1985 | 25.6 | 53.1 | 21.3 |

续表

| 年份 | 采矿业 | 制造业 | 电力、燃气及水的生产和供应业 |
|---|---|---|---|
| 2008 | 34.6 | 35.6 | 29.8 |
| 2015 | 26.6 | 20.3 | 54.1 |

资料来源：《锡林郭勒盟统计年鉴》（1986、2009、2016）。

从主要行业投资分布看，第三产业投资主要分布在交通运输、仓储及邮政业、水利环境和公共设施管理业、房地产、科学研究和技术服务业以及批发和零售业。1985—2015年，交通运输、仓储及邮政业和水利环境和公共设施管理业呈上升趋势，但上升幅度不大。房地产在2008年以后呈递减趋势，科学研究和技术服务业以及批发和零售业变化不大（见表4–5）。2015年，锡林郭勒盟的交通运输、仓储及邮政业投资为101.37亿元，比上年增长48.3%；水利环境和公共设施管理业投资为66.57亿元，以上年增长53.8%；房地产业投资为35.49亿元，比上年下降46.9%；科学研究和技术服务业投资为21.33亿元，比上年增长37.3%；批发和零售业投资为14.76亿元，比上一年增长1.4倍。

通过以上分析可知，内蒙古33个牧业旗市第一产业投资占比下降，第二产业、第三产业投资占比上升，第二产业最高。第二产业投资中主要是工业投资，其中，采矿业呈先升后降的趋势，制造业占比逐年递减，电力、燃气及水的生产和供应业占比逐年上升。重工业投资占绝对优势。第三产业中，传统服务业投入占比较多且稳定，而现代服务业占比仍然较低。由此可见，牧业旗市产业发展属于明显的投资拉动型（见表4–5）。

**表4–5 锡林郭勒盟第三产业投资分布结构** （%）

| 年份 | 交通运输、仓储及邮政业 | 水利环境和公共设施管理业 | 房地产 | 科学研究和技术服务业 | 批发和零售业 |
|---|---|---|---|---|---|
| 1985 | 27.0 | 21.0 | — | 7.7 | 5.8 |
| 2008 | 33.8 | 23.1 | 17.5 | 13.3 | 1.6 |
| 2015 | 36.6 | 24.0 | 12.8 | 7.7 | 5.3 |

资料来源：《锡林郭勒盟统计年鉴》（1986、2009、2016）。

#### 4.3.3.3 自然资源禀赋

自然资源禀赋对于内蒙古33个牧业旗市产业结构演进具有特别重要的意义。广袤的草原是牧民赖以生存的生产生活资料，是畜牧业的天然牧场。内蒙古33个纯牧业旗市可利用草原面积占到内蒙古可利用草原面积的92%，人均草原可利用面积为9.11公顷，全区人均草原可利用面积为2.86公顷。内蒙古33 个纯牧业旗市草原面积由大到小分布如表4–6所示。

**表4–6　内蒙古33个牧业旗市草原面积**

| 盟、市 | 盟市排名 | 各牧业旗市 | 旗市排名 | 草原面积 / 公顷 |
|---|---|---|---|---|
| 锡林郭勒盟 | 1 | 锡林浩特市 | 32 | 1904.6 |
| | | 阿巴嘎旗 | 3 | 23813.3 |
| | | 苏尼特左旗 | 2 | 30793.7 |
| | | 苏尼特右旗 | 4 | 22441.9 |
| | | 东乌珠穆沁旗 | 1 | 37841.6 |
| | | 西乌珠穆沁旗 | 6 | 19000.2 |
| | | 镶黄旗 | 29 | 4600.9 |
| | | 正镶白旗 | 28 | 4953.6 |
| | | 正蓝旗 | 21 | 7582.7 |
| 阿拉善盟 | 2 | 阿拉善左旗 | 20 | 8118.7 |
| | | 阿拉善右旗 | 33 | 811.3 |
| | | 额济纳旗 | 13 | 12639.6 |
| 呼伦贝尔市 | 3 | 鄂温克 | 15 | 11256.4 |
| | | 新巴尔虎右旗 | 5 | 21060.7 |
| | | 新巴尔虎左旗 | 11 | 14067.5 |
| | | 陈巴尔虎旗 | 12 | 13528.2 |
| 赤峰市 | 4 | 阿鲁科尔沁旗 | 22 | 7145.9 |
| | | 巴林左旗 | 31 | 2681.8 |
| | | 巴林右旗 | 25 | 5874.3 |
| | | 克什克腾旗 | 14 | 12587.5 |
| | | 翁牛特旗 | 26 | 5788.1 |
| 巴彦淖尔市 | 5 | 乌拉特中旗 | 8 | 18272.9 |
| | | 乌拉特后旗 | 16 | 9750.4 |
| 鄂尔多斯市 | 6 | 鄂托克前旗 | 19 | 8138.9 |
| | | 鄂托克旗 | 9 | 15041.5 |
| | | 杭锦旗 | 18 | 9536.5 |
| | | 乌审旗 | 24 | 6109.4 |
| 乌兰察布市 | 7 | 四子王旗 | 7 | 18923.2 |
| 通辽市 | 8 | 科尔沁左翼中旗 | 30 | 3364.2 |
| | | 科尔沁左翼后旗 | 27 | 5609.0 |
| | | 扎鲁特旗 | 17 | 9626.7 |
| 包头市 | 9 | 达尔罕茂明安联合旗 | 10 | 14337.1 |
| 兴安盟 | 10 | 科尔沁右翼中旗 | 23 | 6374.7 |

资料来源：根据内蒙古草原勘测规划院草原遥感监测中心相关数据整理（2002）。

从行政区划分来看，锡林郭勒盟拥有的草地面积最大，占内蒙古草地总面积的 24.77%，是内蒙古草地畜牧业的主要基地。位居第二的是阿拉善盟，但阿拉善盟的可利用草地面积却相对较小，是内蒙古养驼业的主要基地。呼伦贝尔市草地面积占内蒙古草地总面积的14.34%，位居第三，是另一个主要的畜牧业基地。草原资源禀赋使畜牧业在很长时间内是内蒙古33个牧业旗市的支柱产业。

同样，近20年来，第三产业的迅速发展也与草原旅游资源禀赋密不可分。内蒙古33个牧业旗市草原风光旖旎，举世闻名的锡林郭勒大草原、呼伦贝尔大草原、科尔沁大草原、鄂尔多斯大草原等景观各异。四子王旗格根塔拉草原旅游中心、达茂旗希拉穆仁草原旅游中心、呼伦贝尔呼和诺尔草原旅游中心、克什克腾旗白彦花敖包草原旅游中心、锡林郭勒盟正蓝旗元上都草原旅游中心，以旖旎的草原风光、独特的民族文化、浓郁的蒙古风情吸引着无数国内外游客。

凭借独特的矿产能源优势，33个牧业旗市第二产业迅速崛起。内蒙古矿产资源储量丰富，有7种居全国之首，22种位列前三，42种居全国前十。有色金属探明储量居全国第九。稀土储量占全国90%，位居全国和世界之首。天然碱产地7处，大中型盐湖3处，与盐碱相伴的芒硝资源十分丰富。这些资源多分布在草原牧区。33个牧业旗市能源优势显著，尤以煤炭、石油最为突出。鄂尔多斯市的东胜煤田和准格尔煤田、锡林郭勒盟的胜利煤田和白音华煤田、呼伦贝尔市的陈巴虎煤田、通辽市的霍林河煤田就占到资源储量的75%。在全国工业化大背景下，从2003年以后，凭借独特的矿产资源优势，33个牧业旗市的第二产业迅速崛起，占据全国半壁江山。已有研究显示，丰裕的自然资源禀赋对第二产业的拉动作用很大。其中，自然资源禀赋对采掘业的拉动作用最大，而采掘业对制造业形成了“挤出效应”，内蒙古33个牧业旗市产业结构的演进恰恰印证了这一结论。

#### 4.3.3.4　科学技术因素

内蒙古科技创新大数据平台显示，内蒙古综合科技进步水平指数从1996年的第29位升至2004年的第19位，再到2011年的第18位，创造了历史最高位次，这表明内蒙古的科技创新能力在逐步提高。尽管如此，内蒙古科技创新能力与其他省份相比，还是存在很大的差距。从人才总量看，2015 年内蒙古共有 R&D人员50695人，仅占全国同期的1.3%。内蒙古规模以上工业企业R&D人员只占1%，仅高于新疆、甘肃、青海、西藏等西部省份。从科技投入规模看，2015年内蒙古地方财政科技支出占地方财政支出比重的0.77%，远远低于全国2.14%的平均水平。R&D经费支出不平衡问题也十分明显，呼包鄂R&D经费内部支出位列前三，锡林郭勒盟、兴安盟、乌兰察布市和阿拉善盟支出较少。从人才地域分布看，2015年内蒙古规模以上的工业企业中，包头R&D人员占51.9%，鄂尔多斯占19.5%，呼和浩特占13.2%。也就是说，呼、包、鄂R&D人力资源投入量占整个内蒙古自治区的绝大多数，其他盟市则不足这三个城市的1/5。毋庸置疑，对于经济欠发达的内蒙古33个牧业旗市而言，科技创新能力更是微乎其微。到2015年，内蒙古33个牧业旗市科技活动人员数仅为4328人，科学技术支出仅占财政支出的0.44%。科学技术薄弱使得内蒙古33个牧业旗市在很长一段时间内只能以低附加值的传统产业为主，高新技术产业得不到快速发展。

#### 4.3.3.5 制度因素

不同体制下，产业结构调整过程中起作用的因素也不同。传统体制下，政府通过产业政策对产业结构进行调整较为明显。随着改革开放的逐步深入，市场化成为影响产业结构调整的另一个重要因素。

改革开放后，我国的经济体制由计划向市场转轨，经济发展置于一切工作的首位。改革开放初期，市场调节只是在某些方面试探着进行。1985—2009年是牧区引入市场机制的阶段。放开羊绒和牛羊活畜市场，牛、羊和牛肉、羊肉价格一律由市场调节，取消牛羊收购的派购政策。自1990年以后，自治区特别重视牲畜和畜产品市场的建设，先后建成和完善了达拉特旗羊绒市场、土牧尔台毛绒和皮张市场、集宁皮件一条街、锡林浩特牧民一条街等一批集市，促进了畜产品市场经济体制的建立和完善，牧区的出栏量逐年增加。2000年，由于环境政策的介入，舍饲半舍饲成了畜群的主要饲养方式，饲料价格的上涨直接推动了畜产品价格上升，牲畜存栏数量降低。自2008年以后，受金融危机的影响，畜产品市场持续低迷，养殖成本增加，养殖规模下降，畜产品价格却在不断上升。市场价值不明显的大牲畜正在减少，市场价值高的小牲畜大幅增加。虽然牧区引进了市场经济体制，但由于市场制度并没有完全建立起来，国家没有对弱势产业进行保护，致使产业链中的利益被工商资本、金融资本等瓜分殆尽，牧民在市场化进程中并没有获利。当生活费用越来越高时，牧民们很现实地选择了通过扩大养殖规模来获得更多的收入。

社会主义市场机制是以利益导向机制为核心的，利益最大化原则将导致资源流向盈利最高的产业和地区。矿产资源是国家发展的重要物质基础，是某些基础产业原材料的重要组成部分。我国大部分农业生产资料、80%以上的工业原料、95%以上的一次性能源均来自矿产资源。草原牧区因拥有大量尚未开采的矿产资源和能源资源，成为追逐利益者竞相开采的对象。20世纪八九十年代，由于东南亚金融危机，无论国际还是国内，矿产资源价格趋于稳定。进入21世纪后，东南亚金融危机阴影逐步散去，资源价格受国内需求拉动和国际市场影响，持续高位运行，受资源价格及与之不匹配的税费之间巨大反差的诱惑，外资企业及成千上万的国内矿业开采企业和个人疯狂地加入了矿产资源勘探开采的浪潮中。于是，从2001年开始，草原牧区进入自然资源开发阶段。在巨大的市场需求下，草原资源开采以空前的速度进行，2003年第二产业产值比重反超第一产业，产业结构演变为“二、三、一”结构，直至今天。同时，受短期利益的诱惑，采富弃贫现象普遍，大量矿产资源被浪费。

#### 4.3.3.6 文化因素

不得不说，对于极具民族和地域特点的内蒙古33个牧业旗市而言，文化因素对产业结构的演进也产生了很大的影响。

畜牧业与种植业之间本无“先进”与“落后”之分。但由于“畜牧落后”“农耕先进”的传统思想根深蒂固，“重农轻牧”的产业选择被沿袭下来。这种传统思想主要源于游牧民族和农耕民族对草原不同的价值观上。游牧民族视草原为他们最重要的资源，他们自古以来就是在“人—畜—草”的闭循环中满足自己的经济需求的。而农耕民族并没有“草地”的概念，视草地为荒地，认为若不进行垦殖就是资源浪费。在我国绝大部分历史时期，农耕文化都居主导地位。秦朝统一中国后，曾对今内蒙古西部草原进行垦殖。西汉时期，今河套地区和鄂尔多斯草原又遭大面积垦殖；汉武帝时期，曾迁徙70万人开垦黄土高原；唐朝中后期，大兴屯田，今毛乌素沙地已经形成。至辽朝中期，今内蒙古赤峰市的西北部、北部和南部已有大量垦殖的结果。在清末新政的10年里（1902—1911年），清政府在内蒙古西部新放垦土地共约807万余顷，察哈尔左翼四旗土地2万余顷，察哈尔右翼四旗土地24800余顷，绥远城八旗牧场地3700余顷，杀虎口站地7900余顷，伊盟各旗土地18800余顷，乌盟各旗土地7900余顷。东蒙放垦的重点是哲里木盟，主要集中在该盟北部的科尔沁右翼三旗和扎赉特旗。民国时期，继续实行清朝的“蒙地汉化”政策，奖励开垦。这两个时期，农牧结构发生了转折性变化。新中国成立后提出了“以粮为纲”的政策。由此可见，从古时的“屯田制”“主谷制”到现代的“以粮为纲”“重农轻牧”的草原价值观念就这样被沿袭了下来。在现行宪法（1982年）颁布以前，草原资源一直被视作荒地。1985年，我国才颁布了专门的草原法。即使如此，自治区党委1986年将“念草木经，兴畜牧业”作为产业主攻方向后，还在鼓励扩大耕地，努力实现“开垦宜农荒地480万亩”，到1997年，内蒙古33个牧业旗市年末实有耕地面积已经达到1014.27千公顷（见表4–7），新中国成立后的第三次草原开垦高潮就是在这一时期发生的。由此可见，农耕文化的主导地位从未改变。正是草原地区长期以农耕文化作为主导文化，造成了游牧民族传统文化在大部分草原地区的长期断裂，导致最适应草原地区的游牧文化逐渐衰落，继而影响着草原产业结构的变迁①。

**表4–7　1993—2000年内蒙古33个牧业旗市耕地增加情况**

| 年份 | 年末实有耕地面积 / 千公顷 |
|---|---|
| 1993 | 601.71 |
| 1995 | 703.56 |
| 1997 | 1014.27 |
| 2000 | 960.25 |

资料来源：《内蒙古畜牧业统计资料》（1991—2000）。

一般而言，产业结构演进的路径大体上可以归纳为政策性演进和诱致性演进两条路径。有政府主导型和市场主导型、平稳渐进型和倾斜跃升型及外

① 阿拉腾．文化的变迁：一个嘎查的故事［M］．北京：民族出版社，2006.

向带动型等多种模式。总体看来，内蒙古33个牧业旗市产业结构演进就是在区域资源禀赋基础上受“重农轻牧”传统思想的影响，在市场化进程的支配下，由于草地产权制度的变革、产业投资拉动及强力的产业政策引导，从而实现了以产业结构变迁政策性演进为主的过程。在整个演进过程中，外在作用因素强过内在动力因素，内蒙古33个牧业旗市产业结构演进主要靠投资拉动和政策推动，需求和科技并没有发挥主要作用，故缺少经济持续稳定发展的内生动力。

## 4.4 本章小结

本章先从理论层面对产业结构演进的影响因素进行了分析，然后通过多元线性回归模型，对内蒙古33个牧业旗市产业结构演进的动力因素展开实证分析，结合实证分析结果，从政策、产业投资、自然禀赋、科学技术以及制度等方面对33个牧业旗市产业结构演进的影响因素进行详细阐述。本章认为，内蒙古33个牧业旗市产业结构的演进，就是在区域资源禀赋基础上，受“重农轻牧”传统思想的影响，在市场化进程的支配下，由于草地产权制度的变革，受产业投资的拉动及强力的产业政策引导，从而实现了以产业结构变迁政策性演进为主的过程。在整个演进过程中，外在作用因素强过内在动力因素，需求和科技并没有发挥主要作用，故缺少产业结构向更高级别演进的内生动力。

# 5　内蒙古33个牧业旗市产业结构演进的效果评价

本章结合内蒙古33个牧业旗市生态功能区的定位，参考其生态性、民族性、经济发展落后及牧民贫困等特点，从经济和生态两个角度对内蒙古33个牧业旗市产业结构演进展开效果评价，以此判断“二、三、一”的产业结构是否适合内蒙古33个牧业旗市。

## 5.1　内蒙古33个牧业旗市产业结构演进评价标准

### 5.1.1　经济评价标准

关于产业结构演进的经济评价，常用的指标有：产业结构熵、产业结构相似度指数以及就业产业结构偏离度和偏差系数等。常用的产业结构演进的分析方法有SSM、霍夫曼系数法和钱纳里标准结构法。本节借鉴产业结构熵和产业结构相似度指数及就业产业结构偏离度和偏差系数，运用SSM，对1993—2015年内蒙古33个牧业旗市产业结构演进展开评价，从而为其产业结构的优化升级提供科学依据。

通过第三章对内蒙古33个牧业旗市的特征分析，我们了解到：内蒙古33个牧业旗市是典型的少数民族边境旗，地处偏远、交通不便、经济发展不平衡、生活生产条件恶劣，这里牧民生活贫困，是我国脱贫攻坚的主战场。因此，不断提高牧民的经济和福利水平、改善其居住和生活环境，是摆在当前的突出问题。因此，还要充分考虑产业结构对牧民收入提高和经济快速增长的影响。

### 5.1.2 生态环境评价标准

拥有内蒙古可利用草原面积92%的33个纯牧业旗市，在过去的几十年里，凭借着得天独厚的资源快速发展起来。但是，无序开发、滥垦草原使得草原生态破坏严重，草原生态保护迫在眉睫。可以说，主体功能区作为保护草原生态的重要举措，关系着33个牧业旗市能否实现社会、经济与资源环境承载力的协调发展。内蒙古33个牧业旗市中，28个是限制开发区，5个重点开发区。无论是重点开发区还是限制开发区，作为我国北方重要的生态屏障，其首要任务就是保护生态安全和自然环境，与环境保护相冲突的经济活动都要让位于生态保护，产业发展必须符合主体功能区的定位和发展方向，即选择的产业不能加剧草原生态系统的恶化，要限制大规模工业化开发，发展资源消耗少和污染排放少的产业。因此，评价标准之一为当前产业结构是否有利于改善生态环境；标准之二为内蒙古33个牧业旗市的主导产业是否与功能区内应重点发展资源消耗少和污染排放少的产业定位相吻合。

## 5.2 内蒙古33个牧业旗市产业结构演进的经济效果评价

从1993年开始，内蒙古33个牧业旗市第二产业产值比重明显增加。到2003年，产业结构从“一、二、三”结构演变为“二、三、一”结构。因此，1993年至今的20余年是内蒙古33个牧业旗市产业结构演进发生转折性变化的时期，故下文重点对这一阶段内蒙古33个牧业旗市产业结构演进展开评价。

### 5.2.1 产业结构熵[①]

熵是物理学中的重要概念，主要用于衡量体系的混乱程度。后被引用到信息经济学中，用以衡量事件的无序或离散程度。产业经济学引入产业结构熵，用来衡量产业的集中度，公式表示如下：

$$H=-\sum_{n=1}^{n} P_i \cdot \ln P_i \quad (5\text{-}1)$$

① 张海峰，白永平，刘峰贵．1949-2007年青海省产业结构演进特征及定量评价与分析［J］．西北师范大学学报（自然科学版），2009，45（3）：105-110.

其中，$H$表示产业结构熵，$n$表示产业个数，$P_i$表示$i$产业在该地区的所有$n$个产业的产值中所占的比重。$H$越小，表明三次产业越集中；$H$越大，表明产业结构越分散、无序。

根据产业结构熵公式（5-1），计算得出1993—2015年内蒙古33个牧业旗市的产业结构变动指数，产业结构熵总体在0.5到1.1之间波动（见图5-1），表现出一定的阶段性特征。

内蒙古33个牧业旗市的产业结构熵大体经历了三个阶段：①1993—2006年，产业结构熵一直高于1，且在1994—2002年呈持续上升趋势，这说明产业结构发生剧烈变化，新产业涌现，牧业旗市的产业经历了从以第一产业为主导到以第二产业为主导的蜕变，开始形成以能源、矿产、化工、建材为主导的重工业以及农畜产品加工业，导致产业结构越来越分散。②2007—2012年，产业结构熵值连年处于低于1的水平且逐年下降，这说明产业集中度加深，能源、化工、农畜产品加工等产业在牧业旗市逐渐成熟，产业结构趋于稳定，第二产业在内蒙古33个牧业旗市中处于绝对主导地位，但是33个牧业旗市的产业进一步升级转型仍处于停滞状态。③2013—2015年，产业结构熵再次上升，这说明内蒙古33个牧业旗市产业结构开始再次调整，意图摆脱单纯依靠以自然资源消耗与环境破坏为代价的发展模式。

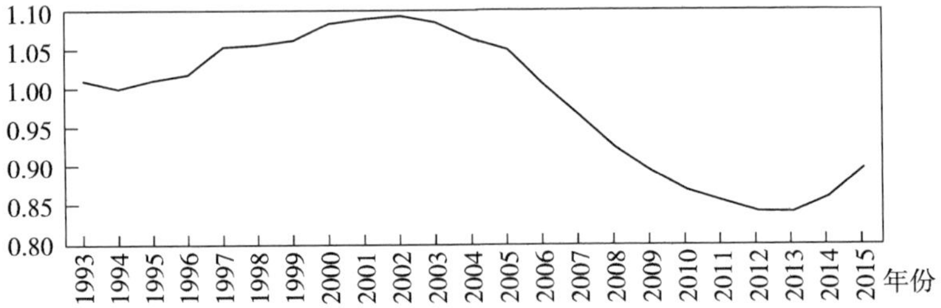


**图5-1　1993—2015年内蒙古33个牧业旗市产业结构熵变化**

资料来源：《内蒙古统计年鉴》（1994—2016）。

### 5.2.2　产业结构相似度

产业结构相似度指数，是以某一地区的产业结构为标准，通过计算相似系数，将两地产业结构进行比较，以确定被比较地区产业结构的指标。产业结构相似度指数最早是由联合国工业发展组织国际工业研究中心提出的指数，该指数介于0与1之间，越接近于0，说明两者之间的产业结构差距越大；越接近于1，说明两个地区之间的产业结构越相似；当等于1时，说明两地区的产业结构一样。公式为：

$$S_{ij}=\sum_{k=1}^{n}\left[X_{ik}\cdot X_{jk}\right]\Big/\left[\sqrt{\sum_{k=1}^{n}X_{ik}^{2}\cdot\sqrt{\sum_{x=1}^{n}X_{jk}^{2}}}\right] \qquad (5\text{–}2)$$

公式（5–2）中，$X_{ik}$和$X_{jk}$分别表示地区$i$和地区$j$各产业所占比重，$k$表示产业部门。根据产业结构相似度指数计算公式（5–2），计算出1993—2015年内蒙古33个牧业旗市与全国的产业相似度，并绘出图5–2。

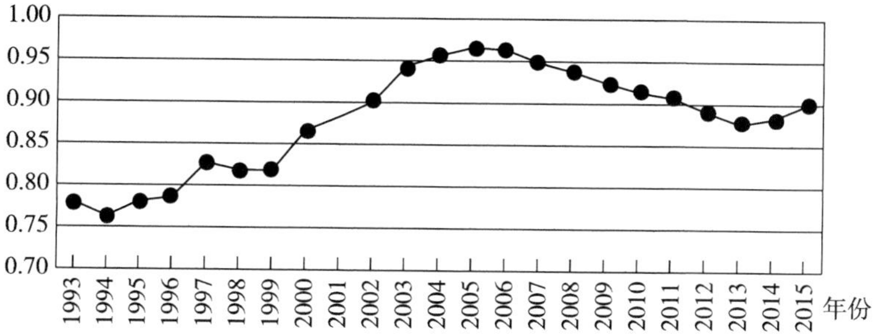


**图5–2 1993—2015年内蒙古33个牧业旗市三次产业相似度**

资料来源：《内蒙古统计年鉴》《中国统计年鉴》（1994—2016）。

由图5–2可知，内蒙古33个牧业旗市的产业相似度呈现出先上升后下降的走势。在2005年之前，由于“重农轻牧”思想严重而追赶经济发达省份，特别是西部大开发战略实施以来，内蒙古牧业旗市依托资源优势发展工业，加速弥补与全国在第二、第三产业上的巨大差距，因此在一定程度上造成了内蒙古33个牧业旗市产业结构与全国的同质化，导致内蒙古33个牧业旗市的产业相似度总体呈上升趋势。从2006年起，产业相似度系数逐渐下降。2006年，全国的三次产业比重为10.7：47.44：41.9，其中第二产业比重达到了峰值。自这一年起，第二产业比重开始下降，第三产业比重继续上升，到2012年，全国的产业结构第一次由“二、三、一”结构变为“三、二、一”结构。但内蒙古的第二产业比重继续升高，“二、三、一”的产业结构依然没有发生根本性变化，结果造成了内蒙古33个牧业旗市产业相似度指数的下降。从2013年起，第三产业相似度回升，说明内蒙古33个牧业旗市正努力开始与全国同步调整结构。

### 5.2.3 产业结构与就业结构协调性评价

就业产业结构偏离度，是用来测度某一产业内部就业结构与产值结构间协调性的指标。该指数越小，说明产业劳动生产率越低；反之，说明产业的劳动生产率越高。就业产业结构偏差系数，是用来衡量产值结构与相对应的就业结构之间协调性程度大小的指标。该值越小，表明产业结构与就业结构之间协调性在变好，差距在缩小；反之，代表两者之间越来越不协调。就业产业结构偏离度和偏差系数公式如下：

$$\varphi_1=\frac{\mathrm{GDP}_i/\mathrm{GDP}}{Y_i/Y}-1 \tag{5-3}$$

$$\varphi_2=\sum_{i=1}^{n}\left|\left[\frac{\mathrm{GDP}_i}{\mathrm{GDP}}-\frac{Y_i}{Y}\right]\right| \tag{5-4}$$

公式（5–3）中，$\varphi_1$为就业—产业结构偏离度，公式（5–4）中，$\varphi_2$为偏差系数，$\mathrm{GDP}_i/\mathrm{GDP}$为第$i$产业GDP产值所占比重，$Y_i/Y$为第$i$产业就业人员数所占比重。

$\varphi_1$大于0时，说明该产业用较小的劳动力生产了较多的产出。$\varphi_1$越大，劳动生产率越大。$\varphi_1$小于0，且绝对值越大，说明该产业用了比较多的劳动力生产了比较少的产品，存在多余劳动力，应该将该产业内多余的劳动力转移出去。$\varphi_1$越接近于0，说明劳动力结构与产值结构越均衡。

根据就业—产业偏离度式（5–3）与偏差系数式（5–4）的计算，绘出图5–3。可知，第一产业的$\varphi_1$一直为负，说明从业人数超出了产业所需的劳动力，有剩余劳动力存在，为劳动力转移到第二、第三产业提供了可能。第二产业的$\varphi_1$一直是正值，绝对值较大，说明第二产业的劳动生产率较高。但$\varphi_1$基本呈现出先上升后缓慢下降的趋势，而且结构偏离度呈现出明显的波动态势，说明牧业旗市的第二产业急需劳动力，但是劳动力供给不稳定使得就业一产业偏离度波动频繁。第三产业的$\varphi_1$一直在下降，自2007年起，$\varphi_1$为负值，说明从业人员超出了产业所需的劳动力，导致第三产业发展滞后。

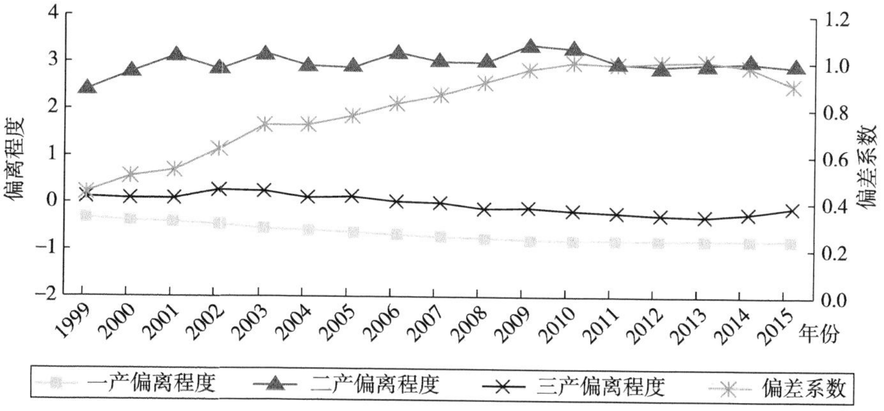


**图5-3 1999—2015年内蒙古牧业旗市三次产业产值—就业偏离程度和偏差系数**

资料来源：根据《内蒙古统计年鉴》(2000—2016)。

从偏差系数看，内蒙古33个牧业旗市三次产业就业结构偏差系数越来越大，呈上升趋势，说明产业结构与就业结构越来越不协调。内蒙古33个牧业旗市三次产业就业结构时间顺序如图5-4所示。从就业人口对比上看，虽然内蒙古牧业旗市第一产业的从业人口比例在逐年下降，但第一产业从业人口一直占有超过一半的比重。第二产业、第三产业从业人口每年都有上升，但上升幅度有限。第二产业从业人口的占比最低，最大时也仅为17.14%。可见，目前内蒙古33个牧业旗市的就业人口比例与产值比例明显不匹配。

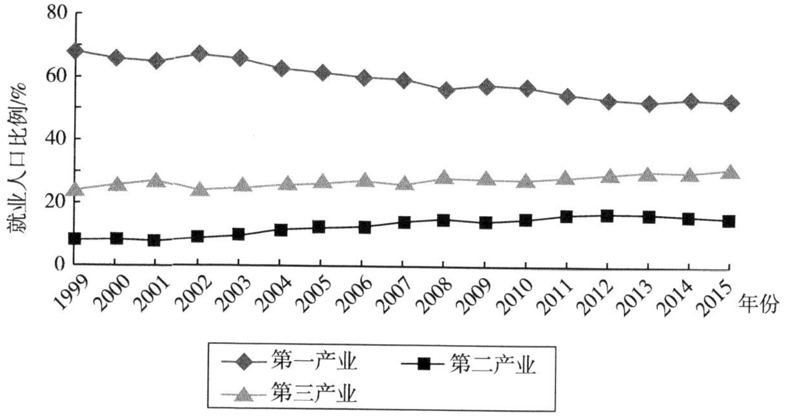


**图5-4 1999—2015年33个牧业旗市三次产业就业结构变化**

资料来源：根据《内蒙古统计年鉴》(2000—2016)计算整理。

### 5.2.4 产业结构效益评价

偏离—份额分析法（Shift-Share Method，SSM）①，20世纪60年代源于美国，21世纪初引入我国，广泛用于区域和城市经济结构分析中，用以衡量某个地区的产业结构效益，以此评价区域经济结构的优劣和自身竞争力的强弱，找出具有相对竞争优势的产业，从而确定未来结构调整的原则和经济发展的方向。SSM基本原理是：选定时间范围和背景区域，把区域经济变化看作一个动态过程，以所在区域或整个国家的经济为参照系，将区域经济总量在某一时期的变动分解为份额（增长）分量$N$、结构分量$P$和竞争力分量$D$三部分，用公式表示为：

$$G_j = N_j + P_j + D_j \tag{5-5}$$

$$N_j = \frac{E_t}{E_0} \cdot e_{jo} - e_{jo} \tag{5-6}$$

$$P_j = \sum_{j=1}^{n}\left(\frac{E_{it}}{E_{io}} \cdot e_{ijo}\right) - \frac{E_t}{E_0} \cdot e_{jo} \tag{5-7}$$

$$D_j = e_{jt} - \sum_{i=1}^{n}\left(\frac{E_{it}}{E_{jo}} \cdot e_{ijo}\right) \tag{5-8}$$

$$(P + D)_j = P_j + D_j \tag{5-9}$$

其中，$G_j$为$j$子区域内国民生产总值的总增长量；$N_j$是$j$子区域增长分量，如果$N_j$>0，说明$j$子区域实际经济增长率高于高层次区域；反之则低于高层次区域。$P_j$是$j$子区域结构偏离分量，若$P_j$为正，说明$j$子区域产业结构素质好，经济总量增长快；反之，说明区域产业结构素质差。$D_j$为$j$子区域竞争偏离分量，$D_j$为正值，则$j$子区域产业竞争力高；反之则低。$(P+D)_j$为$j$子区域总偏离量。$e_j$为$j$子区域生产总值。$E$是高层次区的国民生产总值。$i$为第$i$个产业。$O$为基期年，$t$为末期年。

内蒙古33个纯牧业旗市三次产业的基期和末期在全国相应部门的占比分

① 袁晓玲，张宝山，杨万平．动态偏离—份额分析法在区域经济中的应用［J］．经济经纬，2008（1）：55-58；Knudsen D. Shift -share analysis: further examination of models for the description of economic change［J］. Socio-economic Planning Sciences，2000（34）：177-198.

别为：$K_{j,0}=\dfrac{e_{j,0}}{E_{j,0}}$，$K_{j,t}=\dfrac{e_{j,t}}{E_{j,t}}$，则内蒙古33个纯牧业旗市对全国的相对增长率可由式（5-10）表示：

$$L=\frac{\sum_{j=1}^{3}e_{j,t}}{\sum_{j=1}^{3}e_{j,0}}\Bigg/\frac{\sum_{j=1}^{3}E_{j,t}}{\sum_{j=1}^{3}E_{j,0}}=\frac{\sum_{j=1}^{3}K_{j,t}\cdot E_{j,t}}{\sum_{j=1}^{3}K_{j\cdot 0}\cdot E_{j,0}}\Bigg/\frac{\sum_{j=1}^{3}E_{j,t}}{\sum_{j=1}^{3}E_{j\cdot 0}}=$$

$$\left[\frac{\sum_{j=1}^{3}K_{j,0}\cdot E_{j,t}}{\sum_{j=1}^{3}K_{j\cdot 0}\cdot E_{j,0}}\right]\Bigg/\left[\frac{\sum_{j=1}^{3}E_{j,t}}{\sum_{j=1}^{3}E_{j,0}}\right]\cdot\left[\frac{\sum_{j=1}^{3}K_{j,t}\cdot E_{j,t}}{\sum_{j=1}^{3}K_{j\cdot 0}\cdot E_{j,t}}\right]=W\cdot u \qquad (5\text{-}10)$$

式（5-10）中的$u$和$W$分别代表区域竞争效果指数和结构效果指数，其值越高，说明区域竞争效果越好，该地产业结构素质越好。

SSM的计算基期一般取5年或10年，根据行文需要，本研究选取1991—1995年、1996—2000年、2001—2005年、2006—2010年、2011—2015年这5个间隔时段加以计算。根据已知的各基期和末期的内蒙古33个牧业旗市和全国的三次产业GDP，运用式（5-5）~式（5-9）得出结果，如表5-1所示。

表5-1 1991—2015年内蒙古牧业旗市不同时段偏离—份额分析

| 产业类型 | 总增长 | | 全国份额分量 $N_j$/亿元 | 结构偏离分量 $P_j$/亿元 | 竞争力分量 $D_j$/亿元 | 总偏量 | |
|---|---|---|---|---|---|---|---|
| | 增长量 $G_j$/亿元 | 增长率/% | | | | $(P+D)_j$/亿元 | 增长率/% |
| 第一产业 | 19.15 | 36.78 | 93.31 | -27.03 | -47.13 | -74.16 | -142.41 |
| 第二产业 | -1.57 | -4.16 | 67.64 | 13.56 | -82.77 | -69.21 | -183.34 |
| 第三产业 | 3.26 | 13.55 | 43.09 | -1.62 | -38.21 | -39.83 | -165.62 |
| 总计 | 20.84 | 18.3 | 204.04 | -15.09 | -168.11 | -183.2 | -160.89 |
| 第一产业 | 13.34 | 14.67 | 35.83 | -30.34 | 7.85 | -22.49 | -24.74 |
| 第二产业 | 34.73 | 73.59 | 18.6 | -2.25 | 18.39 | 16.13 | 34.19 |
| 第三产业 | 35.81 | 98.07 | 14.39 | 9.48 | 11.94 | 21.42 | 58.66 |
| 总计 | 83.88 | 48.03 | 68.82 | -23.12 | 38.17 | 15.06 | 8.62 |
| 第一产业 | 51.51 | 48.99 | 72.11 | -29.36 | 8.76 | -20.61 | -19.6 |
| 第二产业 | 232.7 | 260.9 | 61.17 | 7.39 | 164.14 | 171.53 | 192.32 |
| 第三产业 | 119.61 | 147.03 | 55.79 | 0.44 | 63.38 | 63.82 | 78.45 |
| 总计 | 403.82 | 146.48 | 189.07 | -21.53 | 236.28 | 214.74 | 77.89 |
| 第一产业 | 128.93 | 76.97 | 147.19 | -31.92 | 13.66 | -18.26 | -10.9 |
| 第二产业 | 1154.03 | 245.7 | 412.7 | -22.78 | 764.11 | 741.33 | 157.83 |
| 第三产业 | 326.92 | 132.9 | 216.13 | 25.49 | 85.3 | 110.79 | 45.04 |
| 总计 | 1609.88 | 182.28 | 776.03 | -29.22 | 863.07 | 833.85 | 94.41 |

续表

| 产业类型 | 总增长 | | 全国份额分量 $N_j$/ 亿元 | 结构偏离分量 $P_j$/ 亿元 | 竞争力分量 $D_j$/ 亿元 | 总偏量 | |
|---|---|---|---|---|---|---|---|
| | 增长量 $G_j$/ 亿元 | 增长率 /% | | | | $(P+D)_j$/ 亿元 | 增长率 /% |
| 第一产业 | 113.08 | 32.15 | 148.88 | −36.79 | 0.99 | −35.8 | −10.18 |
| 第二产业 | 493.38 | 24.35 | 857.83 | −325.77 | −38.67 | −364.45 | −17.98 |
| 第三产业 | 474.36 | 69.36 | 289.49 | 129.84 | 55.04 | 184.88 | 27.03 |
| 总计 | 1080.82 | 35.3 | 1296.2 | −232.73 | 17.35 | −215.37 | −7.03 |

资料来源：根据《内蒙古统计年鉴》《中国统计年鉴》（1992—2016）计算所得。

模型计算结果显示：在2000年前后，内蒙古33个牧业旗市经济增长发生了显著的变化。整体而言，经济增长速度加快，经济状况改善明显。具体来看：

*N*为增长偏离分量。从*N*来看，三个产业都是全国性的增长部门。从内蒙古33个纯牧业旗市的实际看，第一产业增速低于全国增速，体现在总偏量上是第一产业在各个时间段一直是负值。第二产业在1991—1995年和2011—2015年增量小于全国增量，1996—2010年3个时间段都高于全国增量。这说明第二产业在最初发展时，落后于全国，自1996年以后，凭借自身的资源优势，第二产业发展迅速，保持至少了15年的快速增长，尤其是2000—2010年总增量相比任何时间段都要高，成了牧业旗市经济发展的主要推动力；但到后期，以资源密集型工业为主的第二产业，在内蒙古牧业旗市的发展受到制约，阻碍了经济增长的持续性。第三产业，除了在1991—1995年增量小于全国增量外，其余时间段的增长速度一直高于全国。与历年的经济增速相比，第三产业带动经济发展的能力越来越强，第三产业发展势头强劲。

*P*为结构偏离分量。从*P*来看，第一产业在5个时间段内都是负值，这说明第一产业结构素质较低，产业结构有待进一步调整。第二产业在1996—2000年、2006—2010年和2011—2015年是负值，特别是在2011—2015年，结构偏离分量最低，这说明第二产业结构内部极为不合理，第二产业面临进一步发展的困境，在很大程度上阻碍了产业结构的演进；第三产业除了1991—1995年这一时间段外，其他时段都是正值，而且增长幅度较大，这表明内蒙古33个纯牧业旗市的第三产业处在一个快速增长期。

*D*为竞争力偏离分量。从*D*来看，除了1991—1995年三次产业，2011—2015年的第二产业的竞争力分量都是负值，其余的产业都是正值。这说明内

蒙古33个纯牧业旗市畜牧业具有较强的竞争优势，但竞争力偏离分量偏低，还没有充分发挥畜牧业优势，特色不明显。第二产业竞争优势在2006—2010年达到最强，之后竞争优势锐减；第三产业竞争优势表现为稳中有升。

运用式（5-10）计算得出表5-2。

**表5-2 1991—2015年不同时段的内蒙古33牧业旗市$W$、$u$、$L$值**

| 时间 | 结构效果系数 $W$ | 区域竞争系数 $u$ | 相对增长率 $L$ |
|---|---|---|---|
| 1991—1995 | 0.952 548 226 | 0.444 844 868 | 0.423 736 190 |
| 1996—2000 | 0.904 916 100 | 1.173 242 465 | 1.061 685 996 |
| 2001—2005 | 0.953 671 596 | 1.533 076 087 | 1.462 051 118 |
| 2006—2010 | 0.975 890 739 | 1.676 938 511 | 1.636 508 763 |
| 2011—2015 | 0.946 602 051 | 1.004 206 212 | 0.950 583 660 |

表5-2显示，内蒙古33个牧业旗市的结构效果系数$W$在各个时间段都小于1，区域竞争系数$u$在1991—2010年的4个时间段内一直在增加，而在2011—2015年，这种竞争优势却在减弱，相对增长率$L$在2011—2015年锐减。这说明内蒙古33个牧业旗市产业结构演进相对滞后，亟须从以第二产业为主的“二、三、一”结构向以第三产业为主的结构转变。

从以上分析可知，33个牧业旗市的第一产业在全国有较强的竞争优势，但结构素质较低，增速慢于全国。曾经助力33个牧业旗市经济发展的重化工、能源工业及采矿等第二产业成了产业结构调整的掣肘，使得原有的竞争优势减弱，总产值增速明显滑坡，影响了产业结构的优化。第三产业发展势头强劲，其竞争优势表现为稳中有升，带动经济发展的能力越来越强。内蒙古33个牧业旗市产业结构演进相对滞后，亟须从以第二产业为主的“二、三、一”结构向以第三产业为主的结构转变。

### 5.2.5 三次产业对经济增长的贡献评价

由于各个产业部门对于生产要素的利用程度不同，三次产业对经济增长的拉动程度和贡献率也就不同。下面以1993—2015年内蒙古33个牧区旗市的地区生产总值和三次产业产值为样本，来计算内蒙古33个牧业旗市三次产业对经济增长的贡献率。

设$G$为GDP的增长率，$\alpha_i$为三次产业的基期产值比重，$\eta_i$为三次产业的增长率，则测算的GDP增长率$G$为：

$$G_i = \sum_{n=1}^{n} \alpha_i \eta_i \qquad (5\text{-}11)$$

其中，把各年与上年GDP的增长率作为实际增长率，以1993年三次产业比重作为基期比重，三次产业对经济增长的贡献率等于GDP实际增长率与测算增长率之差。

各产业贡献率=各产业当年增加值/生产总值增量

各产业对生产总值的拉动=GDP增长速度×各产业贡献率　　（5-12）

其中，产业拉动是考虑了三次产业对经济增长的贡献率所占的权重，这样即使某种产业的产值增速较小，但是产值所占比重较大，那么对社会经济的贡献率也会很大，则对经济的拉动作用也是显著的。

根据式（5-11）、式（5-12）计算出内蒙古33个牧业旗市三次产业结构贡献率和产业拉动，如表5-3所示。

表5-3　1993—2015年内蒙古 33个牧业旗市产业结构贡献率　（%）

| 年份 | 实际 GDP 增长率 | 测算的 GDP 增长率 | 产业结构贡献率 | 第一产业拉动 | 第二产业拉动 | 第三产业拉动 |
|---|---|---|---|---|---|---|
| 1993 | — | — | — | — | — | — |
| 1994 | 25.9030 | 25.9033 | -0.0003 | 15.5950 | 5.0158 | 5.2921 |
| 1995 | 20.6550 | 20.7920 | -0.1370 | 9.4809 | 6.7206 | 4.4535 |
| 1996 | 29.6458 | 29.6357 | 0.0101 | 14.6336 | 8.1777 | 6.8345 |
| 1997 | 9.7788 | 9.5661 | 0.2128 | -0.6008 | 5.0382 | 5.3414 |
| 1998 | 10.9948 | 10.7994 | 0.1955 | 5.1249 | 1.4083 | 4.4616 |
| 1999 | 12.5299 | 12.1075 | 0.4224 | 4.7451 | 3.3149 | 4.4699 |
| 2000 | 7.9580 | 6.6804 | 1.2776 | -2.3110 | 6.7565 | 3.5125 |
| 2001 | 6.6414 | 5.3490 | 1.2924 | 0.3385 | 2.8097 | 3.4932 |
| 2002 | 17.0409 | 15.2996 | 1.7413 | 3.5966 | 7.3900 | 6.0542 |
| 2003 | 25.1067 | 19.6369 | 5.4698 | 0.9103 | 16.3366 | 7.8598 |
| 2004 | 34.1627 | 29.5515 | 4.6112 | 5.8160 | 20.8734 | 7.4733 |
| 2005 | 25.4651 | 20.1508 | 5.3143 | 2.8025 | 13.9128 | 8.7498 |

续表

| 年份 | 实际GDP增长率 | 测算的GDP增长率 | 产业结构贡献率 | 第一产业拉动 | 第二产业拉动 | 第三产业拉动 |
|---|---|---|---|---|---|---|
| 2006 | 29.9758 | 20.6603 | 9.3155 | 1.5981 | 21.7515 | 6.6262 |
| 2007 | 34.8968 | 27.0893 | 7.8075 | 3.3895 | 24.1733 | 7.3341 |
| 2008 | 37.9199 | 29.3014 | 8.6185 | 3.3134 | 26.7078 | 7.8987 |
| 2009 | 24.0716 | 15.7124 | 8.3592 | 0.8436 | 17.0688 | 6.1593 |
| 2010 | 22.2863 | 19.5239 | 2.7624 | 2.2397 | 16.7686 | 3.2781 |
| 2011 | 22.8259 | 20.4725 | 2.3534 | 2.2169 | 16.1573 | 4.4517 |
| 2012 | 15.6073 | 13.1858 | 2.4215 | 1.2870 | 11.4755 | 2.8448 |
| 2013 | 11.6722 | 11.7737 | −0.1015 | 1.3276 | 7.9299 | 2.4147 |
| 2014 | 4.7660 | 5.6650 | −0.8990 | 0.5159 | 1.3568 | 2.8933 |
| 2015 | −1.1700 | 2.6241 | −3.7941 | 0.1515 | −4.6448 | 4.5245 |

资料来源：《内蒙古统计年鉴》(1994—2016)。

图5-5为内蒙古33个牧业旗市三次产业拉动效果。由图5-6可知，在内蒙古33个牧业旗市经济发展过程中，第二产业对经济增长的拉动作用尤为明显，特别是在2000—2008年，第二产业对33个牧业旗市的经济拉动作用也呈现出快速增长的趋势。但在2008年以后，第二产业对33个牧业市县经济的拉动效果却开始出现疲软现象；第一产业对经济增长的拉动效应呈先减弱后趋于平稳的趋势；而第三产业对经济增长的拉动没有特别大的起伏，与第二产业相比较弱。虽然第二产业发展迅速，但是第三产业发展还是比较缓慢，产业结构总体处于失衡的状态。由于第二产业所占的比重很大，内蒙古33个牧业旗市的经济发展严重依赖第二产业。

内蒙古33个牧业旗市产业结构贡献率如图5-6所示，1993—2015年产业结构贡献率虽有大幅波动，但是大部分年份是呈现正值的，只有1994年、1995年、2013年和2014年为负值，这说明33个牧区旗市的产业结构对经济增长的影响是不阻碍的。特别是在1999—2006年，产业结构对于经济增长的贡献率迅速上升，在2006年达到峰值，为9.32%。但在2006年之后，开始呈下降趋势，甚至于在2013年呈现出负值。

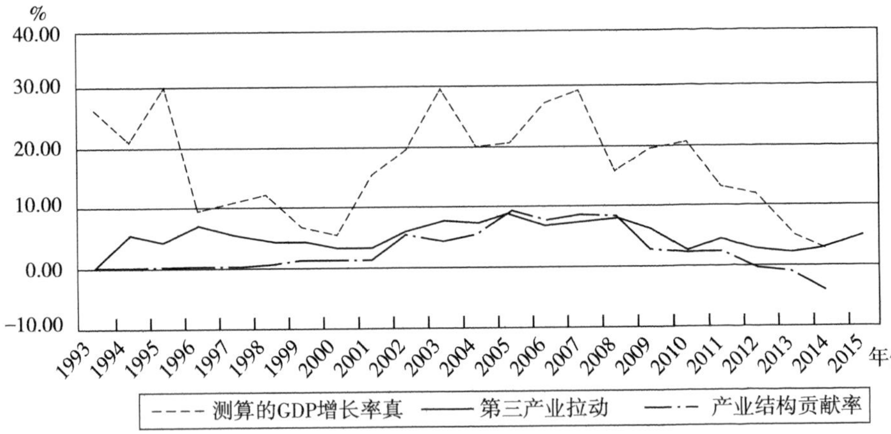


**图5-5　1993—2015年33个牧业旗市三次产业拉动效果**

资料来源：《内蒙古统计年鉴》（1994—2016）。

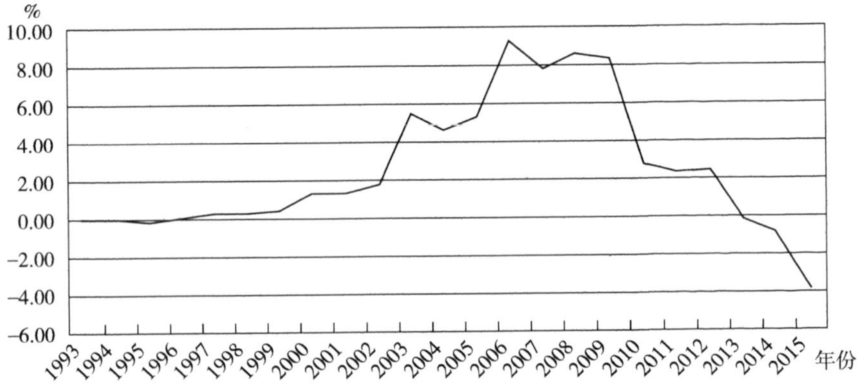


**图5-6　1993—2015年内蒙古33个牧业旗市产业结构贡献率走势**

资料来源：《内蒙古统计年鉴》（1994—2016）。

### 5.2.6　产业结构与牧民收入相关性评价

牧民是内蒙古劳动力的重要组成部分，与内蒙古农民收入相比，牧民的绝对纯收入一直高于农民，如图5-7所示。但相比农民而言，牧民人均纯收入的增长速度却很不稳定。

内蒙古产业结构的调整所带来的全区经济总量的高速增长并没有如同我们想象中的一样对牧民收入产生更为高效的拉动作用。为进一步深入了解内蒙古33个牧业旗市产业结构变动与牧民人均收入的密切关系，现对二者进行灰色关联分析。灰色关联分析法，是用“灰色关联度”，即因素相互间发展趋势的异同程度，来衡量各种因素关联程度的一种方法，该方法对样本要求低，量化结果精确，弥补了其他数理统计方法的缺陷。

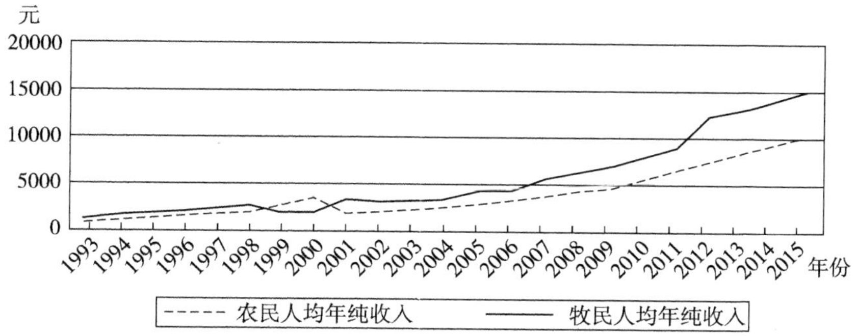


**图5-7　1993—2015年内蒙古33个牧业旗市农牧民人均年收入**

资料来源：《内蒙古统计年鉴》（1994—2016）。

首先，构建数据序列（“母序列”）$X_0$ 以及比较序列（“子序列”）$X_1$，且有：

$$X_0(k)=\{X_0(1),\ X_0(2),\ \cdots,\ X_0(n)\}$$

$$X_i(k)=\{X_i(1),\ X_i(2),\ \cdots,\ X_i(n)\}$$

根据1993—2015年共计23年的内蒙古自治区统计年鉴的数据，构建数据分析序列。分别对其进行赋值，$X_0$代表内蒙古牧区旗市牧民年均纯收入（元），$X_1$代表第一产业产值（万元），$X_2$代表第二产业产值（万元），$X_3$代表第三产业产值（万元），构建后的数据分析序列如表5-4所示：

**表5-4　灰色关联原始数据序列**

| 年份 | $X_0$ | $X_1$ | $X_2$ | $X_3$ |
|---|---|---|---|---|
| 1993 | 35281 | 468093 | 242282 | 176395 |
| 1994 | 46462 | 606385 | 286761 | 223324 |
| 1995 | 48821 | 712236 | 361795 | 273046 |
| 1996 | 58283 | 909362 | 471955 | 365112 |
| 1997 | 64756 | 898870 | 559943 | 458396 |
| 1998 | 74206 | 997126 | 586943 | 543934 |
| 1999 | 78547 | 1098101 | 657484 | 639054 |

续表

| 年份 | $X_0$ | $X_1$ | $X_2$ | $X_3$ |
|---|---|---|---|---|
| 2000 | 78200 | 1042761 | 819278 | 723165 |
| 2001 | 69368 | 1051513 | 891915 | 813471 |
| 2002 | 72342 | 1150668 | 1095651 | 980380 |
| 2003 | 84004 | 1180041 | 1622784 | 1233993 |
| 2004 | 99252 | 1414821 | 2465405 | 1535677 |
| 2005 | 114248 | 1566602 | 3218909 | 2009557 |
| 2006 | 129503 | 1675195 | 4696937 | 2459809 |
| 2007 | 154754 | 1974550 | 6831905 | 3107555 |
| 2008 | 185070 | 2369305 | 10013875 | 4048607 |
| 2009 | 206083 | 2507918 | 12818576 | 5060695 |
| 2010 | 231597 | 2964522 | 16237212 | 5728999 |
| 2011 | 277745 | 3517207 | 20265347 | 6838838 |
| 2012 | 306968 | 3911305 | 23779294 | 7709969 |
| 2013 | 349378 | 4381291 | 26586537 | 8564769 |
| 2014 | 404340 | 4585255 | 27122907 | 9708551 |
| 2015 | 437015 | 4648013 | 25199164 | 11582465 |

其次，进行无量纲化处理。由于研究对象的各因素之间单位不同，必须对数据进行无量纲化处理之后再进行比较才有意义。常用初值化及均值化进行无量纲化处理，结果如表5–5所示。

**表5–5　灰色关联初值象**

| 年份 | 初始值 | 初始值 | 初始值 | 初始值 |
|---|---|---|---|---|
| 1993 | 1 | 1 | 1 | 1 |
| 1994 | 1.3169 | 1.2954 | 1.1836 | 1.2660 |
| 1995 | 1.3838 | 1.5216 | 1.4933 | 1.5479 |
| 1996 | 1.6520 | 1.9427 | 1.9480 | 2.0699 |
| 1997 | 1.8354 | 1.9203 | 2.3111 | 2.5987 |
| 1998 | 2.1033 | 2.1302 | 2.4226 | 3.0836 |
| 1999 | 2.2263 | 2.3459 | 2.7137 | 3.6229 |
| 2000 | 2.2165 | 2.2277 | 3.3815 | 4.0997 |
| 2001 | 1.9662 | 2.2464 | 3.6813 | 4.6116 |
| 2002 | 2.0505 | 2.4582 | 4.5222 | 5.5579 |

续表

| 年份 | 初始值 | 初始值 | 初始值 | 初始值 |
|---|---|---|---|---|
| 2003 | 2.3810 | 2.5210 | 6.6979 | 6.9956 |
| 2004 | 2.8132 | 3.0225 | 10.1758 | 8.7059 |
| 2005 | 3.2382 | 3.3468 | 13.2858 | 11.3924 |
| 2006 | 3.6706 | 3.5788 | 19.3862 | 13.9449 |
| 2007 | 4.3863 | 4.2183 | 28.1982 | 17.6170 |
| 2008 | 5.2456 | 5.0616 | 41.3315 | 22.9519 |
| 2009 | 5.8412 | 5.3577 | 52.9077 | 28.6896 |
| 2010 | 6.5644 | 6.3332 | 67.0178 | 32.4782 |
| 2011 | 7.8724 | 7.5139 | 83.6436 | 38.7700 |
| 2012 | 8.7007 | 8.3558 | 98.1472 | 43.7085 |
| 2013 | 9.9027 | 9.3599 | 109.7339 | |
| 2014 | 11.4606 | 9.7956 | 111.9477 | 55.0387 |
| 2015 | 12.3867 | 9.9297 | 104.0076 | 65.6621 |

再次，求关联系数。关联程度实质上就是指序列之间的差异大小，一般情况下，各比较序列与参考序列之间的差异大小可以用以下关系式来表示：

$$关联系数=\xi_{0i}(k)=\frac{\min_i\min_k|X_0(k)-X_i(k)|+P\cdot\max_i\max_k|X_0(k)-X_i(k)|}{|X_0(k)-X_i(k)|+P\cdot\max_i\max_k|X_0(k)-X_i(k)|}$$

其中，$\min_i\min_k|X_0(k)-X_i(k)|$是参考序列与比较序列的最小差值；$\max_i\max_k|X_0(k)-X_i(k)|$是参考序列与比较序列的最大差值。$P$为分辨系数，在一般情况下可取范围在0.1~1之间。计算可得，最大差$M$=99.2883，最小差$m$=0。计算出关联系数如表5-6所示：

**表5-6　灰色关联系数**

| 年份 | 初始值 | 初始值 | 初始值 |
|---|---|---|---|
| 1993 | 1.0000 | 1.0000 | 1.0000 |
| 1994 | 0.9996 | 0.9973 | 0.9990 |
| 1995 | 0.9972 | 0.9978 | 0.9967 |
| 1996 | 0.9942 | 0.9941 | 0.9917 |
| 1997 | 0.9983 | 0.9905 | 0.9849 |
| 1998 | 0.9995 | 0.9936 | 0.9806 |

续表

| 年份 | 初始值 | 初始值 | 初始值 |
|---|---|---|---|
| 1999 | 0.9976 | 0.9903 | 0.9726 |
| 2000 | 0.9998 | 0.9771 | 0.9635 |
| 2001 | 0.9944 | 0.9666 | 0.9494 |
| 2002 | 0.9919 | 0.9526 | 0.9340 |
| 2003 | 0.9972 | 0.9200 | 0.9150 |
| 2004 | 0.9958 | 0.8708 | 0.8939 |
| 2005 | 0.9978 | 0.8317 | 0.8589 |
| 2006 | 0.9982 | 0.7596 | 0.8285 |
| 2007 | 0.9966 | 0.6758 | 0.7896 |
| 2008 | 0.9963 | 0.5791 | 0.7371 |
| 2009 | 0.9904 | 0.5133 | 0.6848 |
| 2010 | 0.9954 | 0.4509 | 0.6570 |
| 2011 | 0.9928 | 0.3958 | 0.6164 |
| 2012 | 0.9931 | 0.3569 | 0.5864 |
| 2013 | 0.9892 | 0.3321 | 0.5622 |
| 2014 | 0.9676 | 0.3307 | 0.5325 |
| 2015 | 0.9528 | 0.3514 | 0.4824 |

最后，计算灰色关联度。上面求出的关联系数是在第$k$个时刻参考序列与比较序列之间的差值，并不能对整体进行比较，因此，需要求出其平均值，才能表示序列整体的关联程度，用比较数列与参考数列各个时期的关联系数的平均值来反映这两个数列的关联程度以及各比较序列与参考序列之间关系的优劣程度。公式为：

$$\gamma_{oi}=\frac{1}{N}\sum_{k=1}^{n}\xi_{oi}(k)\ (i=1,\ 2,\ 3) \tag{5-13}$$

根据式（5-13），计算可得三次产业产值与牧民人均纯收入的灰色关联度分别为$\gamma_{o1}$ =0.9928，$\gamma_{o2}$ =0.7490，$\gamma_{o3}$ =0.8225，这说明内蒙古33个牧业旗市第一产业与牧民人均纯收入的关联度最大，第三产业次之，第二产业影响最小。从图5-8中可以看出，第一产业与牧民收入的关联度基本保持不变，而占产业结构比重逐年增加的第二、第三产业与牧民收入的关联度却呈下降趋势。

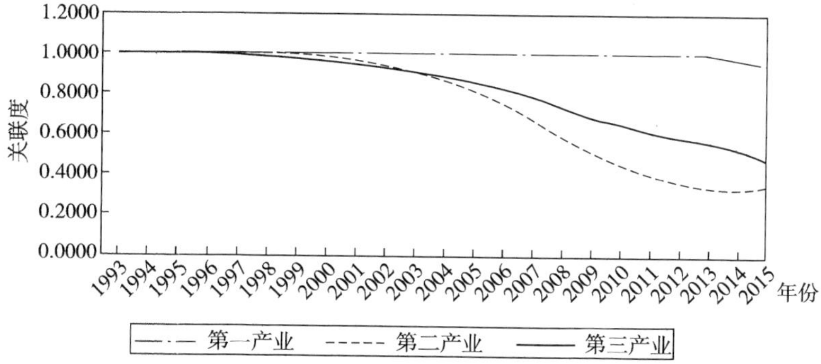


**图5-8 1993—2015年内蒙古33个牧业旗市三次产业与牧民收入灰色关联趋势**

资料来源:《内蒙古统计年鉴》(1994—2016)。

# 5.3 内蒙古33个牧业旗市产业结构演进的生态效果评价

## 5.3.1 三次产业对生态环境的影响

### 5.3.1.1 第一产业对生态环境系统的影响

2003年以前，内蒙古33个牧业旗市的产业结构为“一、二、三”结构，可以说，“一二三”的产业结构是33个牧业旗市产业结构变迁的重要组成部分。畜牧业和种植业是第一产业的主要组成部分，因此，下文重点分析畜牧业和种植业对生态环境的影响。

（1）畜牧业对生态环境造成的影响

畜牧业是人类社会主要的经济类型之一，是内蒙古33个牧业旗市的支柱产业。畜牧业在与自然资源关系的变迁中，逐渐从最初的游牧业演变为半游牧半定居畜牧业，又演变为定居畜牧业。

① 游牧业与草原生态

游牧业是草原畜牧业最初的主要形式。古代游牧民族生活的地域辽阔，他们拥有的草场非常大。因而在大多情况下，游牧不受地域限制，牧民根据草场牧草的长势而不停地游动，他们几乎没有固定的放牧区域和界限，根据畜群的规模、结构、牧草的情况而自由游牧。

游牧业是对草原自然资源和生态环境破坏力最小的经济形式，游牧经济的生态保护性，使得游牧数千年来能够与自然和谐统一，做到持续发展。内蒙古草原具有土壤贫瘠、地表营养层薄、十年九旱、雨水缺乏、风沙频繁等特征。因此，游牧业是草原生态系统的必然选择。游牧业的发展取决于其生态环境与自然条件，其规模和程度不能超过草场承载能力，草场的面积和丰茂程度是游牧业发展的条件和客观基础。因此，游牧业对自然的依赖程度较高，受环境条件的影响较大。游牧业是一种经济效率较低的产业，它所提供的产品数量很少，却是有利于人类健康的无污染的绿色产品。增长的有限性是游牧经济与自然和谐相处的一个表现形式，无限和无节制的增长，必然会给草原生态带来灾难性的危害。因而只有在生态环境能够承受的限度内的增长才是具有效率和合理的，才是可持续的。

② 半游牧半定居畜牧业与草原生态

1951年，内蒙古首次提出了“定居游牧”的观点。此后，游牧业逐渐萎缩，半游牧半定居、定居游牧逐渐多了起来。游牧的面积、次数和形式发生了一些变化。半游牧半定居一般有三种：第一种是在靠近农区或半农半牧的牧业旗市进行移场放牧、轮牧。第二种是在原来的游牧区划定冬春牧场，冬春定居，夏秋游牧。第三种是划定四季牧场及打草场，划分冬春营地，在春营地上进行了基本建设，进而实现定居游牧。

半游牧半定居畜牧业的产生，主要是因为农耕范围不断扩大、牧区人口迅速增加、草场面积日渐缩小。草场面积缩小之后，牧民为了提高防灾能力、减少经济损失，不得不选择半游牧的生产方式，以维持生计。半游牧半定居可以克服在纯游牧条件下无法克服的困难，可以继续发挥游牧生产方式生态环境破坏小和自然资源永续利用的作用。

③ 定居畜牧业与草原生态

牧区定居畜牧业就是为了将农区定居畜牧业经营方式和管理方法套用于牧区的一种生产方式。草场承包制是把原来大面积的草场划分为若干个小块，分给牧户，“围封转移”“生态移民”以及禁牧休牧和轮牧等旨在保护草原环境的大规模运动，加速了牧区定居的趋势。另外，畜牧业本是经营成本高、效益低的产业，在草场面积缩小、畜产品价格走低、销路不畅，以及自然灾害等情况下，畜牧业必然投入多、收益少。于是牧民开始放弃靠天养畜，接受定居养畜。在市场经济环境中下，牧民的观念发生了转变，将定居追求经济利益视为脱贫的唯一出路。

目前，在牧业旗市所推行的定居畜牧业，还不是科技含量高、经营方法先进和管理制度优越的现代化畜牧业生产方式，仅仅是传统农业生产方式在牧区的翻版，忽视了牧区的特殊性。因此，给草原生态环境系统造成了非常大的伤害。已有的研究表明：适度放牧可以维持良好的草原放牧生态系统，持久连续的过度放牧，会造成植物光合作用下降、牧草活力弱化、生长不良、果叶量减少、结实率下降等恶劣的影响。过多的牲畜行走或奔跑时，草地单位面积承重量超过了土地的支撑力，会使潮湿的土壤变形，干燥的土壤面碎裂，渗水和蓄水能力变差，土壤的通气性、根的穿透深度还有微生物的活动都会大大减弱。

（2）种植业对生态环境造成的影响

科尔沁左翼后旗原是连绵起伏的草原景观，20世纪50年代末期至70年代中期，进行了连续 3次大规模的农垦，流沙面积占土地面积的14%，70年代末期增加到 32%，90年代沙丘面积高达54%，疏林草原景观变成流沙景观。在生态平衡十分脆弱的草原上进行农耕，不但不会得到预期收获，而且只会造成草原的沙化和牧民的贫穷。内蒙古共有31个国贫旗县，其中赤峰市和乌兰察布市的国贫旗县最多，各有8个。历史上的乌兰察布市也曾水草丰美。从清代开始了大规模垦荒种田。20世纪60年代，人口激增，开始大面积毁林开荒、垦草种粮，如今成为我国北方生态环境最差的地区之一。由于草原农垦，草地沙化导致草场耕地面积减少，进而影响到粮食产量（牲畜数量），从而间接影响了农牧民的生活水平，使得该地区成为全国最贫穷的地区之一。草原开垦就是导致其贫困的一个非常重要的因素。

以上这些实例充分说明了草地生态系统与耕地系统存在巨大的差异性。作为人为的生态系统，耕地系统的稳定程度远远小于天然的草地、森林等生态系统。草原除沿河、湖泊和平原以外，几乎不适合开垦土地，从事种植业，开垦1公顷荒地会使3公顷草地沙化。此外，内蒙古33个牧业旗市水资源缺乏，草原农耕会诱发生态用水和农业用水的矛盾。内蒙古农业用水占89%，但农牧业灌溉用水的有效利用率仅为35%左右，当农业用水大量挤占生态用水、生态用水被放置在次要位置时，草原生态平衡注定遭到破坏。

总之，种植业在草原经济中一直扮演着重要的角色，即使它发展到很高程度，也不应成为草原地区的主导产业，这是由草原生态系统这一自然条件所决定的。

#### 5.3.1.2 工业产业对生态环境系统的影响

在三次产业中，第一产业和第三产业是能源需求较低的产业，产生的污染相对较少。而工业是能源消耗的主体，对水、土地及空气等资源污染较大。

（1）对水资源的影响

内蒙古33个牧业旗市的水资源非常短缺，尤其是处于中西部的牧业旗市，大多时候地下水资源是牧区唯一的水源。因此，工业产业结构对草原牧区的水资源影响特别大。

首先，工业产业结构会导致地表生态环境恶化。牧业旗市工矿开发的耗水量非常大，无限循环利用水资源或者运输水是不切实际的。因此，通常是在矿场四周的嘎查建造水库，拦截大气降水在陆地形成的地表径流，从而实现“储水—拦水—引水—提水—输水”的统一功能。大气降水、地表水还有地下水之间不断地循环和转化，任何一个地区水资源的过量开采都会引起水资源的重新分配，进而引起水环境变化，最后导致地表生态环境恶化。

其次，工业产业结构会导致水位下降。矿产资源是有限的资源，水资源也是，总有一天会开采完。可想而知，在干旱的草原牧区，降雨量少，长期大量抽取地下水，地表水补给量无法跟上工矿业肆意开采的速度，地下水位持续下降就不足为怪了。2015年，笔者在乌拉特后旗乌宝力格嘎查走访时发现，牧民家的大口井水位下降了2~3米。距离铜矿8公里的牧民家的压水井，水位从过去的5米升至8米左右，水质浑浊，出水量也减少了。

最后，工业产业结构会造成水污染严重。遇降雨，含大量重金属物质的雨水被水坝拦截在山下。携带一些污染源的雨水，被牲畜饮用，会影响牲畜的健康，也间接影响人类健康。在污染源一定而地下水位降低的情况下，水量减少，污染源浓度增加，危害就会加倍。矿区附近的地表水常作为废水、废气的排放场所。由于采矿的废水、废渣以酸性为主，并大多含有重金属及有毒元素，从而造成矿区土壤和地表水、地下水的污染。

（2）对土地资源的影响

矿产资源在开采过程中，会占用大量的土地来修建道路、固定井架、搭建料场及工人所需房屋。矿山开采过程中的废弃物（如尾矿、矸石等）需要大面积的堆置场地，从而导致对土地的过量占用。以煤矿开采业为例，煤矿开采会占用大片土地。据统计，一座大型煤矿，其生产生活设施平均占地达一万平方米。小型煤矿占地也达几万平方米，对土地资源及地貌景观的破坏更加严重，不仅仅破坏植被和山坡土体，而且产生的废石、废渣等松散物质极易造成大面积水土流失。煤矿塌陷，不仅会造成地区下沉，还会破坏耕地和草场。由于开矿产生了永久性占地的问题，土地利用结构会因此发生较大的变化。

（3）对大气和景观的影响

除了对水系、土地资源造成污染，工矿开发还会对大气造成一定程度的污染。煤矿开采所排放的废气含有大量烟尘、二氧化硫、氮氧化合物及一氧化碘会使矿区大气环境污染严重。工矿业造成的景观污染也很严重。工矿业会使草原植被整体景观被大面积毁坏。早期很多露天开采的矿坑还未填补，多年废弃的露天矿已经完全无用，无人修复和管理，这种现象普遍存在于各个牧业旗市。废弃的露天尾矿、开采区的垃圾堆、杂乱无章的建筑物、工矿区的生活垃圾，将原本稳定的自然景观格局打乱。笔者的家乡呼伦贝尔，曾经是一望无际的大草原，如今远远望去，一个个巨大天坑土堆赫然入目，让人痛心疾首。

#### 5.3.1.3 第三产业对生态环境系统的影响

内蒙古自治区成立时，33个牧业旗市的第三产业主要有交通运输及邮电通信业。改革开放后，33个牧业旗市的第三产业发展迅速，商贸、餐饮、到旅游、信息咨询、金融保险、教育文化，尤其是旅游业成为新的经济支撑点。

相对而言，第三产业对资源的依赖度低，引起的生态环境问题并不突出，但仍有影响。比如交通运输业，道路设施建设会占用土地资源；车辆尾气排放、公路扬尘会造成大气污染；还有交通噪声会影响动物习性等。虽然草原旅游是草原消耗利用最有效的替代方式，但是开发不当同样会带来负面影响。比如过多的旅游点的基础设施建设，会破坏原有的自然生态，量多而又集中的旅游点使得草原景观被分割而支离破碎。草原承载量有限，旺季时，游客的过度进入超出了草原承载容量，会影响到草地资源的自我修复。游客的大量进入和旅游活动区域的延伸，会使局部地区环境遭到不可逆转的破坏，土壤裸露、板结、流失等现象严重，进而影响到草原基底背景的生态环境。车辆碾压所形成的道路对环境的影响也非常大。除此之外，车辆行驶、乱扔垃圾、噪声污染都会破坏原本自然和谐的生态环境。

但总体来看，第三产业对生态环境的影响还是较小的。

## 5.3.2 工业产业结构演进的生态环境质量评价

工业产业结构对生态环境的影响最为明显，因此，本节重点对工业产业结构演进的生态环境进行评价。工业环境质量主要体现在“三废”排放对环境的不利影响降到最低，以及用更低的能源消耗创造更大的经济价值上。生态功能区的规划目标之一就是污染物排放总量要大幅度减少，控制高耗能产业，从污染排放和能源消耗两方面为生态功能区生态环境提供保障。

### 5.3.2.1 “三废”污染

经济发展会伴随着产业结构的调整，产业结构的改变也会对环境质量产生影响。环境质量主要包括水环境、大气环境和固体环境质量。而环境质量的好坏，通常用工业废水排放量、工业废气排放量和工业固体废弃物产生量这三个指标来衡量。图5-9是1999—2015年内蒙古环境质量变化图。由图5-8可见，1999—2015年，内蒙古工业废水排放量、工业废气排放量和固体废弃物产生量都在2001年以后开始猛增，到2011年达到最高值，此后又呈现出下降、上升再下降的趋势。到2015年，内蒙古工业废水排放量达到3575.3万吨，工业废气排放量达到35855.41亿标立方米，内蒙古一般工业固体废弃物的产生量为2.67亿吨。

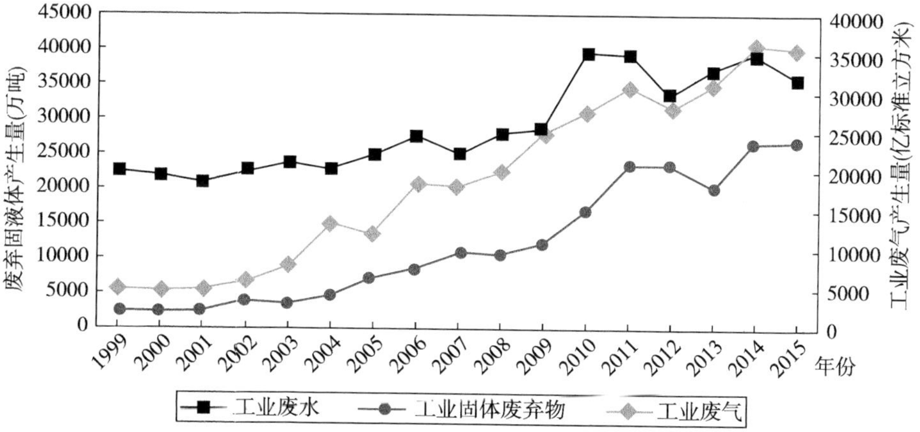


**图5-9 1999—2015年内蒙古“三废”排放**

资料来源：《内蒙古自治区环境统计公报》（1999—2015）。

（1）工业废水

内蒙古2015年工业取水量为10.13亿吨，取水量较大的行业是电力、热力生产和供应业，化学原料和化学制品制造业，有色金属冶炼和压延加工业。工业废水排放量为3.58亿吨，占比较大的行业有化学原料和化学制品制造业（15%），食品制造业（12%），煤炭开采和洗选业（11%），电力、热力生产和供应业（11%），合计占49%（详见表5-7）。

**表5-7 2015年内蒙古工业取水量及工业废水排放行业分布** （%）

| 工业取水量 | | 工业废水排放量 | |
|---|---|---|---|
| 电力、热力的生产和供应业 | 31.7 | 化学原料和化学制品制造业 | 15 |
| 化学原料化学制品制造业 | 17.2 | 食品制造业 | 12 |
| 有色金属冶炼和压延加工业 | 8.5 | 煤炭开采和洗选业 | 11 |
| 煤炭开采和洗选业 | 7.0 | 电力、热力生产和供应业 | 11 |
| 合计 | 57.4 | 合计 | 49 |

资料来源：《内蒙古自治区环境统计公报（2015）》。

（2）废气排放

2015年，内蒙古工业二氧化硫排放量为106.10万吨，二氧化硫排放量最大的行业是电力、热力的生产和供应业。工业氮氧化物排放量为86.45万吨，排放量最大的行业是电力、热力生产和供应业，占比为68%。工业烟（粉）尘排放量为65.67万吨，排放量最大的行业是电力、热力的生产和供应业，占比为39%（详见表5-8）。

**表5-8　2015年内蒙古废气排放量行业分布**　（%）

| 二氧化硫 | | 氮氧化物 | | 烟尘粉尘 | |
|---|---|---|---|---|---|
| 电力、热力的生产和供应业 | 52 | 电力、热力的生产和供应业 | 68 | 电力、热力的生产和供应业 | 39 |
| 化学原料和化学制品制造业 | 14 | 化学原料和化学制品制造业 | 14 | 化学原料化学制品制造业 | 15 |
| 黑色金属冶炼和压延加工业 | 8 | 非金属矿物制品业 | 7 | 非金属矿物制品业 | 14 |
| 合计 | 74 | 合计 | 83 | 合计 | 68 |

资料来源：《内蒙古自治区环境统计公报》（2015）。

（3）固体废弃物产生量

2015年，内蒙古一般工业固体废弃物的产生量为2.67亿吨，固体废弃物产生量较大的行业有：煤炭开采和洗选业，电力、热力的生产和供应业，有色金属矿采选业，黑色金属矿采选业，所占比重如表5-9所示。产生量较大的固废种类有：尾矿、煤矸石和粉煤灰，占比分别为32%、30%和16%，合计为78%。与2001年相比，煤矸石的比重提高了15.4%（详见表5-9）。

**表5-9　2015年内蒙古工业固体废弃物排放量行业分布及主要固体废弃物种类**　（%）

| 工业固体废弃物排放量行业分布 | | 主要工业固体废弃物种类 | |
|---|---|---|---|
| 煤炭开采和洗选业 | 28.7 | 冶炼废渣 | 5 |
| 电力热力的生产和供应业 | 23.0 | 粉煤灰 | 16 |
| 有色金属矿采选业 | 19.2 | 炉渣 | 8 |
| 黑色金属矿采选业 | 13.0 | 煤矸石 | 30 |
| | | 尾矿 | 32 |
| 合计 | 83.9 | 合计 | 91 |

资料来源：《内蒙古自治区环境统计公报》（2015）。

#### 5.3.2.2　能源消耗

表5-10为内蒙古各产业1990—2015年的能源消费比重，从中可知，工业所占的能源消费比最高，1990—2015年呈上升趋势，到2015年已经达到了72.5%。

**表5-10 内蒙古各产业能源消费比重**

（%）

| 年份 | 1990 | 1995 | 2000 | 2005 | 2010 | 2015 |
|---|---|---|---|---|---|---|
| 农林牧渔 | 3.4 | 3 | 3 | 3.3 | 3.1 | 3 |
| 工业（不含建筑业） | 56.6 | 40.9 | 52.3 | 73 | 68.4 | 72.5 |
| 交通运输，仓储，邮电通信 | 6.3 | 4.7 | 3.8 | 7.1 | 7.9 | 6.2 |
| 批发零售住宿餐饮 | 1.8 | 2.2 | 2.4 | 3.2 | 5.8 | 4.2 |

资料来源：依据《内蒙古统计年鉴（2016）》计算得出。

工业产值综合能耗是用来反映企业能源经济效益高低的综合指标，是一定时期企业单位综合能源消费量与工业总产值的比例，其单位通常以“吨标准煤/万元”表示，该值越高，表示该产业能源利用效率越低。

2015年，重工业能源消费量为14354.12万吨，工业产值为150323162.7万元，轻工业能源消费量为498.95万吨，工业产值为41009429.3万元，工业产值综合能耗分别为 0.95吨标准煤/万元和0.12吨标准煤/万元。重工业分行业工业产值综合能耗值如表5-11所示，电力、热力生产和供应业，化学原料和化学制品制造业石油加工、炼焦和核燃料加工业、黑色金属冶炼和压延加工业等重工业的工业产值综合能耗都较高，说明其产业能源利用效率都较低。

**表5-11 2015年规模以上工业分行业工业产值综合能耗**

| 产业 | 能源消费量/万吨 | 工业产值/万元 | 工业产值综合能耗（吨标准煤/万元） |
|---|---|---|---|
| 煤炭开采和洗选业 | 655.74 | 30045188.1 | 0.22 |
| 黑色金属矿采选业 | 102.09 | 5800684.3 | 0.18 |
| 石油和天然气开采 | 19.3373 | 7027076.5 | 0.03 |
| 有色金属矿采选业 | 54.5178 | 6403963.4 | 0.09 |
| 农副食品加工业 | 138.15 | 16666728.1 | 0.08 |
| 食品制造业 | 126.6 | 7073597.1 | 0.18 |
| 石油加工、炼焦和核燃料加工业 | 1040.98 | 6280018.6 | 1.66 |
| 化学原料和化学制品制造业 | 3192.74 | 14955737.6 | 2.13 |
| 黑色金属冶炼和压延加工业 | 2003.66 | 15759623.4 | 1.3 |
| 非金属矿物制品业 | 435.7728 | 7497715 | 0.58 |
| 医药制造业 | 142.5959 | 3419702.7 | 0.42 |
| 电力、热力生产和供应业 | 5257.08 | 19559242.6 | 2.69 |

资料来源：依据《内蒙古统计年鉴（2016）》计算得出。

#### 5.3.2.3 基于主成分分析方法对内蒙古工业环境状况进行综合评价

本节选用1999—2015年的工业“三废”和达标治理等六项指标（见表5-12），采取主成分分析方法对内蒙古工业环境状况进行综合评价。

表5-12 1999—2015年内蒙古工业“三废”和达标治理类指标数据

| 年份 | 工业废水排放量/万吨 | 工业废气排放量/亿标准立方米 | 工业固体废弃物产生量/万吨 | 工业废水排放达标率/% | 工业固体废弃物综合利用/% | 污染治理当年完成投资额/万元 |
|---|---|---|---|---|---|---|
| 1999 | 22661 | 5022 | 2444 | 48.54 | 23.45 | 19729 |
| 2000 | 21843 | 4767 | 2376 | 64.62 | 23.25 | 55939 |
| 2001 | 20960 | 4959 | 2483 | 71.57 | 30.26 | 26709 |
| 2002 | 22737 | 5997 | 4040 | 69.31 | 28.68 | 25895 |
| 2003 | 23852 | 7960 | 3647 | 63.94 | 32.51 | 27698 |
| 2004 | 22848 | 13517 | 4702 | 61.13 | 31.46 | 42855 |
| 2005 | 24967 | 12071 | 7363 | 66.62 | 40.91 | 25678 |
| 2006 | 27823 | 18415 | 8710 | 77.00 | 44.08 | 177235 |
| 2007 | 25021 | 18199 | 10973 | 73.69 | 56.66 | 167487 |
| 2008 | 28167 | 20189 | 10622 | 82.60 | 49.28 | 219189 |
| 2009 | 28616 | 24844 | 12108 | 85.21 | 52.61 | 178258 |
| 2010 | 39535 | 27488 | 16996 | 90.23 | 56.31 | 111799 |
| 2011 | 39408 | 30604 | 23584 | 91.22 | 58.01 | 311614 |
| 2012 | 33618 | 28132 | 23624 | 92.13 | 58.52 | 4920386 |
| 2013 | 36986 | 31128 | 20080 | 89.12 | 48.68 | 5068300 |
| 2014 | 39300 | 36116 | 26668 | 93.31 | 56.35 | 7972500 |
| 2015 | 35753 | 35855 | 26745 | 91.45 | 45.91 | 7901300 |

资料来源：《内蒙古自治区环境统计公报》（1999—2015）、《内蒙古统计年鉴》（2000—2016）。

（1）数据标准化

首先对原始数据进行标准化处理，消除量纲不同的影响。经过无量纲化处理得到标准化数据（见表5-13）。

表5-13　1999—2015年内蒙古工业环境污染和达标治理类指标标准化数据

| 年份 | 工业废水排放量 / 万吨 | 工业废气排放量 / 亿标准立方米 | 工业固体废弃物产生量 / 万吨 | 工业废水排放达标率 /% | 工业固体废弃物综合利用 / % | 污染治理当年完成投资额 / 万元 |
|---|---|---|---|---|---|---|
| 1999 | −0.93525 | −1.25754 | −1.08595 | −1.96544 | −1.57078 | −0.5503 |
| 2000 | −1.05468 | −1.28025 | −1.09354 | −0.57083 | −1.58657 | −0.53772 |
| 2001 | −1.18376 | −1.26321 | −1.08162 | 0.03195 | −1.03299 | −0.54788 |
| 2002 | −0.92421 | −1.17064 | −0.90802 | −0.16406 | −1.15776 | −0.54816 |
| 2003 | −0.76135 | −0.99571 | −0.95179 | −0.6298 | −0.8553 | −0.54753 |
| 2004 | −0.908 | −0.50049 | −0.83421 | −0.87351 | −0.93822 | −0.54227 |
| 2005 | −0.59849 | −0.62937 | −0.53767 | −0.39737 | −0.19274 | −0.54824 |
| 2006 | −0.18133 | −0.06401 | −0.38748 | 0.50289 | 0.05207 | −0.49556 |
| 2007 | −0.5906 | −0.08323 | −0.13523 | 0.21581 | 1.05185 | −0.49895 |
| 2008 | −0.13109 | 0.09407 | −0.17436 | 0.98857 | 0.46904 | −0.48098 |
| 2009 | −0.0655 | 0.50893 | −0.00869 | 1.21407 | 0.73123 | −0.49521 |
| 2010 | 1.52936 | 0.74455 | 0.53612 | 1.64772 | 1.02342 | −0.5183 |
| 2011 | 1.51081 | 1.02229 | 1.27046 | 1.78252 | 1.15767 | −0.44886 |
| 2012 | 0.66508 | 0.80197 | 1.27496 | 1.43427 | 1.19715 | 1.15294 |
| 2013 | 1.15701 | 1.06895 | 0.87994 | 1.56341 | 0.42166 | 1.20434 |
| 2014 | 1.49503 | 1.51347 | 1.61426 | 1.88356 | 1.02737 | 2.21371 |
| 2015 | 0.97695 | 1.4902 | 1.62281 | 1.79368 | 0.20291 | 2.18896 |

（2）主成分分析方法的适合性检验

在进行主成分分析之前，要进行KMO和Bartlett球形检验，KMO值越接近于1，越适合作因子分析。如果KMO的值小于0.5，则不适宜作因子分析。内蒙古工业环境质量状况的统计量KMO的值约为0.712，Bartlett球形检的Sig值小于0.01，因此，内蒙古工业环境状况的各项指标适合作主成分分析（见表5-14）。

表5-14 主成分分析的适合性检验

| Kaiser-Meyer-Olkin Measure of Sampling Adequacy. 样本量测试 KMO | | 0.712 |
|---|---|---|
| Bartlett 球形度检验 | Approx. Chi-Square 近似卡方值 | 74.230 |
| | Df 自由度 | 15 |
| | Sig. 检验的显著性概率 | 0.000 |

表5-15为公因子对初始变量方差的提取情况，也就是通常所说的变量共同度。从中我们可以看出所选取的指标变量的共同度都大于0.8，这说明从选取的指标中能提取出较多的信息量，进行主成分分析是有意义的。

表5-15 公因子对初始变量方差的提取

| Zscore | 工业废水排放量/万吨 | 工业废气排放量/亿标准立方米 | 工业固体废弃物产生量/万吨 | 工业废水排放达标率/% | 工业固体废弃物综合利用/% | 污染治理当年完成投资额/万元 |
|---|---|---|---|---|---|---|
| 初始 | 1.000 | 1.000 | 1.000 | 1.000 | 1.000 | 1.000 |
| 提取 | 0.895 | 0.975 | 0.983 | 0.902 | 0.894 | 0.890 |

（3）主成分分析结果

利用SPSS20.0软件可以得出特征值、特征值贡献率和累积贡献率（见表5-16）。从表中结果可得，在特征值大于1的前提下，共提取出两个满足条件的特征值，其样本方差的累计解释率达到了92.303%，这就说明，从反映的内蒙古工业“三废”排放水平的六个指标中提取的这两个主成分，就能对内蒙古工业“三废”排放综合评价作出较好的解释。

表5-16 工业污染及治理指标的总方差分解表

| component | Initial Eigenvalues | | | Extraction Sums of Squared loadings | | | Rotation Sums of Squared loadings | | |
|---|---|---|---|---|---|---|---|---|---|
| | Total | Variance% | Cumulative% | Total | Variance% | Cumulative% | Total | Variance% | Cumulative% |
| 1 | 4.417 | 73.619 | 73.619 | 4.417 | 73.619 | 73.619 | 3.429 | 57.153 | 57.153 |
| 2 | 1.121 | 18.684 | 92.303 | 1.121 | 18.684 | 92.303 | 2.109 | 35.150 | 92.303 |
| 3 | 0.260 | 4.328 | 96.632 | | | | | | |
| 4 | 0.152 | 2.531 | 99.163 | | | | | | |
| 5 | 0.032 | 0.540 | 99.703 | | | | | | |
| 6 | 0.018 | 0.297 | 100.000 | | | | | | |

在计算出特征值、特征矩阵后，还需要计算因子载荷矩阵。我们对因子矩阵作方差最大化旋转，因而得到旋转后的旋转成分矩阵（见表5-17）。第一主成分为工业废水排放量、工业废气、工业固体废弃物产生量、污染治理当年完成的投资额。第二主成分为工业废水排放达标率和工业固体废弃物综合利用。

**表5-17 工业污染及治理指标的因子载荷矩阵**

| Zscore | | 工业废水排放量/万吨 | 工业废气排放量/亿标准立方米 | 工业固体废弃物产生量/万吨 | 工业废水排放达标率/% | 工业固体废弃物综合利用/% | 污染治理当年完成投资额/万元 |
|---|---|---|---|---|---|---|---|
| 成分 | 1 | .810 | .855 | .920 | .040 | .564 | .935 |
| | 2 | .489 | .493 | .369 | .949 | .759 | .121 |

利用综合主成分公式计算出内蒙古工业环境状况的综合指数（见图5-10）。

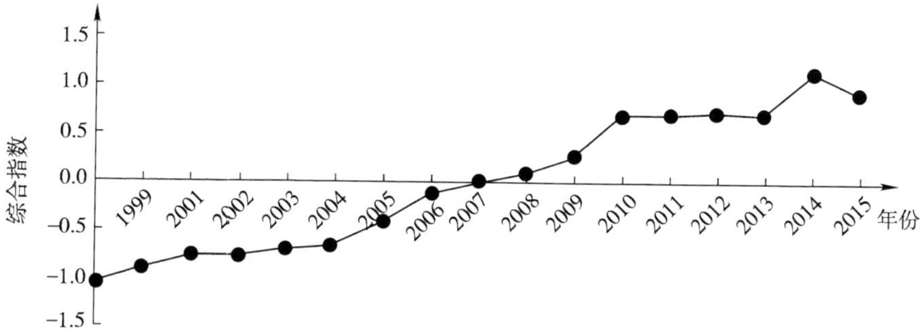


**图5-10 内蒙古工业环境综合指数**

从图5-10可见，内蒙古工业环境综合指数从2007年以前的负值变为2007年以后的正值，并在2014年达到最高值。这说明内蒙古工业环境质量在政府加大污染治理投资的情况下，已经有了明显的改善，正在朝着越来越好的方向发展。从2014年以后，内蒙古工业环境综合指数又有下降的趋势，这表明就目前而言，内蒙古工业环境的改善并非源于工业产业结构的调整，而是源于政府环境的治理力度。当环境的治理力度与污染程度相匹配时，工业环境的改善就会较为明显。当环境的治理力度还没能与污染程度相匹配时，工业结构所造成的环境污染会依然比较严重。可以说，如果不从根源上对内蒙古产业结构进行调整，那么内蒙古工业环境的改善仍然任重而道远。

#### 5.3.2.4 内蒙古33个牧业旗市工业环境质量评价

在第3章分析内蒙古33个牧业旗市工业产业的内部结构时，我们以锡林郭勒盟为例，了解到轻工业与重工业结构之比由1947年的97.7：2.3变为2015年的23.5：76.5，其中2012年的重工业占比最高，达到了85.1%。由此可见，内蒙古33个牧业旗市工业主要是以重工业为主。本节依然以锡林郭勒盟为例，对其工业环境质量进行评价。

能源工业、冶金工业、化学工业和农畜产品加工业一直以来都是锡林郭勒盟的支柱产业，尤其是煤炭工业占有举足轻重的地位。锡林郭勒盟煤炭资源丰富，探明储量为1883亿吨，估算可采总储量为1393亿吨，分布在全盟11个旗县（市），煤炭资源量在自治区居第二位。资源储量大于100亿吨的共5处，有胜利煤田、额和宝力格煤田、白音华煤田、高力罕煤田和五间房煤田。在2012年以前，煤炭开采业在锡林郭勒盟工业中一直居主导地位。从2012年之后，煤炭产量明显下降，从14627.3万吨下降到2015年的8365.64万吨。

2015年，锡林郭勒盟能源工业增加值比上年下降8.9%，冶金工业增长18.6%，农畜产品加工业增长12.3%，化学工业增长25.4%。具体而言，煤炭开采业下降15.4%，石油开采业下降6.9%，电力、热力生产和供应业下降2.3%；黑色金属矿采选业增长41.4%，有色金属矿采选业增长11.9%，黑色金属冶炼业增长11.7%，有色金属冶炼业增长3.3%，石油化工业增长1.1%，化学原料及制品业增长34.9%。由此可见，能源工业呈下降趋势，而化学原料及制品业和黑色金属矿采选业呈现出快速增长的趋势。

（1）“三废”排放

锡林郭勒盟的“三废”排放情况如图5-11所示。1999—2015年，锡林郭勒盟工业废水排放量、工业废气排放量和固体废弃物产生量都呈上升趋势。工业废气在 2005年以后猛增，2014年达到最高值3315.04亿标准立方米，是1999年的480倍。工业废水在2003年迅速增加，之后又下降，2011年达到最高值4773.3万吨，是1999年工业废水排放量的11.6倍。工业固体废弃物产生量在2006年开始显著增加，达到208.2万吨，是1999年的7.5倍，2012年达到最高值1676.3万吨，是2006年的8倍。

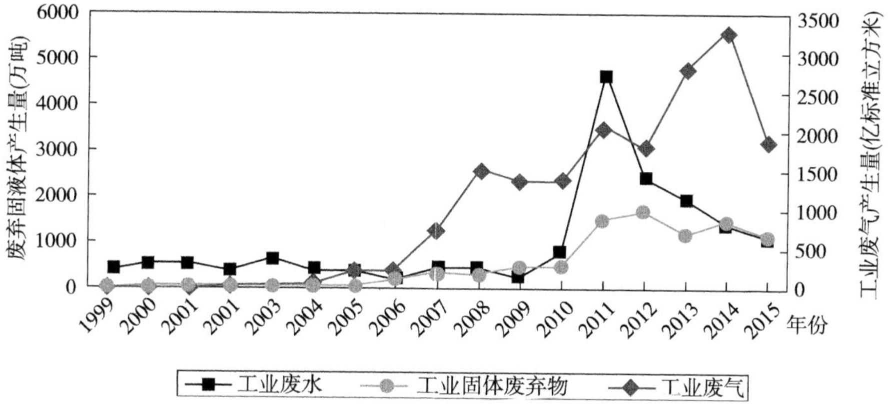


**图5-11 锡林郭勒盟“三废”排放情况**

资料来源：《锡林郭勒盟统计年鉴》(2000—2016)。

当前，锡林郭勒盟的化学原料及制品业和黑色金属矿采选业呈现出快速增长的趋势。通过前文分析，我们得知：化学原料及制造业行业废水排放量居第一位，工业取水量居第二位，废气排放量仅次于电力、热力的生产和供应业。金属矿采选业取水量大，是二氧化硫排放的主要行业，还会产生大量的固体废弃物。2016年锡林郭勒盟固体废弃物产生量为1833.19万吨，苏尼特左旗A矿业有限公司、正蓝旗B发电有限责任公司、西乌珠穆沁旗C露天煤业有限公司、苏尼特右旗苏尼特D矿业有限责任公司、阿巴嘎旗E矿业有限责任公司共产生固体废弃物1184.82万吨，占全盟固体废弃物产生量的64.26%。从固体废弃物产生看，尾矿、粉煤灰和煤矸石的产生量较大，其中尾矿产生量占工业固体废弃物总量的57.54%，煤矸石产生量占工业固体废弃物总量的17.22%，粉煤灰产生量占工业固体废弃物总量的14%。这些工业固体废弃物主要来源于能源工业和冶金工业。尽管2012年以后锡林郭勒盟煤炭产量明显下降，但固体废弃物中的31%仍来源于煤炭开采。

（2）能源消耗

锡林郭勒盟工业产值综合能耗比较高的产业主要有电力、热力的生产和供应业，化学原料及化学制品制造业，黑色金属冶炼及压延加工业（见表5-18）。2015年，化学原料及化学制品制造业工业产值综合能耗高达6.54吨标准煤/万元，远远高于内蒙古全区的2.13吨标准煤/万元。锡林郭勒盟电力、热力的生产和供应业工业产值综合能耗为3.43吨标准煤/万元，同样高于内蒙古电力、热力的生产和供应业的2.69吨标准煤/万元。

表5-18 锡林郭勒盟工业分行业工业产值综合能耗 单位：吨标准煤/万元

| 年份 | 2006 | 2007 | 2015 |
|---|---|---|---|
| 采矿业 | | | |
| 煤炭开采和洗选业 | 0.45 | 0.23 | 0.13 |
| 石油和天然气开采业 | 0.52 | 0.40 | 0.21 |
| 黑色金属矿采选业 | 0.46 | 0.20 | 0.11 |
| 有色金属矿采选业 | 0.50 | 0.26 | 0.13 |
| 非金属矿采选业 | 0.33 | 0.21 | 0.1 |
| 制造业 | | | |
| 农副食品加工业 | 0.15 | 0.05 | 0.01 |
| 食品制造业 | 0.31 | 0.12 | 0.16 |
| 饮料制造业 | 0.62 | 0.27 | 0.21 |
| 纺织业 | 0.16 | 0.07 | 0.01 |
| 纺织服装、鞋帽制造业 | — | 0.01 | 0 |
| 皮革、毛皮、羽毛（绒）及其制品业 | 0.27 | 0.01 | 0 |
| 造纸及纸制品业 | 1.08 | 1.04 | 0.05 |
| 石油加工炼焦及核燃料 | — | 2.08 | 0.27 |
| 化学原料及化学制品制造业 | 2.20 | 2.05 | 6.54 |
| 医药制造业 | 0.18 | 0.04 | 0.01 |
| 非金属矿物制造业 | 0.63 | 0.38 | 0.10 |
| 黑色金属冶炼及压延加工业 | 2.41 | 1.20 | 1.56 |
| 有色金属冶炼及压延工业 | 1.11 | 0.46 | 0.56 |
| 金属制品业 | 0.27 | 0.04 | 0.04 |
| 电力、燃气及水的生产和供应业 | | | |
| 电力、热力的生产和供应业 | 5.95 | 4.82 | 3.43 |
| 水的生产和工业 | 0.42 | 0.47 | 0.38 |

资料来源：根据《锡林郭勒盟统计年鉴》（2007、2008、2016）计算得出。

通过以上分析可知，锡林郭勒盟工业主要以高耗能和高污染的重工业为主。近几年，锡林郭勒盟重工业开始由能源工业转向化学原料及制品业和黑色金属矿采选业，但仍然存在工业取水量大，废水、废气、废物排放量多，能耗高。可以说，锡林郭勒盟高污染、高耗能的工业发展模式依旧没有改变。

### 5.3.3 主体功能区与牧业旗市主导产业吻合性评价

#### 5.3.3.1 重点生态功能区内25个牧业旗的聚类分析

按照主体功能区划，内蒙古33个牧业旗市可以分别划为三类。第一类：属于重点生态功能区的25个牧业旗；第二类：属于重点开发区的5个牧业旗市；第三类：属于农产品生产区的3个牧业旗。因为重点生态功能区的主要功能定位是发挥生态功能作用，保证国家生态安全，为了更好地了解重点生态功能区划下牧业旗市草原生态系统状况，根据“压力—状态—响应”模型，运用聚类分析方法对其进行分类，剖析草原生态状况以及草原生态面临的主要压力，继而为主导产业与主体功能区的吻合性评价提供依据。

（1）重点生态功能区内牧业旗的分类

① 样本选择和数据来源

我们将重点生态功能区的25个牧业旗作为聚类分析样本（见表5-19）。

**表5-19 重点生态功能区内的牧业旗**

| 生态功能区 | 所属的牧业旗 |
| --- | --- |
| 呼伦贝尔草原草甸 | 新巴尔虎右旗，新巴尔虎左旗，陈巴尔虎旗，鄂温克 |
| 科尔沁草原 | 科尔沁左翼中旗、科尔沁左翼后旗、扎鲁特旗、科尔沁右翼中旗、巴林右旗、阿鲁科尔沁旗、翁牛特旗 |
| 浑善达克沙漠化防治 | 克什克腾旗，阿巴嘎旗、苏尼特左旗、苏尼特右旗、正蓝旗、镶黄旗、正镶白旗 |
| 阴山北麓草原 | 四子王旗、达茂旗、乌拉特中旗，乌拉特后旗 |
| 阿拉善沙漠化防治 | 阿拉善左旗、阿拉善右旗、额济纳旗 |

② 指标体系确定

对于重点生态功能区而言，人类与环境系统的相互作用与影响是研究的关键。因此，本小节的研究重点是，确定反映25个牧业旗自然资源与生态系统状况、草原生态与人类活动，以及人类所采取的对策的指标体系。根据内蒙古草原生态系统特点，结合其社会、经济情况，以“压力—状态—响应”模型为基础，采取以下指标（见表5-20）：

表5-20　25个牧业旗的“压力—状态—响应”指标

| 牧业旗 | 人口/万 | 人口自然增长/% | 人口密度 | 年末牲畜存栏头/万 | 草地面积/公顷 | 年降水量/毫米 | 蒸发量/毫米 | 人均GDP/元 | GDP增长率/% | 地方财政收入/万元 | 农牧民人均收入/元 |
|---|---|---|---|---|---|---|---|---|---|---|---|
| 新巴尔虎右旗 | 3.5 | 1.8 | 1.3 | 120.9 | 21060.7 | 248.5 | 1692.7 | 220921 | 9.1 | 51420 | 16956 |
| 新巴尔虎左旗 | 4.2 | 5.6 | 1.8 | 110.8 | 14067.5 | 281.3 | 1446.6 | 84393 | 8.1 | 19875 | 16831 |
| 陈巴尔虎旗 | 5.7 | 2 | 2.6 | 72.0 | 13528.2 | 281.3 | 1446.6 | 157466 | 8.2 | 59006 | 17185 |
| 鄂温克 | 14 | 1.2 | 7.3 | 66.6 | 11256.4 | 516.3 | 1015.3 | 78916 | 8.2 | 86741 | 17646 |
| 科尔沁左翼中旗 | 51.9 | 6.1 | 53.7 | 175.7 | 3364.2 | 206.5 | 2778.5 | 31706 | 7.7 | 37306 | 8997 |
| 科尔沁左翼后旗 | 40.9 | 7.5 | 34.7 | 121.9 | 5609.0 | 206.5 | 2778.5 | 43720 | 8.0 | 45016 | 9502 |
| 扎鲁特旗 | 30.4 | 5.5 | 17.7 | 247.5 | 9626.7 | 369.8 | 1827.7 | 76221 | 7.8 | 162750 | 11764 |
| 科尔沁右翼中旗 | 25.4 | 8.4 | 16.3 | 179.2 | 6374.7 | 424.9 | 1513.7 | 25534 | 9.0 | 20574 | 7325 |
| 巴林右旗 | 18.4 | 5.1 | 18.2 | 109.5 | 5874.3 | 301.0 | 1875.1 | 44752 | 9.0 | 41462 | 8068 |
| 阿鲁科尔沁旗 | 29.9 | 5.2 | 20.4 | 146.6 | 7145.9 | 299.0 | 1873.1 | 40972 | 8.7 | 34843 | 7390 |
| 翁牛特旗 | 47.9 | 8.6 | 39.7 | 135.7 | 5788.0 | 361.3 | 1808.4 | 34589 | 7.6 | 42020 | 8050 |
| 克什克腾旗 | 24.9 | 2.8 | 11.9 | 104.8 | 12587.5 | 386.0 | 1848.4 | 73697 | 9.2 | 75600 | 8702 |
| 阿巴嘎旗 | 4.5 | 5.8 | 1.6 | 78.1 | 23813.3 | 238.0 | 1820.9 | 158669 | 12.5 | 19788 | 20075 |
| 苏尼特左旗 | 3.5 | 6.2 | 1 | 68.9 | 30793.7 | 179.3 | 2436.1 | 151884 | 9.9 | 22214 | 11760 |
| 苏尼特右旗 | 6.8 | 6.1 | 2.5 | 78.4 | 22441.9 | 179.3 | 2436.1 | 85117 | 11.7 | 29608 | 8405 |
| 正蓝旗 | 8.3 | 13.1 | 7.7 | 38.3 | 7582.7 | 340.9 | 1580.4 | 84154 | 7.5 | 50079 | 13626 |
| 镶黄旗 | 3.1 | 4.5 | 5.6 | 20.4 | 4600.89 | 340.9 | 1580.4 | 182140 | 8.0 | 23192 | 11223 |

续表

| 牧业旗 | 人口/万 | 人口自然增长/% | 人口密度 | 年末牲畜存栏头/万 | 草地面积/公顷 | 年降水量/毫米 | 蒸发量/毫米 | 人均GDP/元 | GDP增长率/% | 地方财政收入/万元 | 农牧民人均收入/元 |
|---|---|---|---|---|---|---|---|---|---|---|---|
| 正镶白旗 | 8.3 | 4.5 | 11.6 | 24.7 | 4953.6 | 340.9 | 1580.4 | 58633 | 8.4 | 12256 | 8244 |
| 四子王旗 | 21.3 | 1.2 | 8 | 90.5 | 18923.2 | 327.5 | 1953.8 | 26440 | 7.5 | 18493 | 8491 |
| 达茂旗 | 11.3 | -1.3 | 5.8 | 56.2 | 14337.1 | 163.7 | 2210.9 | 214133 | 8.0 | 152429 | 11784 |
| 乌拉特中旗 | 14.2 | 2.7 | 6.1 | 143.9 | 18272.9 | 175.4 | 2115.0 | 71114 | 7.5 | 87778 | 13042 |
| 乌拉特后旗 | 5.9 | 7 | 2.3 | 36.3 | 9750.4 | 231.8 | 3075.7 | 96244 | 7.7 | 75040 | 11790 |
| 阿拉善左旗 | 14.8 | 5.2 | 1.8 | 95.1 | 8118.7 | 101.7 | 2568.3 | 128264 | 7.7 | 164253 | 14813 |
| 阿拉善右旗 | 2.5 | 1.9 | 0.3 | 21.3 | 811.3 | 118.9 | 3934.7 | 103444 | 7.3 | 11997 | 17096 |
| 额济纳旗 | 1.8 | 3.3 | 0.1 | 10.7 | 12639.6 | 40.36 | 2872.5 | 157100 | 7.6 | 41966 | 18060 |

资料来源：根据《内蒙古统计年鉴》(2016)、草原勘测院(2002)、内蒙古气象观察站相关数据整理。

压力指标有：人口、人口密度、人口自然增长率和年末牲畜头数。人口和人口密度用于解释草原生态的人口压力；人口自然增长率用于解释不同牧业旗草原的生态压力；年末牲畜头数用于反映牲畜超载产生的草原生态压力。

状态指标有：年降水量、年蒸发量，分别用于解释草原生长和自我恢复的状态。草地面积，用于说明草地作为生产资源的可利用量。

响应指标有：人均GDP和GDP增长率，可以用于解释各牧业旗经济基本情况和发展潜力；农牧民人均纯收入和地方财政收入，可以用于解释农牧民和地方政府对草原生态建设投入的能力。

③ 聚类结果

对重点生态功能区中的25个牧业旗，利用“压力—状态—响应”模型进行聚类分析，图5-12为SPSS软件聚类分析的树状图，直观地显示了25个牧业旗逐步合并的过程。

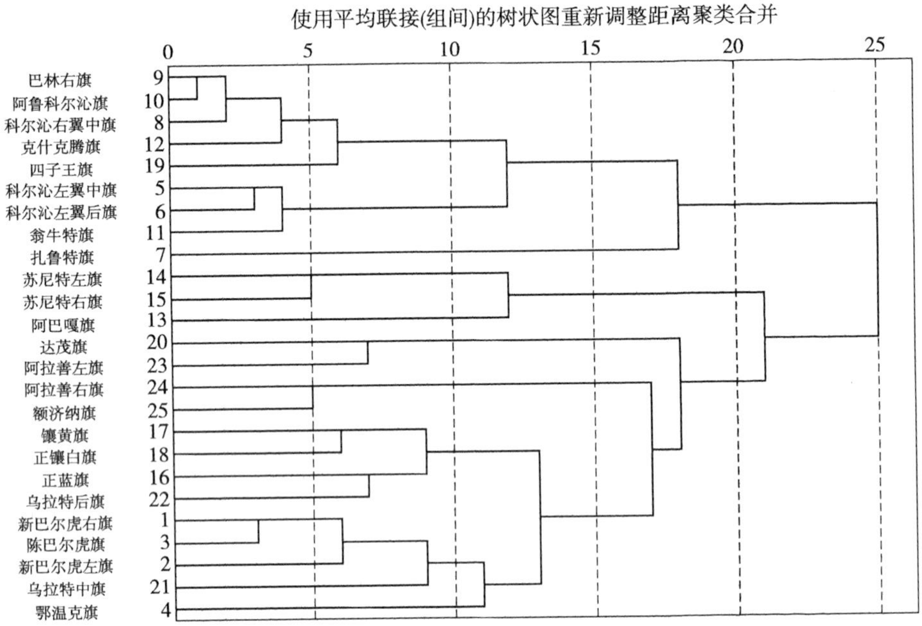


**图5-12　25个牧业旗的聚类分析树状图**

得出怎样的分类结果，实际上可以由研究的目的来决定。本章按草原生态安全性，把重点生态功能区25个旗分为四类（见表5-21）。有时候个别牧业旗上会出现不一致的情况。

**表5-21　内蒙古25个牧业旗草原生态安全性聚类分析结果**

| 类别 | 包含的牧业旗 |
|---|---|
| 第一类 | 巴林右旗、阿鲁科尔沁旗、科尔沁右翼中旗、克什克腾旗、四子王旗、科尔沁左翼中旗、科尔沁左翼后旗、翁牛特旗、扎鲁特旗 |
| 第二类 | 镶黄旗、正镶白旗、正蓝旗、陈巴尔虎旗、新巴尔虎右旗、新巴尔虎左旗、鄂温克旗、乌拉特后旗、乌拉特中旗 |
| 第三类 | 苏尼特左旗、苏尼特右旗、阿巴嘎旗 |
| 第四类 | 达茂旗、阿拉善左旗、阿拉善右旗、额济纳旗 |

（2）重点生态功能区内25个牧业旗的分类特征

① 第一类牧业旗，包括巴林右旗、阿鲁科尔沁旗、科尔沁右翼中旗、克什克腾旗、四子王旗、扎鲁特旗、科尔沁左翼中旗、科尔沁左翼后旗和翁牛特旗。

这一类牧业旗的主要特征是人口多、人口密度大、人均草场面积偏少，特别是科尔沁左翼中旗、科尔沁左翼后旗、翁牛特旗的人口密度在33个牧业旗市里分别位列第一、第三和第四。农牧民人均纯收入和人均GDP在33个牧业旗市里均处于最低水平。10个国贫牧业旗市，该类就有7个。生态问题主要表现为人畜压力大、草原生态过度开发利用、过度开垦和放牧、土壤贫瘠、草场日益退化、沙化和盐渍化等。

② 第二类牧业旗，包括镶黄旗、正镶白旗、正蓝旗、陈巴尔虎旗、新巴尔虎右旗、新巴尔虎左旗、鄂温克旗、乌拉特后旗和乌拉特中旗。

这一类牧业旗市的主要特征是：草场面积较大，人口密度低，GDP增速中等偏低，人均纯收入居中等水平，地方财力不足，大多数属于欠发达牧业旗。草地严重退化，一是由于矿产资源的开发导致；二是由于外来人口的急剧增加；三是由于鼠、虫害频繁发生。

③ 第三类牧业旗包括苏尼特左旗、苏尼特右旗和阿巴嘎旗。

这一类牧业旗的总体特征是：人口密度较低、人均草场面积较充裕，但载畜能力低。人均GDP普遍偏低，农牧民人均纯收入中等偏下。该类牧业旗位于浑善达克沙漠，属于半荒漠、荒漠化草原，草地群落结构简单化，物种少，境内几乎没有地表水，自然条件恶劣，沙尘暴出现次数多，加之大面积开垦高产饲料，给十分有限的地下水资源带了很大压力，导致草原生态环境遭到破坏，草场严重退化、沙化。

④ 第四类牧业旗，包括达茂旗、阿拉善左旗、阿拉善右旗和额济纳旗。

该类牧业旗人口密度小、GDP增长靠前、收入大致居于中上水平、地方财力较强。生态问题主要源于自然原因、气候干旱、降水量少、蒸发量高、植被稀疏。

（3）重点开发区内5个牧业旗的分类特征

这类旗市主要有鄂托克旗、鄂托克前旗、杭锦旗、乌审旗和锡林浩特市。主要特征表现为GDP增长最高，其中乌审旗排第一，鄂托克旗排第二。人均地方财政收入较高，鄂托克旗、乌审旗、锡林浩特市、鄂托克前旗和杭锦旗的排名分别为第一、第二、第三、第六和第八。人均纯收入大致属于中等偏上水平，其中锡林浩特位居第二。生态问题，一是由于自然原因，这几个旗属于沙化荒漠草原（除锡林浩特市）；二是由于上游灌溉农业导致水资源匮乏；三是由于早期大量矿产资源的开发。

（4）农产品主产区内3个牧业旗的分类特征

这类旗市主要包括巴林左旗、东乌珠穆沁旗和西乌珠穆沁旗，除了发挥生态功能外，还要承担着提供主要农产品的功能。

巴林左旗人口多、密度大，在33个牧业旗市里高居第二位。人均GDP和收入处于最低水平，地方财力严重不足。生态问题主要是由于草地无序开垦、人畜压力大、过度放牧导致。

东乌珠穆沁旗草场面积最大，牧业水平较高，年末牲畜存栏头数位居第二，农牧民可支配收入在33个牧业旗市中最高，位居第一。从2006年开始，旗委旗政府优先发展矿产采选业、金属冶炼和煤电石油等支柱产业，从“牧老大”变为工业强旗。东乌珠穆沁旗的生态问题主要是超载放牧和粗放的工业化。

西乌珠穆沁旗的人口密度小、收入比较高，位居第三，GDP增长排名靠后，地方财政收入很低，属于草甸草原，降水量较高。西乌珠穆沁旗的主要生态问题是大量开采煤炭资源导致生态环境损害严重。

#### 5.3.3.2　内蒙古33个牧业旗市主导产业的判定

区域主导产业的选择对区域产业结构优化有着重要的影响，正确选择区域主导产业，能够使区域蕴藏的经济优势得到恰当的发挥，使区域资源得到有效的利用。因此，要实现区域产业结构合理化，关键一环是正确选择主导产业。

通常情况下，区域主导产业大多是通过区位熵计算得出的。区位熵又可称为专门化率，它由哈盖特首先提出并运用于区位分析中，用来反映某一产业部门的专业化程度，其计算公式为：

$$LQ_{ij} = \frac{q_{ij}}{q_j} / \frac{q_i}{q}$$

在此公式中，$LQ_{ij}$就是$j$地区的$i$产业在高层次区域的区位熵；$q_{ij}$为$j$地区的$i$产业的产值；$q_j$为$j$地区所有产业的产值之和；$q_i$是指在高层次区内$i$产业的产值；$q$为高层次区所有产业的产值之和。$q_i$ 的值越高，$j$地区的产业集聚水平就越高。一般来说，当$LQ_{ij}>1$ 时，我们认为$j$地区的$i$产业在高层次区域来说具有优势；当$LQ_{ij}<1$时，我们认为$j$地区的$i$产业在高层次区域来说具有劣势。

根据公式，内蒙古33个牧业旗市三次产业的区位商计算如下（见表5–22）。

**表5–22 内蒙古33个牧业旗市三次产业区位熵统计值**

| 旗市 | 第一产业区位熵 | 第二产业区位熵 | 第三产业区位熵 |
|---|---|---|---|
| 陈巴尔虎旗 | 1.20 | 1.44 | 0.51 |
| 鄂温克旗 | 0.83 | 1.40 | 0.59 |
| 新巴尔虎左旗 | 2.28 | 0.73 | 0.73 |
| 新巴尔虎右旗 | 0.65 | 1.73 | 0.38 |
| 阿鲁科尔沁旗 | 1.95 | 0.89 | 0.91 |
| 巴林左旗 | 1.98 | 0.97 | 0.91 |
| 巴林右旗 | 1.66 | 1.04 | 0.70 |
| 翁牛特旗 | 3.15 | 0.84 | 0.66 |
| 科尔沁左翼中旗 | 2.80 | 0.85 | 0.89 |
| 科尔沁左翼后旗 | 2.39 | 0.85 | 0.96 |
| 锡林浩特市 | 0.74 | 1.15 | 0.89 |
| 西乌珠穆沁旗 | 1.52 | 1.39 | 0.33 |
| 扎鲁特旗 | 1.99 | 1.12 | 0.71 |
| 科尔沁右翼中旗 | 3.37 | 0.58 | 0.84 |
| 阿巴嘎旗 | 1.30 | 1.46 | 0.33 |
| 苏尼特左旗 | 1.41 | 1.30 | 0.48 |
| 苏尼特右旗 | 0.98 | 1.35 | 0.61 |
| 东乌珠穆沁旗 | 1.52 | 1.42 | 0.38 |
| 镶黄旗 | 0.76 | 1.64 | 0.43 |
| 正镶白旗 | 1.85 | 0.95 | 0.81 |
| 正蓝旗 | 1.05 | 1.46 | 0.50 |
| 鄂托克前旗 | 0.98 | 1.15 | 0.71 |
| 克什克腾旗 | 1.41 | 1.35 | 0.53 |
| 达尔罕茂明安联合旗 | 0.82 | 1.22 | 0.78 |
| 乌拉特中旗 | 0.18 | 1.30 | 0.30 |
| 四子王旗 | 3.15 | 0.70 | 0.89 |
| 乌拉特后旗 | 0.65 | 1.42 | 0.49 |

续表

| 旗市 | 第一产业区位熵 | 第二产业区位熵 | 第三产业区位熵 |
| --- | --- | --- | --- |
| 鄂托克旗 | 0.18 | 1.62 | 0.50 |
| 杭锦旗 | 2.28 | 0.63 | 1.04 |
| 乌审旗 | 0.33 | 1.62 | 0.48 |
| 阿拉善左旗 | 0.33 | 1.51 | 0.58 |
| 阿拉善右旗 | 0.87 | 1.26 | 0.78 |
| 额济纳旗 | 0.43 | 0.83 | 1.32 |

资料来源：根据《内蒙古统计年鉴》（2010—2015）计算得出。

根据区位熵结果，将内蒙古33个牧业旗的产业划分为三个等级：一是该产业在内蒙古具有明显优势，其区位熵>2；二是该产业在内蒙古具有优势，1≤区位熵值≤2；三是该行业不具有优势，区位熵<1。经过筛选，得到下列统计结果如表5-23所示。

**表5-23　第一产业具有优势的牧业旗**

| 序号 | 旗市 | 第一产业区位熵 | 第二产业区位熵 | 第三产业区位熵 |
| --- | --- | --- | --- | --- |
| 1 | 科尔沁右翼中旗 | 3.37 | 0.58 | 0.84 |
| 2 | 四子王旗 | 3.15 | 0.70 | 0.89 |
| 3 | 翁牛特旗 | 3.15 | 0.84 | 0.66 |
| 4 | 科尔沁左翼中旗 | 2.80 | 0.85 | 0.89 |
| 5 | 科尔沁左翼后旗 | 2.39 | 0.85 | 0.96 |
| 6 | 新巴尔虎左旗 | 2.28 | 0.73 | 0.73 |
| 7 | 巴林左旗 | 1.98 | 0.97 | 0.91 |
| 8 | 阿鲁科尔沁旗 | 1.95 | 0.89 | 0.91 |
| 9 | 正镶白旗 | 1.81 | 0.96 | 0.85 |
|  | 平均值 | 2.54 | 0.82 | 0.85 |

资料来源：根据《内蒙古统计年鉴》（2010—2015）计算得出。

从表5-23中可以看出，内蒙古33个牧业旗市中共有9个牧业旗的第一产业具有优势，第一产业区位熵最高的是科尔沁右翼中旗，其2010—2015年第一产业区位熵均值为3.37，最低的县域是正镶白旗，第一产业区位熵均值为1.81。这些牧业旗市的第二产业区位熵平均数值为0.82，是第一产业区位熵平均值的32.2%，第三产业区位熵平均为0.80，是第一产业区位熵平均值的33.5%。可见，第二产业和第三产业的区位熵仅为第一产业区位熵的1/3。

**表5-24　第二产业具有优势的牧业旗市**

| 序号 | 旗市 | 第一产业区位熵 | 第二产业区位熵 | 第三产业区位熵 |
|---|---|---|---|---|
| 1 | 新巴尔虎右旗 | 0.65 | 1.73 | 0.38 |
| 2 | 镶黄旗 | 0.76 | 1.64 | 0.43 |
| 3 | 鄂托克旗 | 0.18 | 1.62 | 0.50 |
| 4 | 乌审旗 | 0.33 | 1.62 | 0.48 |
| 5 | 阿拉善左旗 | 0.33 | 1.51 | 0.58 |
| 6 | 乌拉特后旗 | 0.65 | 1.42 | 0.49 |
| 7 | 鄂温克旗 | 0.83 | 1.40 | 0.59 |
| 8 | 苏尼特右旗 | 0.98 | 1.35 | 0.61 |
| 9 | 乌拉特中旗 | 0.18 | 1.30 | 0.30 |
| 10 | 达茂旗 | 0.82 | 1.22 | 0.78 |
| 11 | 阿拉善右旗 | 0.87 | 1.26 | 0.78 |
| 12 | 锡林浩特市 | 0.74 | 1.15 | 0.89 |
| 13 | 鄂托克前旗 | 0.98 | 1.15 | 0.71 |
|  | 平均值 | 0.64 | 1.41 | 0.58 |

资料来源：根据《内蒙古统计年鉴》（2010—2015）计算得出。

从表5-24中可以看出，第二产业具有优势的牧业旗市共有13个。第二产业区位熵均值最高的是新巴尔虎右旗，其均值为1.73；最低的是锡林浩特和鄂托克前旗，区位熵均值为1.15。这13个牧业旗市的第二产业区位熵平均值为1.41。第一产业区位熵最高的是苏尼特右旗和鄂托克前旗，最低的是鄂托克和乌拉特中旗。这些牧业旗市的第一产业区位熵平均数值为0.64，是第二产业区位熵平均值的45%。第三产业区位熵最高的是锡林浩特市，最低的是乌拉特中旗，这些牧业旗市的第三产业区位熵平均为0.58，是第二产业区位熵平均值的41%。可见，第一、第三产业的区位熵均未达到第二产业区位熵的一半。

表5-25 第一、第二产业具有优势的牧业旗

| 序号 | 旗市 | 第一产业区位熵 | 第二产业区位熵 | 第三产业区位熵 |
|---|---|---|---|---|
| 1 | 扎鲁特旗 | 1.99 | 1.12 | 0.71 |
| 2 | 西乌珠穆沁旗 | 1.52 | 1.39 | 0.33 |
| 4 | 东乌珠穆沁旗 | 1.52 | 1.42 | 0.38 |
| 5 | 克什克腾旗 | 1.41 | 1.35 | 0.53 |
| 6 | 苏尼特左旗 | 1.41 | 1.30 | 0.48 |
| 7 | 阿巴嘎旗 | 1.30 | 1.46 | 0.33 |
| 8 | 陈巴尔虎旗 | 1.20 | 1.44 | 0.51 |
| 9 | 正蓝旗 | 1.05 | 1.46 | 0.50 |
| | 平均值 | 1.27 | 1.22 | 0.42 |

资料来源：根据《内蒙古统计年鉴》（2010—2015）计算得出。

从表5-25中可以看出，共有9个牧业旗同时在第一产业和第二产业具有优势，第一产业区位熵均值最高的是扎鲁特旗，其区位熵均值为1.99，最低的是正蓝旗，区位熵为1.05，这些牧业旗市第一产业区位熵平均为1.27。第二产业区位熵最高的是阿巴嘎旗和正蓝旗，最低的是扎鲁特旗。这些牧业旗市的第二产业区位熵平均数值为1.22。第三产业区位熵最高的是扎鲁特旗，最低的是西乌珠和阿巴嘎旗，这些牧业旗市的第三产业区位熵平均为0.42。

从统计结果来看，第一产业和第三产业同时具有优势的牧业旗市只有杭锦旗，从表5-26中可以看出，在第一、第三产业具有优势的县域中，鄂温克旗的第一、第三产业区位熵五年平均数值分别为2.28和1.04。

表5-26 第一、第三产业具有优势的牧业旗

| 序号 | 旗县 | 第一产业区位熵 | 第二产业区位熵 | 第三产业区位熵 |
|---|---|---|---|---|
| 1 | 杭锦旗 | 2.28 | 0.63 | 1.04 |

资料来源：根据《内蒙古统计年鉴》（2010—2015）计算得出。

从表5-27中可以看出，第三产业具有优势的县域中，仅有额济纳旗符合，其第二产业区位熵五年平均值为0.83，第三产业区位熵五年平均值为1.32。

表5-27 第三产业具有优势的牧业旗

| 序号 | 旗县 | 第一产业区位熵 | 第二产业区位熵 | 第三产业区位熵 |
|---|---|---|---|---|
| 1 | 额济纳旗 | 0.43 | 0.83 | 1.32 |

资料来源：根据《内蒙古统计年鉴》(2010—2015)计算得出。

#### 5.3.3.3 主体功能区与内蒙古33个牧业旗市主导产业吻合评价

通过前文内蒙古33个牧业旗市三次产业对草原生态环境的影响分析，以及对工业环境质量的评价可知，第一产业和第三产业是能源需求相对较低的产业，产生的污染相对较少。重工业是能源消费的主体，相应产生的污染也多，对草原的破坏也最为严重。畜牧业尽管不如游牧业有利于保护草原生态，但相比其他产业而言，还是最适合草原生态环境的。

由此可见，内蒙古33个牧业旗市作为国家级或自治区级主体功能区划的重要组成部分，无论是重点开发区，还是重点生态功能区，作为主导产业的首要基准就是：该产业绝不能加剧草原生态系统的恶化，要在此前提下，充分发挥草原的生态功能，将草原生态价值转化为经济价值。因此，对生态破坏相对较小的和与牧民收入关联度大的第一产业，越来越能带动经济发展的第三产业，以及高科技可循环的生态型工业，应为其主导产业。

根据内蒙古33个牧业旗市在我国《主体功能区规划》中的不同功能定位，并结合区位熵方法下计算出来的33个牧业旗市的主导产业如表5-28所示。

表5-28 内蒙古33个牧业旗市主导产业与主体功能区定位对比

<table>
<tr><th>主要归属主体功能区</th><th>所属生态功能区域</th><th>牧业旗市</th><th>当前主导产业<br>VS<br>主导产业选择方向</th><th>当前主要产业</th><th>吻合</th></tr>
<tr><td rowspan="5">重点生态功能区</td><td rowspan="4">呼伦贝尔草原草甸生态功能区</td><td>新巴尔虎右旗</td><td>二产 VS 一产、三产</td><td>石油、有色金属、煤炭、畜牧业</td><td>否</td></tr>
<tr><td>新巴尔虎左旗</td><td>一产 VS 一产、三产</td><td>石油、新能源、畜牧业</td><td>是</td></tr>
<tr><td>陈巴尔虎旗</td><td>二产、一产 VS 一产、三产</td><td>现代农牧业、煤炭、旅游</td><td>否</td></tr>
<tr><td>鄂温克旗</td><td>二产 VS 一产、三产</td><td>煤炭、电力、农畜加工</td><td>否</td></tr>
<tr><td>科尔沁草原生态功能区</td><td>科尔沁左翼中旗</td><td>一产 VS 一产、三产</td><td>清洁能源、煤化工、矿产冶金、绿色农畜产品加工</td><td>是</td></tr>
</table>

续表

| 主要归属主体功能区 | 所属生态功能区域 | 牧业旗市 | 当前主导产业 VS 主导产业选择方向 | 当前主要产业 | 吻合 |
|---|---|---|---|---|---|
| 重点生态功能区 | 科尔沁草原生态功能区 | 科尔沁左翼后旗 | 一产 VS 一产、三产 | 医药、农畜产品加工、新型建材及硅砂、装备制造、新能源、有色金属加工 | 是 |
| 重点生态功能区 | 科尔沁草原生态功能区 | 扎鲁特旗 | 一产、二产 VS 一产、三产 | 煤及煤化工、矿产冶金、建材、风电、农畜产品加工 | 否 |
| 重点生态功能区 | 科尔沁草原生态功能区 | 科尔沁右翼中旗 | 一产 VS 一产、三产 | 畜牧业，种植业，农畜产品生产加工、旅游 | 是 |
| 重点生态功能区 | 科尔沁草原生态功能区 | 巴林右旗 | 一产 VS 一产、三产 | 能源、矿产、建材、畜牧业 | 是 |
| 重点生态功能区 | 科尔沁草原生态功能区 | 阿鲁科尔沁旗 | 一产 VS 一产、三产 | 草产业、畜牧业 | 是 |
| 重点生态功能区 | 科尔沁草原生态功能区 | 翁牛特旗 | 一产 VS 一产、三产 | 农畜产品加工、新能源、机械制造、矿产冶金 | 是 |
| 重点生态功能区 | 浑善达克沙漠化防治生态功能区 | 克什克腾旗 | 二产、一产 VS 一产、三产 | 煤化工产业、新能源、畜牧业、旅游业 | 否 |
| 重点生态功能区 | 浑善达克沙漠化防治生态功能区 | 阿巴嘎旗 | 二产、一产 VS 一产、三产 | 畜牧业、电力生产与供应 | 否 |
| 重点生态功能区 | 浑善达克沙漠化防治生态功能区 | 苏尼特左旗 | 二产、一产 VS 一产、三产 | 畜牧业、能源、金属选冶、化工建材、畜产品加工产业、旅游业 | 否 |
| 重点生态功能区 | 浑善达克沙漠化防治生态功能区 | 苏尼特右旗 | 二产 VS 一产、三产 | 金属采选、能源化工、畜产品精深加工、旅游业 | 否 |
| 重点生态功能区 | 浑善达克沙漠化防治生态功能区 | 正蓝旗 | 二产、一产 VS 一产、三产 | 电力生产与供应、畜牧业、旅游业 | 否 |
| 重点生态功能区 | 浑善达克沙漠化防治生态功能区 | 镶黄旗 | 二产 VS 一产、三产 | 石油天然气、畜产品加工、煤炭、金属冶炼加工、石材 | 否 |
| 重点生态功能区 | 浑善达克沙漠化防治生态功能区 | 正镶白旗 | 一产 VS 一产、三产 | 清洁能源、装备制造、绿色农畜产品生产加工、旅游业 | 是 |
| 重点生态功能区 | 阴山北麓草原生态功能区 | 四子王旗 | 一产 VS 一产、三产 | 农牧业、矿产冶金、电力生产与供应、旅游业 | 是 |

续表

| 主要归属主体功能区 | 所属生态功能区域 | 牧业旗市 | 当前主导产业 VS 主导产业选择方向 | 当前主要产业 | 吻合 |
|---|---|---|---|---|---|
| 重点生态功能区 | 阴山北麓草原生态功能区 | 达茂旗 | 二产 VS 一产、三产 | 钢铁、稀土、新能源、煤炭、化工建材、有色金属 | 否 |
| | | 乌拉特中旗 | 二产 VS 一产、三产 | 现代畜牧业、矿产冶金、电力生产与供应、旅游业 | 否 |
| | | 乌拉特后旗 | 二产 VS 一产、三产 | 农牧业、煤化工、硅、建材、石油、旅游业 | 否 |
| | 阿拉善沙漠化防治生态功能区 | 阿拉善左旗 | 二产 VS 一产、三产 | 农牧业、沙产业、装备制造、清洁能源、建材加工、现代服务业 | 否 |
| | | 阿拉善右旗 | 二产 VS 一产、三产 | 农牧业、沙产业、现代服务业 | 否 |
| | | 额济纳旗 | 三产 VS 一产、三产 | 农牧业、沙产业、清洁能源、现代服务业 | 是 |
| 重点开发区 | | 鄂托克前旗 | 二产 VS 一产、二产、三产 | 煤炭石油和天然气开采业、电力生产和供应业、旅游 | 是 |
| 重点开发区 | | 鄂托克旗 | 二产 VS 一产、二产、三产 | 化工、煤炭、电力、冶金、建材 | 是 |
| | | 杭锦旗 | 一产三产 VS 一产二产三产 | 新型煤化工及清洁能源、农畜产品生产加工、旅游 | 是 |
| | | 乌审旗 | 二产 VS 一产、二产、三产 | 现代煤化工、清洁能源 | 是 |
| | | 锡林浩特市 | 二产 VS 一产、二产、三产 | 新型煤化工、石油、电力生产与供应、畜产品加工 | 是 |
| 农产品主产区 | 呼伦贝尔—锡林郭勒草原畜牧业产业带 | 东乌珠穆沁旗 | 一产、二产 VS 一产、三产 | 有色金属产业、能源产业、化工产业、畜产品加工 | 否 |
| | | 西乌珠穆沁旗 | 一产、二产 VS 一产、三产 | 畜牧业、煤炭、电力、煤化工 | 否 |
| | 西辽河平原农业主产区 | 巴林左旗 | 一产 VS 一产、三产 | 有色金属冶炼加工、制造、农畜产品加工、旅游 | 是 |

由前文我们了解到，内蒙古33个牧业旗市草原生态系统破坏原因各不相同（见表5-29）。阿拉善左旗、达茂旗和阿拉善右旗的降水量极少，气候干旱，植被严重退化，生态问题主要是由历史和自然原因造成的。苏尼特右旗、

苏尼特左旗和阿巴嘎旗的自然条件恶劣，大面积开垦高产饲料，给极有限的地下水资源带了很大压力。扎鲁特旗、克什克腾旗、西乌珠穆沁旗及东乌珠穆沁旗的生态问题表现为人畜压力大、过度放牧和开垦荒地等。因此，在判断内蒙古33个牧业旗市主导产业与各个功能区主导产业的选择方向是否吻合的同时，还要参考各牧业旗市生态环境恶化的主要成因，确保该主导产业绝不能加剧草原生态系统的恶化。

**表5-29　内蒙古33个牧业旗市生态问题成因**

| 区域 | 包含的旗市 | 主要生态问题成因 |
| --- | --- | --- |
| 生态功能区 | 巴林右旗、阿鲁科尔沁旗、科尔沁右翼中旗、克什克腾旗、四子王旗、科尔沁左翼中旗、科尔沁左翼后旗、翁牛特旗、扎鲁特旗 | 人畜压力大，过度放牧和开垦荒地 |
| 生态功能区 | 镶黄旗、正镶白旗、正蓝旗、陈巴尔虎旗、新巴尔虎右旗、新巴尔虎左旗、鄂温克旗、乌拉特后旗、乌拉特中旗 | 矿产资源的开采，人口增长迅速 |
| | 苏尼特左旗、苏尼特右旗、阿巴嘎旗 | 自然条件恶劣，载畜能力低，大面积开垦高产饲料 |
| | 达茂旗、阿拉善左旗、阿拉善右旗、额济纳旗 | 历史和自然原因 |
| 农产品主产区 | 巴林左旗、东乌珠穆沁旗、西乌珠穆沁旗 | 开垦、人畜压力大<br>严重超载，矿产开发 |
| 重点开发区 | 鄂托克旗、乌审旗、锡林浩特市、鄂托克前旗、杭锦旗 | 水资源匮乏，矿产开发 |

（1）比较吻合的牧业旗

从各个功能区主导产业选择方向看，主导产业与功能区定位比较吻合的牧业旗市有杭锦旗和额济纳旗。

处于重点开发区的杭锦旗，已经开始大力发展第一产业和第三产业，与草原生态保护的定位十分吻合。属于阿拉善沙漠化防治生态功能区的额济纳旗，重点发展第三产业，将农牧业、沙产业、清洁能源、现代服务业作为自己的优势产业，与重点生态功能区的定位相吻合。

（2）基本吻合，还需进一步调整的牧业旗市

这类旗县主要有以第一产业特别是畜牧业为主导产业的10个牧业旗（科尔沁右翼中旗、四子王旗、翁牛特旗、科尔沁左翼中旗、科尔沁左翼后旗、新巴尔虎左旗、巴林左旗、巴林右旗、阿鲁科尔沁旗和正镶白旗），基本符合重点生态功能区的主体功能定位，但考虑到其主要生态问题成因是人畜压力

大，过度放牧和开垦荒地，因此，仍需进一步调整畜牧业和种植业，继续降低重工业比重。

作为重点开发区的鄂托克旗、乌审旗、锡林浩特和鄂托克前旗，当前的主导产业为第二产业，虽然符合对一般重点开发区的功能定位，但目前化工、煤炭、电力生产等产业与高科技可循环的生态型工业还有一定差距，还需进一步调整其产业结构。

（3）不吻合，需大力调整的牧业旗

其余17个旗（新巴尔虎右旗、镶黄旗、阿拉善左旗、乌拉特后旗、鄂温克、苏尼特右旗、乌拉特中旗、达茂旗、阿拉善右旗以及扎鲁特旗、西乌珠、东乌珠、克什克腾旗、苏尼特左旗、阿巴嘎旗、陈巴尔虎和正蓝旗）都是以高耗能、高污染的重工业为主导产业，与重点生态功能区的定位和发展方向不吻合。

处于呼伦贝尔草原草甸生态功能区的新巴尔虎右旗、陈巴尔虎旗和鄂温克旗，处于浑善达克沙漠化防治生态功能区的镶黄旗、苏尼特右旗、克什克腾旗、苏尼特左旗、阿巴嘎旗和正蓝旗，以及处于农产品主产区的西乌珠穆沁旗和东乌珠穆沁旗，其第二产业所占比重依然居高不下，最高的新巴尔虎右旗，其第二产业产值占比高达78.2%；最低的苏尼特右旗，占比也达到了66.9%。前文通过锡林郭勒盟工业环境质量的评价，得知草原生态系统由于矿产资源的开采导致草地过度开发而严重退化的形势依然很严峻，高污染、高耗能的工业发展模式并未得到彻底改观。

#### 5.3.3.4 主导产业与主体功能区定位相违背的原因

牧区政策是影响内蒙古33个牧业旗市产业结构演进最主要的驱动力。近70年的牧业旗市政策演变，呈现出这样的特点：第一，呈现出明显偏好传统生产发展的政策倾向，即偏好种植业、头数畜牧业和传统工业。第二，牧业旗市政策已经逐渐由注重经济目标向保护生态目标转变。特别是改革开放后的牧业旗县产业政策，体现出对草原生态保护前所未有的重视，并对长期以来政府在牧区的垦殖偏好作出很好的修正，草原生态经济价值开始受到应有的重视。2007年，党的十七大提出了主体功能区的战略构想，内蒙古33个牧业旗市被定位为重点生态功能区。

可是十多年过去了，内蒙古33个牧业旗市的工矿业产值仍然居高不下。虽然工业发展开始由能源工业转向化学原料及化学制品制造业和黑色金属矿采选业，但高耗能的工业发展模式依旧没有改变，生态环境质量还有待提高，草原生态恶化趋势并未得到根本遏制。为什么以生态保护为目标的政策没有达到保护草原生态的效果？环境规制效果为什么不理想？

（1）分权治理结构

新中国成立后，我国实行高度集中的权力机制，整个国家处于一种总体性的社会制度安排中，在财富分配上，中央政府仍然控制着比重较大的财富，呈现出“强中央—弱地方”的状况。在生态治理上，我们看到的是一种危机应对式和政府直控式的自上而下的治理方式。最终，在财政分权和环境分权的体制下，地方政府相较中央政府而言，更容易走上因发展经济而忽视环境保护的道路，使得环境规制“逐底竞争”成为事实。

现行的财政体制，导致中央长期以来对牧业旗市取得多、给予得少。自1994年实行分税制以后，财权上移，原属地方支柱财源的“两税”收入归中央，中央得多，地方得少。2000年，内蒙古自治区开始进行农村牧区税费改革的试点，将牧业税的负担率控制在3%以内。从2002年起，五年内免征牧业税。税费改革后，内蒙古33个牧业旗市的财政收入急剧减少，绝大部分财政收入要上缴中央，而长期累积形成的大量债务无法消化、偿还。由于现行财政转移支付的做法是“存量不动、增量调整、税收返还不封顶、多缴多返、少缴少返”，这对中央和经济发达地区是有利的，对于像内蒙古牧区这样的民族地区却是不利的，因为中央政府财政转移支付不足。在财政收支差额扩大的情况下，想方设法增加牧业旗市的财政收入成为地方政府首要关注的问题。

作为我国的欠发达地区，内蒙古33个牧业旗市自我积累和发展条件较差。税收是财政收入的主要来源，税制改革和税费改革后，更多的税收上交中央。因此，长期以来内蒙古33个牧业旗市的财政收入很低，财力增加有限，财政的正常运转存在很大的困难。从33个牧业旗市财政收支对比图（见图5-13）可以看出，33个牧业旗市收不抵支，绝大多数牧业旗市出现了严重的财政赤字。通过对内蒙古33个牧业旗市1993—2015年的财政收支进行分析，发现33个牧业旗市财政有很大的财政缺口，而且财政收支缺口在逐年拉大。

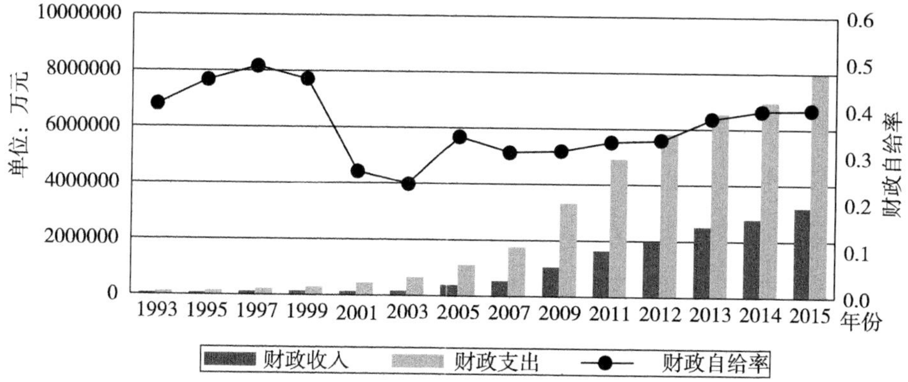


**图5-13 1993—2015年内蒙古33个牧业旗市财政收支对比**

资料来源：根据《内蒙古统计年鉴》(1994—2016)整理计算得出。

内蒙古33个牧业旗市不但自给率低，而且财政增长滞后于全区。从33个牧业旗市地方政府收入占自治区财政总收入的比重看（见图5-14），33个牧业旗市财政收入占全区财政收入的比重从1993年以来一直呈下降趋势，在2000年以前，一直在10%~15%徘徊，2007年至今一直维持在7%左右。可见，内蒙古33个牧业旗市财政收入增长明显滞后于全区财政收入的增长。

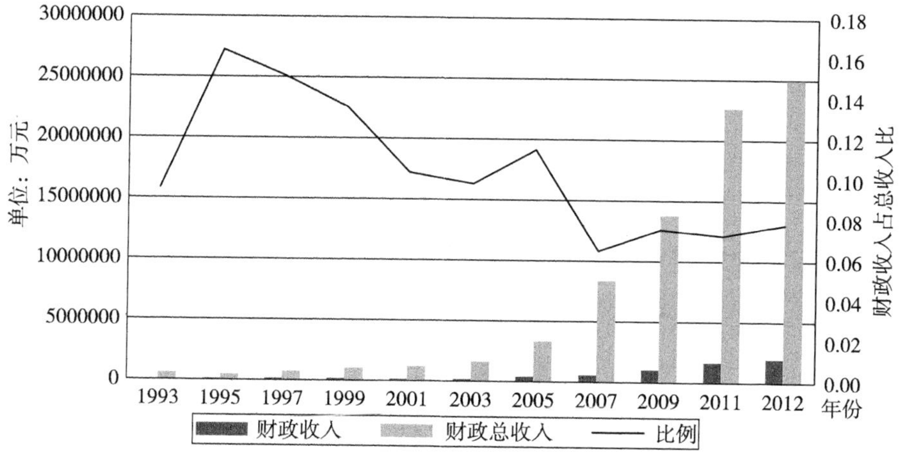


**图5-14 内蒙古33个牧业旗市财政收入占财政总收入比重**

数据来源：根据《内蒙古统计年鉴》(1994—2016)整理计算得出。

内蒙古33个牧业旗市的财政收入与工业增长关系密切，内蒙古33个牧业旗市的工业GDP总和从1993年的386523万元增加到2015年的22241328万元，地方财政收入从1993年的53271万元增加到2015年的3194106万元，两者之间呈正比。

为了定量分析内蒙古33个牧业旗市工业增加值与财政收入之间的变动关系，以内蒙古33个牧业旗市1993—2015年的工业增加总和为自变量，1993—2015年的财政收入为因变量，利用SPSS软件，对两者进行相关性分析。

内蒙古33个牧业旗市的工业增加值$X$是影响内蒙古33个牧业旗市财政收入$Y$的因素，$X$与$Y$呈正相关关系。为此设定如下计量模型：

$$Y_t = \beta_1 + \beta_2 X_t + \mu_i$$

其中，$Y_t$是第$t$年内蒙古33个牧业旗市的财政总收入（万元），$X_t$是第$t$年内蒙古33个牧业旗市的工业总增加值（亿元）。做出拟合曲线图如下（Y_CZSR为财政收入，X_GYZJZ为工业增加值）（见图5-15）：

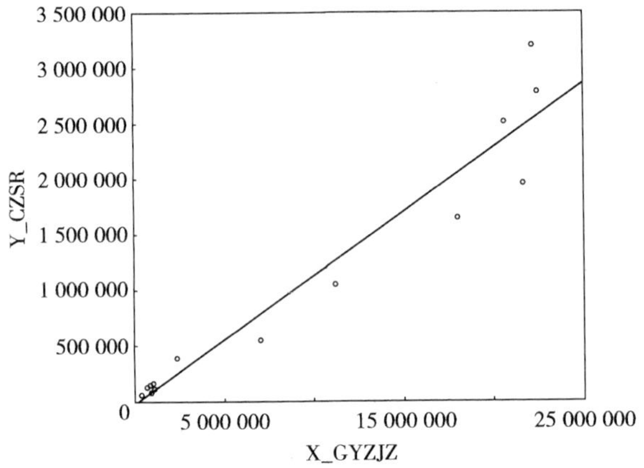


图5-15　内蒙古33个牧业旗市市财政收入与工业增加值拟合图

用最小二乘法估计模型参数，得出回归结果如表5-30所示：

表5-30　回归结果

| Variable | Coefficient | Std. Error | t-Statistic | Prob. |
|---|---|---|---|---|
| C | -29257.03 | 114821.7 | -0.254804 | 0.8032 |
| X | 0.115352 | 0.008747 | 13.18740 | 0.0000 |
| R-squared | 0.935452 | Mean dependent var | | 1049539. |
| Adjusted R-squared | 0.930073 | S.D. dependent var | | 1140063. |
| S. E. of regression | 301475.6 | Akaike info criterion | | 28.20233 |

续表

| Variable | Coefficient | Std. Error | t-Statistic | Prob. |
|---|---|---|---|---|
| Sum squared resid | 1.09E+12 | Schwarz criterion | | 28.29362 |
| Log likelihood | -195.4163 | Hannan-Quinn criter. | | 28.19388 |
| F-statistic | 173.9075 | Durbin-Watson stat | | 0.791634 |
| Prob（F-statistic） | 0.000000 | | | |

t检验合格，$R^2$=0.9345，解释变量“工业增加值”对被解释变量“财政收入”有显著影响，两者呈显著相关关系，得出拟合方程：

$$Y = -29257.03 + 0.1154X_t$$

由于内蒙古33个牧业旗市财政收入与牧区旗市的工业GDP增长成正比例关系，自2003年后，33个牧业旗市开始大力招商引资，发展第二产业尤其是工矿业。随着内蒙古33个牧业旗市经济的快速发展，33个牧业旗市的地方财政收入迅速增长。从1993年的53271万元增长到2015年的3194106 万元，但财政收入占GDP的比重依然很低（见图5-16）。

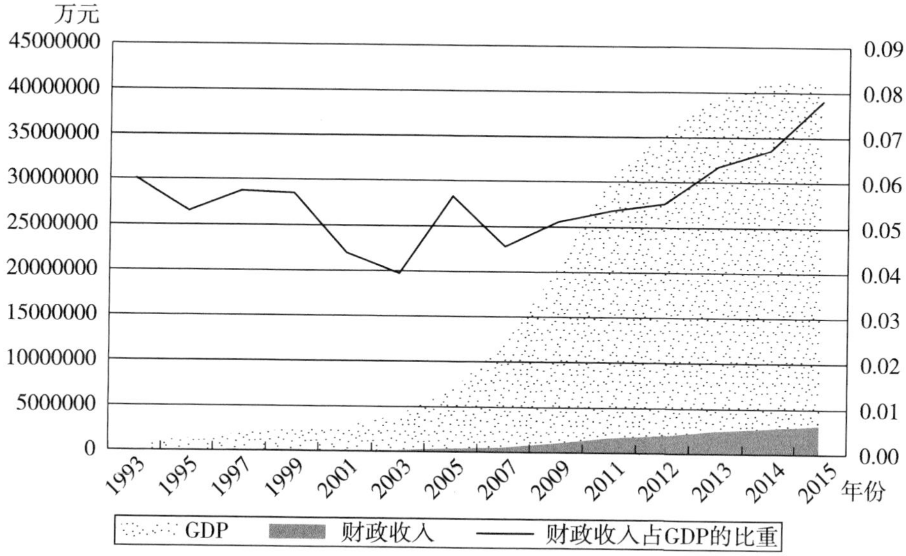


**图5-16 内蒙古33个牧业旗市财政收入占GDP比重**

资料来源：根据《内蒙古统计年鉴》（1994—2016）整理计算得出。

尽管内蒙古33个牧业旗市财政收入在大力发展工业的带动下迅速增加，但是在开矿的企业主要是国有大型企业，因此，对草原的开采利益绝大部分流入了中央政府，留给地方政府的很少。表5-31为矿产资源有关的权益和税费分成。

**表5-31　矿产资源有关的权益收益和税费分成**

| | 收益性质 | 税费名称 | 税率 | 税费分成 | |
|---|---|---|---|---|---|
| | | | 1994—2014 年按销售量计征<br>2014 年以后，从价计征 | 中央财政 | 地方财政 |
| 中央政府 | 国家所有者权益 | 矿产资源补偿费 | 补偿费按照从价法征计，大概为矿产品销售收入的 1%~4%，平均为 1.18% | 40% | 60%（自治区征收的 29% 交自治区，31% 盟市留；盟市征收的 24% 缴入自治区金库，36% 缴入盟市金库 |
| | | 矿业权使用费 | 探矿权使用费从 1 到第勘查年度，每平方公里每年缴纳 100 元，从第 4 年度起每平方公里增加 100 元；采矿权使用费按每平方公里每年 1000 元 | 100% | |
| | 投资收益 | 矿业权价款 | 探矿权价款在 500 万元以下，采矿权价款在 3000 万元以下的，一次缴清 | 20% | 80% |
| | 税收收入 | 增值税 | 原油 17%，天然气为 13% | 75% | 25%（50% 留给地市，50% 留给乡镇） |
| | | 所得税 | 25%，以矿山企业销售利润为基数缴纳 | 60% | 40% |
| | | | 中央企业的所得税 | 全部上缴中央财政 | |
| | 管理者权益 | 矿业权登记费 | 1. 大、中、小矿山采矿登记费分别为 200、300、500 元<br>2. 换领许可证，均收费 100 元 | 100% | |
| 地方政府 | 行政税类 | 资源税 | 煤 0.3~5 元 / 吨；原油 8~30 元 / 吨；非金属矿 2~30 元 / 吨 | | 100% |
| 矿产企业 | 投资经营收益 | | | | |
| 居民 | 生态、征地补偿等 | | | | |

资料来源：《矿产资源补偿费征收管理规定》（1994）、《中华人民共和国资源税暂行条例》（2011）。

从税费分配比例上可以看出，增值税的75%上缴中央财政，25%留给地方财政（其中50%留给地市，50%留给县乡镇）；企业所得税的60%上缴中央财政（中央企业的所得税全部上缴中央），40%上缴地方财政。矿产资源补偿费按4：6的比例在中央与自治区间进行分配，自治区征收的29%上交自治区，31%留给盟市；盟市征收的24%缴入自治区金库，36%缴入盟市金库。矿业权使用费、矿业权登记费全部归中央政府，矿业权价款按2：8的比例在中央与地方之间进行分配。由此可见，草原的矿产资源开采利益绝大部分流入了中央政府手中，留给自治区政府的草原矿产资源开采利益已经很少了，更别提旗政府了。

综上所述，在财权上移、事权下放的财政体制下，与中央政府相比，地方政府更容易走上因发展经济而忽视环境保护的道路。

（2）尚未形成新的政绩考核机制

一个能够带来地区经济发展的政府官员，更容易获得褒奖和提升，故而地方政府及其官员自然会表现出对地区GDP增长的更多关心。加之，由于当前的政策措施时效性偏短，短期内经济增长所带来的利益比环境质量改善带来的利益更直接，考核起来也更准确、简单和方便，对已破坏的草原环境治疗比预防更能显示政绩。因此，许多官员宁肯走一条先发展、后治理的道路。尽管近些年，不断弱化单纯的经济GDP考核指标，提出了绿色GDP考核指标，但对于牧业旗市而言，政府官员对以地方经济增长为主要指标的考核思想根深蒂固，短时间内很难扭转。到目前为止，节能减排与政绩考核尚未挂钩，以“绿色GDP”“经济质量”，或者“财富”为核心的政绩考核指标还未彻底建立起来。

（3）草原产权概念仍不明确

产权是界定人们如何受益及如何受损的。内蒙古33个牧业旗市从20世纪90年代至今实行的是草原家庭承包到户，此前是草原家庭承包到组。草原产权概念模糊，首先，表现为产权主体不清。我国《草原法》虽明确规定草原属于国家和集体所有，但迄今为止，仍未对草原全民所有和集体所有的行使范围作明确规定。其次，对草原使用权也没有明确规定，结果为非牧民使用草场提供了合法性。牧民又未能被有效地组织起来，结果形成了掠夺性放牧的“公地悲剧”。

法律歧视是导致草原产权模糊的主要原因，主要表现为流转歧视和产权掠夺。我国《土地管理法》规定，土地征用须以公共利益需要为目的，却未对公共利益作出明确界定，因而极大地刺激了地方政府滥用行政权力征用土地，招商引资，大企业纷纷来到草原进行开发，如开矿、采煤、石油、化工等产业，而且并没有承担由其经济行为导致的“外部性”所发生的成本，结果出现企业开发资源、地方付出环境代价的问题。导致草原产权模糊的第二个原因是牧民行为能力受到约束。在GDP竞赛中，政府通过一系列政策，激发了牧民生产积极性，扩大了牲畜数量，从而限制了牧民对草原的产权主张及保护草原的行为选择。而且在没有保护的市场化过程中，牧民对草原未来收益有很高的贴现率。

（4）草原牧业旗市的特殊性仍然没有得到充分重视

草原的特殊性恰恰在于它的复杂性——生态、历史及经济的复杂性。只有在充分的调查基础上符合牧区民族和地区特点的政策，才能实现牧区可持续发展。历史上与“牧场公有，放牧自由”和“禁止开荒，保护牧场”就是最有力的证明。而多数牧业旗市施政者倾向于拒绝草原牧区问题的复杂性，缺少对草原文化的了解和尊重，缺少对世代生存在草原牧区上牧民的尊重，很少倾听牧民声音，习惯用市场价值衡量一切。这种滤掉和剔除牧区特殊性的思维，导致了简单化、一刀切的施政过程和方法，将牧区发展简单视为东部经验西移、农区经验牧区移，照搬农区和内地经验发展草原牧区。“草畜双承包”最为典型。草场的利用应遵循轮牧制度，这种放牧制度的前提是草场应当具备一定的规模。在人均草场面积小的地区，草场家庭承包制无法满足基本的放牧场规模。草原承包使用权流转中的有偿“租借”放牧形式，就是为了追求草地的最大产出，竭尽可能多地放牧，结果造成草场利用的短期行为。由于牲畜、草地产权制度改革不同步，在牲畜私有而草地公有使用的情况下，牧民会尽可能地使用公共草地而导致草牧场使用过度。

## 5.4　本章小结

本章从经济和生态两个角度，对内蒙古33个牧业旗市的产业结构演进展开评价。① 提出经济和生态评价标准。从产业结构熵、产业结构相似度、产业结构与就业结构协调性、产业结构效益、三次产业对经济发展的贡献率，以及产业结构与牧民收入增长的灰色关联度等方面进行经济效果评价。② 从生态角度对内蒙古33个牧业旗市产业结构演进进行评价。首先，分析了三次产业结构变迁对生态环境的影响；其次，通过三废污染和能源消耗，利用主成分分析法，重点评价了工业产业结构演进的生态环境效果；最后，通过区位熵方法，对内蒙古33个牧业旗市的主导产业进行判定，结合33个牧业旗市的草原生态状况以及生态功能区主导产业选择的首要基准，对主体功能区的定位与33个牧业旗市主导产业是否相吻合进行评价。研究显示：

第一，1993—2015年，内蒙古33个牧业旗市的产业结构熵大体经历了三个阶段：1993—2006年，新产业特别是重工业涌现，产业结构属于剧烈调整期；2007—2012年，产业结构趋于稳定，产业结构转型、升级停滞；2013—2015年，产业结构熵再次上升，33个牧业旗市产业结构再次进入调整期。

第二，内蒙古33个牧业旗市的产业相似度呈现出先上升后下降的趋势，在2005年以前，内蒙古33个牧业旗市产业结构与全国同质化严重。2012年，全国产业结构由“二、三、一”结构演变为“三、二、一”结构，但内蒙古“二、三、一”的产业结构并没有发生变化，导致产业相似度系数下降。自2013年起，产业结构相似度回升，说明内蒙古33个牧业旗市正努力开始同全国同步调整结构。

第三，内蒙古33个牧业旗市产值结构与就业结构不对称。第一产业产值比重小于就业比重，第二产业产值比重大于就业比重，第三产业产值比重先大于就业比重，后小于就业比重。第三产业对劳动力的吸收能力逐渐增强，但由于第三产业发展滞后，导致从业人员超出了产业所需的劳动力。第一产业存在剩余劳动力，需要转移出去，第二产业吸收劳动力的能力还很低。

第四，通过SSM分析发现，内蒙古33个牧业旗市第一产业在全国有较强的竞争优势，但结构素质较低，增速慢于全国。曾经助力33个牧业旗市经济发展的重化工业、能源工业及采矿业等第二产业，原有的竞争优势减弱，成了产业结构调整的阻碍。第三产业增长水平高于全国平均水平，在国内具有较强的竞争力，发展势头强劲，竞争优势表现出稳中有升，带动经济发展的能力越来越强。

第五，“二、三、一”的产业结构快速推动了经济增长，第二产业对内蒙古33个牧业旗市经济增长拉动作用最明显，但牧民从中受益少，牧民收入与第二产业关联度最弱，与第一产业关联度最大。第一产业超出了产业所需的劳动力，第二产业对劳动力的吸收能力低，第三产业对劳动力的吸收能力逐渐增强。

第六，工业产业结构演进对生态环境的影响最为明显，内蒙古工业环境质量在政府加大污染治理投资的情况下，已经有了明显的改善，但重工业造成的环境污染依然比较严重，环境质量改善依然任重道远。内蒙古33个牧业旗市中代表最有性的锡林郭勒盟，以高耗能和高污染的重工业为主导产业。尽管最近几年，能源工业减缓，但化学原料及化学制品制造业和黑色金属矿采选业迅速增长。可以说，高污染、高耗能的工业发展模式依旧没有改变。

第七，基于区位熵方法对内蒙古33个牧业旗市主导产业进行判定，结果显示，只有2个旗主导产业与功能区定位相吻合，17个旗主导产业与生态功能区定位相违背。其余14个旗市的主导产业方向选择与功能区相一致，但距离改善草原生态还有一定距离，还需进一步调整。

第八，牧业旗市主导产业之所以与生态功能区定位相违背，主要缘于分权治理结构，尚未形成新的政绩考核机制，草原产权概念模糊以及牧业旗市的特殊性仍然没有得到充分重视。

# 6　内蒙古33个牧业旗市产业结构调整与政策建议

## 6.1　以“绿水青山就是金山银山”作为产业结构调整理念

“既要金山银山，又要绿水青山，绿水青山就是金山银山”的理念，为进一步正确处理好经济发展同生态环境保护的关系指明了方向。内蒙古33个牧业旗市更需要践行“绿水青山就是金山银山”的理念，其产业结构调整应确保生态优先、注重民生。

### 6.1.1　生态优先

在过去的几十年中，内蒙古草原生态系统受到了极大破坏。当前内蒙古33个牧业旗市是以第二产业（主要是重工业）为主的“二、三、一”产业结构，尽管快速拉动了经济的增长，但并未使牧民从中受益，且草原生态受到了严重的破坏。2017年，党的十九大报告中确定了实现“美丽中国”的时间表：到2035年，生态环境根本好转，“美丽中国”目标基本实现。严守生态红线，保护生态空间、确保国家生态安全、实现“美丽中国”成为内蒙古 33个牧业旗市的重要使命。因此，产业结构调整必须遵循“生态优先”原则。

### 6.1.2　注重民生

草原需要变美，牧民也需要增收，牧区经济还需要发展。牧民增收脱贫直接关系到牧区的繁荣稳定和经济社会的良性循环。党的十九大提出了乡村振兴战略，生活富裕是乡村振兴的一个重要标志。目前，内蒙古33个牧业旗市经济发展落后且不平衡，其中就有10个牧业旗市是国家级重点贫困牧区旗市，牧民收入水平普遍偏低，生活困苦，产业扶贫变得十分重要，牧民增收要更多地依靠产业。因此，产业结构调整还必须遵循“注重民生”原则。“生态优先”并不代表只要生态、不要经济，只是在生态与经济冲突时，确保“生态优先”。更多时候，内蒙古33个牧业旗市追求的是“生态经济并重”。

## 6.2 产业结构调整方向

根据“生态优先，注重民生”的产业结构调整指导思想，结合所属的功能区定位，立足牧业旗市欠发达的实情，按照绿色化、服务化、智能化方向，改变单一产业结构，通过高新技术和先进适用技术，对传统产业加以改造升级，通过政策和资金支持加快培育发展战略性新兴产业，通过创新体制机制，拓展金融、物流、文化等产业发展空间。每个牧业旗市不可能全面开花、遍地结果，必须有选择、有侧重。着力转变发展方式、转换发展动能，打造新引擎，构建新支撑，实现产业多元化发展。宜将内蒙古33个牧业旗市产业结构作如下调整。

### 6.2.1 限制开发区内产业结构调整方向

第一类牧业旗：新巴尔虎右旗、镶黄旗、阿拉善左旗、乌拉特后旗、鄂温克旗、苏尼特右旗、乌拉特中旗、达茂旗、阿拉善右旗、额济纳旗、扎鲁特旗、西乌珠穆沁旗、东乌珠穆沁旗、克什克腾旗、苏尼特左旗、阿巴嘎旗、陈巴尔虎旗和正蓝旗，共18个旗，主要处于呼伦贝尔草原生态功能区、浑善达克沙漠化防治生态功能区、阿拉善沙漠化防治生态功能区和畜牧业产业带，属于限制开发区。除额济纳旗外（三产产值之比为4.1：42.1：53.5），其余17个旗县都是以高耗能、高污染的重工业为主导产业，第二产业产值平均占比高达为68.5%，因此，宜将“二、三、一”产业结构调整为“三、一、二”产业结构。

第二类牧业旗：科尔沁右翼中旗、四子王旗、翁牛特旗、科尔沁左翼中旗、科尔沁左翼后旗、新巴尔虎左旗、巴林左旗、巴林右旗、阿鲁科尔沁旗和正镶白旗，共10个旗，处于限制开发区。这类旗县都是以第一产业作为主导产业，但第二产业产值比重仍然较高，特别是新巴尔虎左旗、巴林左旗、巴林右旗、阿鲁科尔沁旗和正镶白旗，第二产业平均产值比重约为50%，宜将“二、三、一”产业结构调整为“三、一、二”产业结构。

这两类牧业旗，要把草原生态畜牧业、生态种植业作为第一产业发展方向，发展农畜产品加工业带动第二产业，发展交通物流业促进第三产业，第三产业努力为第一产业提供科技服务。其中，第二类旗县地理位置优越，交通运输便利，极具发展农畜产品加工工业的基础。

### 6.2.2 重点开发区内产业结构调整方向

第三类旗市：鄂托克旗、乌审旗、锡林浩特、鄂托克前旗和杭锦旗，共5个旗市，处于重点开发区。其中，除杭锦旗（三产产值之比为19.7：31.5：41.8）外，其余4个旗第一产业平均产值比重仅为5.3%，第二产业平均产值比重为65.9%，宜将“二、三、一”产业结构调整为“三、二、一”产业结构。对于这类旗县来说，第二产业的发展对这5个牧业旗市整个经济发展的作用是不可替代的，最重要的是利用知识资源替代能源型产业的后续发展，以及知识资源对第一、第三产业的拉动作用。要以高新技术为手段，发展后续产业，实现第二产业与第三产业的对接。完善现代服务业体系，建立第三产业可持续发展机制，大力发展新型流通业，以传统商业、服务业为基础，向工业、新型服务业等多行业渗透。大力发展以信息化为主的新兴第三产业，构筑产业联运发展技术平台。

## 6.3 产业结构调整的政策建议

政府作为牧区政策的强力引导者，需制定符合草原牧区特殊性和草原生态系统特点的产业政策，继续深化草原产权制度改革，形成新的政绩考核机制，强化政府投入机制。立足优势，挖掘潜力，构建多元发展、多极支撑的生态化产业体系。做精一产，以“名优特精”为方向，优化布局，调整结构，加快农牧业现代化进程。做优二产，加快工业转型升级，实现创新驱动型结构调整，不断培育壮大战略性新兴产业。做强三产，应加快现代服务业发展，将旅游业培育成新的支柱产业，积极推广“互联网+”模式，发展电子商务，完善现代商贸流通服务体系，大力提高服务业比重和竞争力，最终实现工业主导型向多元驱动型转变，一、二、三产业融合互动。

## 6.3.1 制定符合草原牧区特殊性的产业政策

### 6.3.1.1 深化草原产权制度改革，明晰草原产权

草原恶化趋势得不到有效遏制与牧民家庭草场制度相配套的经济制度和政府政策不够完善息息相关。进一步深化草原产业制度改革，首先要尽快完成草原产权的初始配置，将草原使用权赋予家庭，即将家庭作为草场最终剩余所有权的单位，深入贯彻土地制度改革和承包地“三权”分置制度。在此基础上，完善配套的制度和政策，包括建立合理、有序的草牧场流转制度和草畜平衡制度，保护牧民的产权行为能力，强化牧民草原产权的法律支持，建立经济社会支持政策体系和生态补偿制度，尤其是要把草原上过多的人口转移出去。优化资源配置，促进草原建设资金、技术、劳动力等生产要素的合理流动和优化组合，创新牧民合作经营组织关系，逐步加强承包到户草牧场的监督管理职能。

### 6.3.1.2 形成新的政绩考核机制

必须多视角、多指标地考察牧业旗市官员政绩，把短期政绩考核与中长期政绩考核相结合，推进政绩考核与资源节约、生态平衡和环境保护考核挂钩，取消生态脆弱区域的GDP考核，采取绿色GDP来衡量扣除自然资产损失后新创造的真实国民财富的总量核算指标，形成并落实全面、科学的政绩观，有效遏制地方政府为追求政绩只把产业结构调整当作口号而不付诸实际行动的现象。贯彻执行生态环境污染终身问责制，牧业旗市政府必须转变发展理念，因地制宜地制定和实施生态环境规制，将环境规制作为产业结构升级的动力，坚定不移地贯彻下来。

### 6.3.1.3 强化政府投入机制

针对长期以来中央政府对牧业旗市取多予少的情况，采取加大中央政府对牧业旗市财政转移支付力度，调整国家与地方税收比例的措施来解决中央

政府的资金来源和成本内部化问题。可以考虑采用中央政府和地方政府在合理划分产权比例的基础上，分别以现有的资源产权入股，同时吸收社会资本，将资源开发的利益统一于股份制企业中，以减少中央和地方在资源开发中的矛盾。此外，还可通过开展环境税收、征收草原保护费、生态补偿、排污权交易、设立牧区发展基金、受益区向出力区提供经济补偿、争取外资投入及绿色资本市场试点工作等方式，强化政府对牧业旗市投入机制，增加对牧业旗市的资金投入。

技术含量低、科技水平滞后对牧业旗市产业结构合理调整的制约日益明显。由于创新能力不强、科技投入力度不够，牧业旗市高新技术的供给严重不足。加大中央政府对牧业旗市科技投入的力度，逐步建立民族地区科技投入倾斜机制，率先对有带动作用的大型企业加大科技创新投入，重点引进应用节能、高效、环保新技术。

## 6.3.2 让科技成为产业结构调整的主引擎

### 6.3.2.1 让企业成为创新主体

构建以市场为导向、企业为主体、产学研相结合的内蒙古区域性的科技创新体系。长期的技术引进和模仿会使得企业丧失发展的积极性和主动性。使企业成为创新主体、注重其自主开发能力，显得尤为重要。首先，可以通过与高校和研究机构建立合作关系，形成长期有效的合作机制。其次，成立技术研发中心，培育科技人才，形成拥有自主知识产权的关键技术。最后，针对牧业旗市科技创新贡献率偏低的问题，要加大牧业旗市特色产业、优势产业，还有战略性新兴产业的关键技术的产学研攻关力度。

### 6.3.2.2 高水平的科技创新人才队伍是关键

促进自主创新并提高产业竞争力的关键是劳动力素质和人力资本的提升。实施人力资源开发战略，应加强人才培育，引进与本土培育相结合。通过政策扶持逐步加大对牧业旗市教育的财政转移支付力度，完善牧业旗市教育基础设施建设，注重专业人才的培养。建立、健全人力资源市场，促进人力资源的有序流动，要建立合理的企业聘用制度，完善人才激励机制，加强企业自身人力资源的开发。

#### 6.3.2.3 政策支持力度是保证

加大科技资金投入力度，提高科研经费的使用效率，政府发挥自身作用，制定合理的政策，为技术创新营造良好的氛围。可以为高新技术产品交易和开发提供财政担保、贴息、补贴，或者其他一些税收减免优惠政策；可以考虑通过成立风险投资公司，设立投资基金，形成科学、合理的风险投资机制，支持高新技术企业融资。通过开通科研贷款绿色通道，提供金融扶持。整合科技资源，搭建信息共享平台，实现企业高效互动。尊重科研人员，鼓励发明创造，建立科研人员奖励制度，努力营造科技创新氛围，保护知识产权。

### 6.3.3 产业多元化发展

#### 6.3.3.1 做精第一产业

（1）立足实情，发展特色优势产业

根据内蒙古33个牧业旗市农牧业的比较优势，强化特色优势产业发展。以蒙中牧业旗市为奶牛养殖基地，蒙中东旗县为羊肉基地，蒙东旗县为肉牛养殖基地，蒙西旗县为骆驼养殖基地。做强畜牧养殖，要摒弃发展头数畜牧业，发展绿色环保畜牧业。

第一类牧业旗，主要是位于草原面积较大的蒙东北和蒙中的牧业旗，实施稳羊、增牛、增马战略，聚力打造生态肉牛、肉羊、乳制品产业，促进乳、肉、草、马四大产业协调发展，着力打造西格腾有机肉羊、西旗肉牛、肉羊、巴尔虎马、苏尼特羊、蒙古牛、乌珠穆沁白绒山羊、双峰驼、乌珠穆沁黄骠马、阿巴嘎黑马、乌冉克羊等品牌。

第二类牧业旗，主要是位于蒙东的牧业旗（科尔沁左翼中旗、科尔沁左翼后旗、扎鲁特旗、科尔沁右翼中旗、巴林右旗、阿鲁科尔沁旗、翁牛特旗、克什克腾旗、巴林左旗），作为粮薯油生产基地，继续推广“粮改饲、粮改草”，实现粮、经、饲三元种植结构协调发展，改变一粮独大局面，努力发展各旗的特色优势产业。例如，科尔沁右翼中旗可以着重推进水稻和食用菌；科尔沁左翼后旗可以以黄芪、苦参、麻黄草为主的蒙中药材和杂粮杂豆作为特色作物。还有翁牛特旗的花生、芦笋、中草药，扎鲁特的绿豆，阿鲁科尔沁的甜菜、马铃薯、杞柳、药材，巴林左旗的青贮玉米和旱作紫花苜蓿等，争取建成浅埋滴灌生态节水粮食功能区。

第三类牧业旗，主要是处于重点开发区的蒙西牧业旗市。需要进一步优化“粮、经、草、果”种植比重，以节水灌溉农业为主，突出节水型饲草料和草籽基地建设，以及节水型经济作物和特色林果业，以水定草地发展苜蓿、燕麦、青贮玉米等牧草产业，以及有机小麦和精品林果业；人工种植梭梭林、肉苁蓉，适种推广黑果枸杞、骏枣等新兴沙草作物；因地制宜地发展肉牛肉羊、鄂尔多斯细毛羊肉、乌审草原红牛，土鸡生猪产业等产业。

（2）以加强生态畜牧业建设为重点，强化生态区功能建设

充分发挥内蒙古畜牧业优势，着力发展内蒙古生态畜牧业。首先，各牧业旗市以市场需求为导向，培育有地方特色的农牧产品。着力打造绿色生态品牌产品，绿色有机高端是关键，可考虑将传统游牧业与人工智能相融合，由机器人放牧，打造游牧生态园区。其次，延伸畜牧业产业链条，重视牧业旗农畜产品加工产业。推动马产品综合开发，谋划乳制品深加工项目，发展肉制品精深加工，构建肉羊、肉牛全产业链，促进骨血、脏器等副产品精深加工企业，延伸产业链条。鼓励企业做好农畜产品的深度开发，做高端产品，将其做大、做强，建成绿色农畜产品生产加工输出基地。最后，农牧结合，种养循环。抓好种植业和养殖业，大力发展循环草业，立草为业。按照为牧而农、为养而种、引草入田的思路，着力推进草牧业、草产业快速发展，结合高产苜蓿示范、已垦草原治理、节水灌溉等项目，加快土地流转步伐，大力推广种植青贮玉米、苜蓿、燕麦等优质牧草。大力发展草牧业延伸加工、仓储、运输产业，提升草牧业产业化经营水平。加强“中国草都”品牌建设，夯实牧草全产业链发展基础，以天然牧草加工为基础，谋划优质牧草深加工项目，推行草粉、草颗粒、草块深加工。

（3）积极引进和革新农牧业相关技术

科技创新是农牧业的主要出路，应积极引进和革新相关技术，如微灌溉技术。构建生态畜牧业的技术支撑体系，包括引进籽种和地方良种栽培和管理技术、生态饲料生产技术、资源高效转化和循环利用技术、畜牧业洁净生产技术、畜产品安全生产技术、畜产品安全加工以及动物疫病防控技术等。

提高生产效率，降低成本，切实推进集约型新型农牧业发展。推动重点领域科技创新，在生态草业发展、优良畜种培育扩繁、骨血脏器生物提取、蒙医蒙药研制、资源能源循环利用等方面进行大胆探索。强化科技创新驱动，积极与科研院所交流合作开展牧草地改良、防沙治沙、盐碱地治理，逐步建立和完善现代畜牧业科研和技术推广体系，探讨推进内蒙古牧区科技特派员制度，逐渐形成教育、科研、推广“三位一体”的技术推广体系。

#### 6.3.3.2 做优第二产业

（1）构建新型工业体系

对于第一类、第二类牧业旗市而言，应立足农牧业资源优势，将绿色农畜产品加工作为主攻方向，依托农畜食品龙头企业、合作社和溯源公司，积极推行“合作社（育种、养殖）+溯源公司（信息采集录入、全产业链追溯体系建设）+农畜食品加工企业（生产加工、销售）+标准化”的产业经营模式。还要抓好清洁能源、新型化工、装备制造等大支柱产业集群式发展，以安全绿色智能化开采和清洁高效低碳化利用为主攻方向，以工业固废综合利用为核心，做大做强新型建材、新材料、节能环保等产业。

对于重点开发区的牧业旗市而言，要做活做精工业经济。坚持创新驱动，突出资源整合，加快转型升级，聚焦新型煤化工、合成纤维、特种PVC、硅系合金、精密铸造、特种钢精深加工，推动煤电、化工、冶金等主导产业的循环延伸、优化升级，逐步构建煤炭深加工产业链，促进产业高端化、产品终端化，建成国家清洁能源基地，着力发展以油气及下游产业为主的高科技、高环保、低水耗的加工转化项目，建设清洁能源研发试验中心。

（2）实现创新驱动型的牧区工业结构调整

牧业旗工业必须坚定不移地走新型工业化道路，转变经济增长方式，由要素投入向创新驱动转变，包括商业模式创新、服务创新、技术创新。其中技术创新最重要，也最难。技术进步的适宜程度将直接影响创新投入驱动工业结构调整的效率，政府必须予以资金和人才扶持，本着引进技术或现有技术水平与牧业旗市禀赋优势相协调的策略，建立和完善发展技术创新机制，完善相应政策，使企业成为创新研发的主力军，加大创新投入及提升其自主创新能力，形成“产学研”一体化的科技战略联盟，最终实现创新驱动型的工业结构调整。

（3）将循环发展理念贯穿于每一环节

做好现代能源经济，要紧跟能源技术革命，延长产业链条，提高能源资源综合利用效率，大力培育新产业。重点能源型企业兼并中小型地方能源企业，发展循环经济、清洁经济，进行技术创新，推进产业结构升级，将循环发展、清洁发展的理念贯穿于新型工业化的每一个环节。开展矿业秩序整顿和矿产资源整合，针对煤炭开采企业，鼓励采用洁净煤技术、节能减排等绿色开采技术。加大能源企业间的整合力度，煤企之间、煤炭企业与配煤企业之间，煤炭企业与电力有色金属企业之间，配煤企业与电力有色金属等企业之间、在自愿基础上有效整合。针对水资源贫瘠的现实，加强对工业废水循环利用、节水技术等设备和器具的研究和开发尤为重要。

（4）实行最严的环境保护制度

短期内，对于处于限制开发区的第一类和第二类旗县而言，要实行最严的环境保护制度，执行最严的环境保护标准，严格限制发展严重依赖于矿产资源的重工业，建立严格明确的工业、企业限制准入制度，完善基于草原生态红线的差别化产业环境准入机制，新引进落地产业项目严格执行国家标准，督促煤炭、电力等重点行业企业实施技术改造，逐步淘汰污染严重的低技术设备，坚决依法关闭危害安全和破坏环境的企业，选择低消耗、高效益及技术创新型的新型工业。待草原生态恢复后，可采取点状开发。全面推行河长制。严厉打击侵占湿地、违法采砂、擅自开荒、乱采滥挖野生药材等行为，扎实推动退牧还草，严格落实草畜平衡制度。对地下水实行“总量控制、定额管理”。利用草原“3S”（卫星遥感平台、地面信息系统、全球定位系统）技术智能系统，对草原生态植被用智能化草原管理技术进行实时监测。

#### 6.3.3.3 加快发展现代服务业，做强第三产业

（1）继续做大做强生态旅游业和草原娱乐业

生态旅游业和草原娱乐业是最能发挥草原生态功能并将生态价值转化为经济价值的产业，应科学布局，合理规划，继续将其做大做强。

首先，突出特色，避免雷同化。各牧业旗市依据自身旅游资源优势和区位条件，积极开发旅游特色产品。比如呼伦贝尔的亲草原、中俄蒙边境蒙元风情，阿拉善的大漠奇石、驼盐古道风情，锡林郭勒盟的马都核心风情。生态旅游业除了考虑继续开发传统的草原风光游、民俗游和文化游外，还可以考虑开辟科学考察游、蒙医治疗游、游牧体验游、原始部落游、探秘游等；比如新巴尔虎左旗可考虑利用蒙医医药和理疗等资源，形成集旅游观光、康体养生于一体的旅游中心。阿拉善左旗可着力打造仓央嘉措寻踪、牧马人营地、敖伦布拉格地质公园探秘等旅游线路，积极发展体验游、康养游、研学游等旅游业态和沙漠探险、驼队穿越、汽车自驾、运动休闲游等。娱乐业可以借鉴畜牧业强国新西兰的做法，建立示范牧场，考虑开发牧羊犬赶羊、挤奶比赛、剪羊毛示范、绵羊拍卖等具有民族特色的产业，还有各种野外竞技民间赛事，如赛牛、驯牧羊犬等。

其次，以生态旅游业作为突破口，促动一、二、三产业融合发展。将农牧业生产、农牧产品加工与第三产业中的销售、餐饮、物流、旅游、文化等多个行业深度融合，进一步延伸农业产业链条。以生态旅游业作为促进牧业旗市一、二、三产业融合发展的突破口，完善产业融合发展配套服务体系，以多方受益为价值取向推进牧业旗市一、二、三产业融合发展。

产业融合是大势所趋，应将生态旅游业和草原娱乐业二者有机融合，推动文化与旅游深度融合发展，大力发展文化创意、影视剧目等产业。融蒙古马精神、赛马和皇家牧场旅游于一体的马产业将会是一个大有前途的产业。蒙古马曾是世界两大名马之一，吃苦耐劳、一往无前的蒙古马精神常被人们津津乐道。蒙古族爱马，赛马也是男女老幼皆爱的活动。赛马是蒙古族的传统体育项目，一年一度的那达慕大会上，摔跤、赛马、射箭吸引了不少游客。以镶黄旗为例，可以凭借曾是清代“皇家牧场”的历史，打造一个具有相当规模和高档次的“皇家牧场”。“皇家牧场”品牌，再辅之以较为完整的“察哈尔”文化和其他草原旅游景点，定能吸引大批旅游观光者。同样，阿拉善盟可依据丝绸之路挖掘驼产业的融合发展。

最后，发展以生态旅游合作社为主导的社区参与型草原生态旅游模式。该模式的主体有政府、生态旅游公司、牧民合作组织和投资商。政府负责宏观调控，制定牧民生态旅游扶持制度，设立“民族生态旅游专项基金”，完善基础设施建设。除政府之外的三方利益主体共同筹建生态旅游合作社，主要负责协商旅游规划。生态旅游公司主要负责整个景区的经营管理，为牧民提供商机与就业岗位，还肩负保护环境的职责。牧民合作组织通过土地入股、提供劳动力以及出售民族商品参与进来，代表的是整个牧户的利益。通过主动、渐进的“三位一体”旅游开发模式，将娱乐业和旅游业发展融于牧区发展和牧民增收中，让牧民在生态旅游中居于主体地位，享有充分的决策权、参与权和收益权，从而因地制宜地发展牧区旅游业。

（2）加快发展牧业旗电子商务和现代物流业

重点扶持服务于第一产业和第二产业的信息、金融及物流等服务行业，尤其要加快发展牧区电子商务。农畜产品销售难是制约农牧业发展的最大障碍，因此要创新牧区商业模式，大力发展农村电商。首先，推动电子商务企业开拓牧区市场，培育和壮大牧区电子商务市场主体。人才缺失是制约内蒙古牧区电商的关键问题，作为经济较为落后的牧区，主要适用于政府引导型的电子商务模式。因此，政府应该着力实施牧业旗市电商带头人和电商企业帮扶制度。其次，牧业旗交通不便，农畜产品要想进城，提高牧区电子商务物流配送能力是关键。因此，要深化牧区流通体制改革，整合交通运输、邮政、供销、物流、快递和商贸流通，构建适应牧区电商发展的物流配送体系，实现公共服务体系、网络基础设施、物流网点和产地集配中心全覆盖。

大力发展电子商务，扶持本土电商企业做大做强，推动互联网和现代农牧业、工业、文化旅游等产业融合发展。可以依托电子商务产业园，加快电商平台建设，扶持肉食品、奶食品、民族工艺品、民族服饰等地方特色商品经营主体开设网店，不断完善旗电子商务公共服务中心和旗、镇、村三级物流体系，扩大电子商务在商贸领域的应用，培育体现地方特色的电子商务产业链。全力打造纯天然、绿色、有机畜产品优质品牌，合理利用“线上+线下”的营销模式。

推动物流产业多元化、专业化发展。建设区域性综合物流集散基地和大宗商品批发配送中心。口岸牧业旗应加快建设口岸国际物流园区，吸引知名仓储、物流、快递企业入驻，倾力打造区域性商贸物流集散地和自治区中部重要的国际物流中心。支持物流企业建立符合牧业旗电商发展需求的配送体系，探索仓储一体、冷链物流等新型配送模式，推动发展“互联网+物流”模式。

此外，运用大数据、云计算、“互联网+”等现代信息技术，改造提升商贸、餐饮、居家服务等传统服务业，推动现代服务业与新型工业化互动融合。培育和壮大现代金融保险、健康养老、信息服务等新型服务业。加快发展健康养老、信息服务等新兴服务业，为实体经济发展提供新动力，摸索牧业旗市田园综合体模式，积极发展观光休闲农牧业、体验农牧业和创意农牧业。

#### 6.3.3.4 大力发展战略新兴产业

战略性新兴产业的特点是市场巨大、在短期内技术能够突破。内蒙古的太阳能总辐射仅次于西藏，居全国第二位。内蒙古牧业旗的太阳能资源较好，风能资源居全国首位。其中，阿拉善额济纳旗的太阳能资源最为丰富。一旦技术突破了，内蒙古牧业旗的风能源、太阳能、生物能等新能源将会成为牧业旗市的战略新兴产业。同样，为解决重工业发展对草原造成的“三废”污染的问题，牧区清洁环保产业技术，一旦得以突破，也会成为一个潜力巨大的产业。由于新能源产业投入高、收益低，需要由政府牵头，建立推广新能源发展的激励机制和利益补偿机制。

纵向延伸、多元拓展，壮大战略新兴产业规模。积极发展光伏发电产业，加快天然气从单一输出向综合利用转变，壮大清洁能源产业板块。加快多晶硅产业向铸锭切片、太阳能极板、航空器材领域拓展，在新能源、新材料领域形成突破。实施蒙医药产业振兴计划，围绕药材培植、药品研发、专科诊疗、保健养生等领域，努力打造蒙医药产业链。此外，大力推动沙产业、草产业、军民融合产业等新兴产业的快速发展。

## 6.4 本章小结

基于本书前几章的分析，本章主要提出内蒙古33个牧业旗市产业结构调整的理念、原则和政策建议。用“绿水青山就是金山银山”的理论指导33个牧业旗市产业结构调整，坚持“生态优先，注重民生”的产业结构调整原则，制定符合草原牧区特殊性的产业政策，让科技成为牧业旗市产业结构调整的主引擎，立足优势，挖掘潜力，构建多元发展、多极支撑的生态化产业体系，做精一产，做优二产，做强三产，大力发展战略性新兴产业。未来，限制开发区内的牧业旗市产业结构将由“二、三、一”结构向“三、一、二”结构演进，重点开发区内的牧业旗市产业结构将调整为“三、二、一”结构。

# 7 结论与展望

合理的产业结构是经济发展的源泉，是人民生活水平提高和生态环境改善的重要保证。作为我国重点生态功能区的内蒙古33个牧业旗市，因其民族性、地缘性、政治性及生态性等显著特点，成为我国比较特殊的一类区域经济主体。它们作为我国2035年“生态环境根本好转，美丽中国目标基本实现”以及到2020年我国农村贫困人口实现脱贫的主战场，直接影响整个进程。

本研究首先通过梳理近70年内蒙古33个牧业旗市产业结构变迁轨迹，探寻33个牧业旗市产业结构演进的规律。运用多种指标和方法对内蒙古33个牧业旗市产业结构进行度量，并对其所处的工业化阶段进行判断。然后对内蒙古33个牧业旗市产业结构演进的动力因素展开分析。最后，结合内蒙古33个牧业旗市的功能区定位，对其产业结构演进的效果进行评价，并挖掘背后深层次的原因。最后提出未来内蒙古33个牧业旗市产业结构演进方向和调整建议。受时间和精力的限制，研究中仍有不足之处，现就本研究得出的主要结论以及今后的研究展望进行简要说明。

## 7.1 主要结论

**结论1：**内蒙古33个牧业旗市产业结构演进规律与“配第—克拉克”定理相吻合。

从产业结构演进方向看，内蒙古33个牧业旗市三次产业产值之比从1947年的94.5：2.1：3.4变为2015年的11.4：61.6：27.0，其产业结构在2003年从“一、二、三”结构演变为“二、三、一”结构。内蒙古33个牧业旗市产业结构演进规律与“配第—克拉克”定理相吻合。

内蒙古33个牧业旗市第一产业经历了“畜牧业—种植业—畜牧业”的变

化轨迹。第二产业中，轻工业逐年下降，重工业逐年上升。第三产业中，批发和零售行业占比最高，生产性服务业如软件和信息服务业、金融保险、现代物流、技术研发等高端服务业发展较为落后。因此，从产业结构内部演进来看，内蒙古33个牧业旗市产业演进也符合一般产业的演进规律：即第一产业从技术水平低下的粗放型农业向技术要求较高的集约型农业演进，种植农业逐渐向畜牧农业演进；第二产业从轻纺工业向重化工业方向发展；第三产业沿着传统服务业向多元化服务业方向演进。

内蒙古33个牧业旗市作为一个整体，其产业结构从“一、二、三”结构演变为“二、三、一”结构，但33个牧业旗市各自的产业结构变化并不同步，差异很大。

**结论2**：内蒙古33个牧业旗市产业结构变迁的动力因素主要包括自然因素、文化因素、产业投资以及体制和政策因素。内蒙古33个牧业旗市产业结构演进受外在作用因素（政策）的影响非常大，而内在动力因素（科技、创新）并没有在产业结构演进中发挥出内生动力作用。

其实，内蒙古33个牧业旗市产业结构演进过程，就是在区域资源禀赋的基础上，受“重农轻牧”传统思想的影响，在市场化进程的支配下，由于草地产权制度的变革、产业投资及强力的产业政策引导，从而实现以产业结构变迁的政策性演进为主的过程。科学技术落后，创新能力薄弱，进而影响产业结构更新、更高、更快、更广泛地演进。此外，内蒙古33个牧业旗市产业结构主要靠投资拉动，故难以形成经济持续稳定发展的内生动力。

**结论3**：对1993—2015年内蒙古33个牧业旗县产业结构演进的测度，有如下发现：

第一，1993—2015年，内蒙古33个牧业旗市的产业结构熵大体经历了三个阶段：1993—2006年，产业结构属于剧烈调整期；2007—2012年，产业结构趋于稳定，产业结构转型升级停滞；2013—2015年，33个牧业旗市产业结构再次进入调整期。

第二，内蒙古33个牧业旗市的产业相似度呈现出先上升后下降的趋势，在2005年以前，内蒙古牧业旗市产业结构与全国同质化严重。2012年，全国产业结构由“二、三、一”结构演变为“三、二、一”结构，但内蒙古“二、三、一”的产业结构并没有发生变化。自2013年起，产业结构相似度回升，说明内蒙古33个牧业旗市正努力开始同全国同步调整结构。

第三，内蒙古33个牧业旗市产值结构与就业结构不对称。第一产业产值比重小于就业比重，第二产业产值比重大于就业比重，第三产业产值比重先大于就业比重，后小于就业比重。第三产业对劳动力的吸收能力逐渐增强，但由于第三产业发展滞后，导致从业人员超出了产业所需的劳动力。第一产业存在剩余劳动力，需要转移出去，第二产业吸收劳动力的能力还很低。

第四，通过SSM分析，内蒙古33个牧业旗市的第一产业在全国有较强的竞争优势，但结构素质较低，增速慢于全国。曾经助力33个牧业旗市经济发展的重化工业、能源工业及采矿业等第二产业，原有的竞争优势减弱，成了产业结构调整的阻碍。第三产业增长水平高于全国平均水平，在国内具有较强的竞争力，发展势头强劲，竞争优势表现为稳中有升，带动经济发展的能力越来越强。

**结论4：**参考钱纳里、库兹涅茨等工业化阶段划分法，利用综合指标法对目前内蒙古33个牧业旗市工业化阶段进行判断。根据综合指标测算出，内蒙古33个牧业旗市整体经济发展现在处于工业化中期偏后阶段，但旗市之间差异很大，10个牧业旗市处于工业化阶段初期，13个处于工业化阶段中期，8个处于工业化阶段后期，2个处于后工业化阶段。

但实际上，对于内蒙古33个牧业旗市而言，其工业水平还很低，资源依赖度高，技术研发投入不足，发展滞后，重工业化特征明显。由于人均GDP对牧业旗市工业化阶段判断的影响较大，用指标数据测算所得内蒙古33个牧业旗市的工业化阶段，其实是超过了现有工业化的实际水平，这也从一定程度上反映出产业结构理论中的工业化阶段判断并不适用于地广人稀的内蒙古33个牧业旗市。

**结论5：**内蒙古33个牧业旗市产业结构与生态功能区定位不吻合。

位于生态功能区的内蒙古33个牧业旗市，是典型的少数民族边境旗，经济发展不平衡、牧民生活贫困，是我国脱贫攻坚的主战场。实证分析发现，第二产业对内蒙古33个牧业旗市经济增长的拉动作用最明显，“二、三、一”的产业结构虽然快速推动了经济发展，但牧民从中受益少，牧民收入与第二产业关联度最弱，与第一产业关联度最大，而且第二产业对劳动力的吸收能力低。

作为生态功能区的内蒙古33个牧业旗市，需要生态型环境友好型产业。经实证分析，内蒙古工业环境质量在政府加大污染治理投资的情况下，已经有了明显的改善，但重工业造成的环境污染依然比较严重，环境质量改善依然任重道远。最近几年，牧业旗市能源工业发展速度减缓，但化学原料及化学制品制造业和黑色金属矿采选业迅速增长，高污染、高耗能的工业发展模式依旧没有改变。

作为生态功能区的内蒙古33个牧业旗市，其主导产业选择的首要基准，就是该产业绝不能加剧草原生态系统的恶化。研究结果显示，内蒙古33个牧业旗市中只有2个牧业旗的主导产业与功能区定位相吻合，17个牧业旗的主导产业与生态功能区定位相违背。其余14个牧业旗的主导产业方向选择与功能区相一致，但距离改善草原生态还有一定距离，还需进一步调整。

**结论6**：近70年的内蒙古33个牧业旗市产业结构演变，呈现出偏好种植业、偏好头数畜牧业和偏好传统工业的政策倾向，不利于草原生态保护。虽然牧业旗市政策已经逐渐由注重经济目标向生态保护目标转变，但作为重点生态功能区的内蒙古33个牧业旗市，高耗能、高污染的重工业产值仍然居高不下。政策目标与效果的背离，主要根源于分权治理结构、尚未形成新的政绩考核机制以及草原产权概念模糊和草原牧业旗市的特殊性仍然没有得到充分正视这几个原因。

**结论7**：以“绿水青山就是金山银山”的理论指导内蒙古33个牧业旗市产业结构调整。坚持“生态优先，注重民生”的产业结构调整原则，限制开发区内的牧业旗产业结构应向“三、一、二”方向演进，重点开发区内的牧业旗市向“三、二、一”方向调整。结合所属的功能区定位，立足于牧业旗市欠发达的实情，制定符合牧业旗市的政策，深化草原产权制度改革，明晰草原产权，形成新的政绩考核机制，强化政府投入机制，按照绿色化、服务化、智能化方向，改变单一产业结构，让科技成为产业结构调整的主引擎，做精第一产业，做优第二产业，做强第三产业。着力转变发展方式，实现产业多元化发展。

## 7.2 需要进一步研究的问题

在本书写作过程中，深深感受到了内蒙古33个牧业旗市的特殊性与复杂性。关于产业结构研究的内容很多，将复杂特殊的牧业旗市和研究内容颇多的产业结构结合在一起进行研究，又受到数据、资料等诸多方面的限制，故难以做到面面俱到、细致入微。

学术界普遍将“配第—克拉克”定理作为产业结构演进的普适性规律。过去的近70年，内蒙古33个典型牧业旗市产业结构演进与“配第—克拉克”产业依次演进的规律相吻合。对于极具特殊性，尤其是生态特点突出的内蒙古33个牧业旗市，在新的时代背景下，产业发展必须考虑到外部性、环境污染以及能源消耗问题。那么，未来内蒙古33个牧业旗市产业结构演进是遵循还是偏离“配第—克拉克定理”？这是本书中没有探讨到的地方，希望在后续的工作中，能从理论的层面进行深入分析和讨论。另外，如何评价传统产业结构理论在内蒙古33个牧业旗市的适用性，有没有更好、更适用于内蒙古33个牧业旗市工业化阶段的判断标准，究竟什么样的产业发展模式更适合内蒙古33个牧业旗市，一、二、三产业怎样深度融合能更好地使内蒙古33个牧业旗市产业兴旺起来，如何将产业结构调整与乡村振兴计划有机结合，与产业扶贫相结合，这些问题都将是我未来的主要研究方向。

# 参考文献


［1］盖志毅. 新牧区建设与牧区政策调整［M］. 沈阳：辽宁民族出版社，2001：56-63.

［2］王俊霞，贾志敏. 内蒙古草原地区矿产资源开发与草原生态环境保护协调发展的法律研究［J］. 内蒙古社会科学（汉文版），2012，33（6）：133-137 .

［3］汪中华，邹婧喆. 内蒙古草原矿产资源开发与生态环境耦合研究［J］. 地域研究与开发，2015，34（5）：138-142.

［4］王青，赵景兰. 产业结构与环境污染关系的实证分析［J］. 南京社会科学，2011，32（6）：92-97.

［5］邓玲，杜黎明. 主体功能区建设的区域协调功能研究［J］. 经济学家，2006（4）：60-64.

［6］高国力. 如何认识我国主体功能区划及其内涵特征化［J］. 中国发展观察，2007（ 3）：23-25.

［7］国家发展改革委宏观经济研究院国土地区研究所课题组，高国力. 我国主体功能区划分及其分类政策初步研究［J］. 宏观经济研究，2007（4）：3-10.

［8］孙红玲. “3+4”：三大块区域协调互动机制与四类主体功能区的形成［J］. 中国工业经济，2008（10）：12-22.

［9］樊杰. 主体功能区战略与优化国土空间开发格局［J］. 中国科学院院刊，2013（2）：193-206.

［10］樊杰. 中国主体功能区划方案［J］. 地理学报，2015，70（2）：186-201.

［11］董玉荣. 主体功能区生态补偿的利益博弈与创新机制［J］. 前沿，

2017（11）：35–43.
[12] 薄文广，安虎森，李杰．主体功能区建设与区域协调发展：促进抑或冒进［J］．中国人口·资源与环境，2011，21（10）：121–128.
[13] 郝大江．主体功能区形成机制研究——基于要素适宜度视角的分析［J］．经济学家，2012（6）：19–27.
[14] 许根林，施祖麟．主体功能区差别化土地政策的合理定位分析［J］．经济体制改革，2007（5）：13–17.
[15] 唐浩．资源型产业发展与主体功能区协调研究——由成都“石化项目”争论引发的经济学思考［J］．经济管理，2008（18）：77–82.
[16] 贾康，马衍伟．推动我国主体功能区协调发展的财税政策研究［J］．财会研究，2008（3）：2–18.
[17] 卢中原，陈昌盛．西部开发与主体功能区建设如何形成良性互动——对陕西、甘肃几个城市的调研与思考［J］．中国工业经济，2008,（10）：5–11.
[18] 杜黎明．推进形成主体功能区的区域政策研究［J］．西南民族大学学报（人文社会科学版），2008（6）：241–244.
[19] 张耀军，陈伟，张颖．区域人口均衡：主体功能区规划的关键［J］．人口研究，2010，34（4）：8–19.
[20] 郑涌．完善转移支付制度 推进主体功能区建设［J］．财政研究，2011（10）：51–53.
[21] 廖晓慧，李松森．完善主体功能区生态补偿财政转移支付制度研究［J］．经济纵横，2016，362（1）：108–113.
[22] 黄勤，周婷．主体功能区制度及“十三五”实施重点研究［J］．开发性金融研究，2016（1）：28–35.
[23] 王铮，孙翊．中国主体功能区协调发展与产业结构演化［J］．地理科学，2013，33（6）：641–648.
[24] 周会祥．我国主体功能区产业集群发展问题研究［D］．北京：中共中央党校，2012.
[25] 金春雨，程浩，王伟强．产业结构与经济增长效应的关系研究——吉

林省主体功能区产业结构演变与经济增长效应分析［J］. 价格理论与实践，2012（2）：65-66.
［26］彭迪云，温舒甜. 基于主体功能区视角的产业集群转型发展——以中部地区为例［J］. 江西社会科学，2013，33（10）：48-53.
［27］D. Han，D. Zhu，C. Chi. Performance Evaluation of Different Types of the Main Functional Regions in Adjacent Areas-Taking Three Counties in Bijie of Guizhou Province as an Example［J］. Science & Technology Management Research，2015，30（6）：68-82.
［28］Y. J. Zhao. J. G. Dong. L. Zhang. Researches of Index System for Planning the Main Functional Regions［J］. Areal Research & development，2007，22（3）：78-98.
［29］张学波. 云南省主体功能区的划分及产业调整的初步研究［D］. 昆明：云南师范大学，2007.
［30］高全成. 把握国家划分主体功能区的机遇调整陕西产业布局［J］. 理论导刊，2009（4）：73-74.
［31］黄益民. 基于主体功能区建设的四川产业结构优化研究［D］. 成都：西南交通大学，2010.
［32］周蕾，王登科. 主体功能区框架下宁夏农业特色优势产业发展战略研究［J］. 安徽农业科学，2010，38（29）：83-88.
［33］陈书胜. 基于主体功能区建设的安徽承接产业转移研究［D］. 合肥：安徽农业大学，2013.
［34］马随随，陈洪全，彭俊. 主体功能区视域下县域产业结构优化路径选择——以江苏新沂为例［J］. 现代城市研究，2014，34（3）：74-81.
［35］刘洪颜. 基于主体功能区划的济南市产业布局优化研究［D］. 济南：山东师范大学，2015.
［36］王丽. 内蒙古自治区主体功能区划分研究［D］. 呼和浩特：内蒙古师范大学，2010.
［37］包山虎，张宇超，包玉海. 基于GIS的“内蒙古自治区主体功能区划”辅助决策系统的研究［J］. 内蒙古师范大学学报（自然科学汉文版），

2012，41（5）：524–530.
［38］那音太．内蒙古自治区主体功能区规划体系研究［J］．经济论坛，2014（6）：33–35.
［39］王进．基于内蒙古自治区主体功能区的绩效考评指标体系研究［D］．呼和浩特：内蒙古大学，2013.
［40］吴来兄．内蒙古不同类型主体功能区开发强度及其动态模拟［D］．呼和浩特：内蒙古师范大学，2014.
［41］李敬伟，王克军，李强．内蒙古自治区基于主体功能区规划的污染物总量减排探讨［J］．环境与发展，2015，27（5）：6–8.
［42］吕盈．基于全国主体功能区规划的林业产业结构调整——以东北、内蒙古地区为例［J］．林业经济，2012（5）：93–96.
［43］徐全忠．主体功能区视阈下内蒙古农业可持续发展研究［D］．武汉：武汉理工大学，2013.
［44］朱晋，那玉林．主体功能区约束下包头市发展研究构想［J］．阴山学刊（自然科学版），2015，29（4）：60–62.
［45］R. G. Bailey. Explanatory Supplement to Ecoregions Map of the Continents［J］. Environmental Conservation，1989，16（4）：307–310.
［46］J. Ahern. Planning for An Extensive Open Space System：Linking Landscape Structure and Function［J］. Landscape and Urban Planning，1991，21（1）：131–145.
［47］B. T. Michael. Progress and Planning in America，over the Past 30 Years［J］. Progress in Planning，2002（57）：179–199.
［48］I. P. Waddell. Urban Sim：Modeling Urban Development for Land Use，Transportation，and Environmental Planning［J］. Journal of the American Planning Association，2002，68（3）：297–314.
［49］J. W. Goodurm，R. T. Elster. Machine Vision for Cracks Detection in Rotation Eggs［J］. Transactions of the ASAE，1992，35（4）：1323–1328.
［50］孙久文．主体功能区战略下的地区发展新思维［J］．人民论坛，2011（17）：8–11.

[51] 安虎森，薄文广．主体功能区建设能缩小区域发展差距吗？[J]．人民论坛，2011，30（17）：19–21.

[52] 周民良．主体功能区战略下的地区发展新思维 [J]．人民论坛，2011，31（17）：8–11.

[53] 米文宝，梁晓磊，米楠．限制开发生态区主体功能细分研究——以宁夏同心县为例 [J]．经济地理，2013，33（1）：142–148.

[54] 贾若祥．我国限制开发区域分类的政策研究 [J]．宏观经济管理，2006（11）：28–31.

[55] 林建华，任保平．主体功能区建设：西部生态环境重建的新模式选择 [J]．生态经济，2009，22（2）：169–171.

[56] 蔡云辉．论限制开发区的经济突破发展 [J]．长白学刊，2011，15（1）：105–108.

[57] 沈茂英．四川藏区精准扶贫面临的多维约束与化解策略 [J]．农村经济，2015（6）：62–65.

[58] C.Clark．The Conditions of Economic Progress [M]．London：Macmillan&Co．Ltd，1940.

[59] [英] 威廉·配第．政治算术 [M]．北京：商务印书馆，1981.

[60] A Kaname．The Synthetic Principles of the Economic Development of our country [J]．The Journal of Ecomomy，1932（6）：54–60.

[61] [英] 西蒙·库兹涅茨．现代经济增长 [M]．北京：北京经济学院出版社，1989：12–25.

[62] [美] 里昂惕夫．投入产出经济学 [M]．北京：商务印书馆，1980.

[63] [美] 里昂惕夫．美国的经济结构1919—1929 [M]．北京：商务印书馆，1993.

[64] [美] 霍夫曼．工业化的阶段和类型 [M]．北京：中国对外翻译出版公司，1980：48–56.

[65] [美] H. 钱纳里．工业化与经济增长的比较研究 [M]．上海：上海三联出版社，1989.

[66] [英] 刘易斯．二元经济论 [M]．北京：北京经济学院出版社，1989.

[67] [美] 赫希曼. 经济发展战略 [M]. 北京：经济科学出版社，1991.
[68] [日] 筱原三代平. 产业结构论 [M]. 北京：中国人民大学出版社，1990.
[69] [美] 罗斯托. 从起飞到持续增长的经济学 [M]. 成都：四川人民出版社，1988.
[70] 杨治. 产业经济学导论 [M]. 北京：中国人民大学出版社，1985.
[71] 周叔莲. 产业政策问题探索 [M]. 北京：经济管理出版社，1987.
[72] 孙尚清. 中国产业结构研究 [M]. 北京：中国社会科学出版社，1988.
[73] 刘健. 中国产业结构升级论 [M]. 北京：中国言实出版社，1993.
[74] 周振华. 现代经济增长中的结构效应 [M]. 上海：上海三联书店，1995.
[75] 刘伟. 工业化进程中的产业结构研究 [M]. 北京：中国人民大学出版社，1995.
[76] 石磊. 中国产业结构成因与转换 [M]. 上海：复旦大学出版社，1996.
[77] 刘志彪. 现代产业经济分析 [M]. 南京：南京大学出版社，2001.
[78] 李悦. 产业经济学 [M]. 北京：中国人民大学出版社，2004.
[79] 简新华. 产业经济学 [M]. 湖北：武汉大学出版社，2001.
[80] 于刃刚. 主导产业论 [M]. 北京：人民出版社，2003.
[81] 苏东水. 产业经济学：第二版 [M]. 北京：高等教育出版社，2005.
[82] E. H. Aitken. Harrison. Do Domestic Firms Benefit from Direct Foreign Investment Evidence from Venezuela [J]. American Economic Review, 1999 (3): 605-618.
[83] M. Blomstrom. A. Kokko. Multinational Corporations and Spillovers [J]. Journal of Economic Surveys, 1998 (3): 247-277.
[84] Gabor Hunya. Restructuring through FDI in Romanian Manufacturing [J]. Economic Systems, 2002 (4): 387-394.
[85] Camilla Jensen. Foreign Direct Investment, Industrial Restructuring and the Upgrading of Polish Exports [J]. Applied Economics, 2002 (2): 207-217.
[86] Edward M. Graham. Foreign Direct Investment in China: Effect on Growth

and Economic Performance, Experience of Transitional Economies in East Asia [ M ]. London: Oxford University Press, 2001.

[ 87 ] Young Han Kim. Impacts of Regional Economic Integration on Industrial Relocation through FDI in East Asia [ J ]. Policy Modeling , 2007 ( 29 ): 165–180.

[ 88 ] 陈迅，高远东. FD与中国产业结构变动相互影响的实证研究 [ J ]. 开发研究，2006 ( 1 ): 75–77.

[ 89 ] 傅强. 利用外资与我国产业结构调整的相关性和实证检验 [ J ]. 世界经济研究，2005 ( 7 ): 64–72.

[ 90 ] 江小涓. 我国出口商品结构的决定因素和变化趋势 [ J ]. 经济研究，2007 ( 5 ): 4–16.

[ 91 ] Li Li, Michael Dunford, Godfrey Yeung, International Trade and Industrial dynamics: Geographical and Structural Dimensions of Chinese and Sino–EU merchandise Trade [ J ]. Applied Geography, 2012 ( 32 ): 106–127.

[ 92 ] Malcom Dowling. the Structure and Composition of International Trade in Asia: Historical Trend and Future Prospect [ J ]. Journal of Asia Economics, 2000, 11 ( 3 ): 46–66.

[ 93 ] 张平. 论中国区域产业结构演进的特征 [ J ]. 武汉大学学报 ( 哲学社会科学版 ), 2005, 58 ( 3 ): 299–311.

[ 94 ] 岳军. 制度创新：中国产业结构优化的出路所在 [ J ]. 山东大学学报，2003 ( 5 ): 106–109.

[ 95 ] Bemstein, J. R., D. E. Weinstein. Do Endowments Predict the Location of Production? " [ J ]. Journal of International Economics. 2002, 56 ( 1 ): 55–76.

[ 96 ] Blum, B. S. Endowments, Output, and the Bias of Directed Innovation [ J ]. The Review of Economic Studies, 2010, 77 ( 2 ): 534–559.

[ 97 ] 刘忠涛. 制度因素、要素禀赋与产业结构变化 [ J ]. 中国农村经济，2010 ( 9 ): 17–27.

[ 98 ] D. J. Teece. Firm Organization, Industrial Structure, and Technological

Innovation [ J ]. Journal of Economic Behavior & Organization, 1996 ( 31 ): 193–224.

[ 99 ] E. Sochirca. P. M. Gil. Technological–knowledge Bias and the Industrial Structure under Costly Investment and Complementarities [ J ]. Economic Modelling, 2013, 32 ( 1 ): 440–451.

[ 100 ] A. Y. Miller, N. V. Miller, L. M. Davidenko. Formation of Integrated Industrial Companies under Current Conditions [ J ]. Asian Social Science, 2015, 11 ( 19 ): 67–88.

[ 101 ] Y. J. Zhang, Z. Liu, H. Zhang, T. D. Tan. The Impact of Economic Growth, Industrial Structure and Urbanization on Carbon Emission Intensity in China [ J ] . Natural Hazards, 2014, 73 ( 2 ): 579–595.

[ 102 ] 刘志彪. 发达国家技术创新与产业结构高度化的趋势 [ J ]. 南京大学学报（哲学 · 人文科学 · 社会科学版），2000 ( 1 ): 29–37.

[ 103 ] 周叔莲，王伟光. 科技创新与产业结构优化升级 [ J ]. 管理世界，2001 ( 5 ): 70–78.

[ 104 ] 王秋克. 我国产业结构演进机制探讨 [ J ]. 辽宁大学学报，1989 ( 2 ): 48–51.

[ 105 ] Franco Malerba. Innovation and the Dynamics and Evolution of Industries: Progress and Challenges [ J ]. International Journal of Industrial Organization, 2007 ( 25 ): 675–699.

[ 106 ] Simona Iammarino, Philip McCann. The Structure and Evolution of Industrial Clusters: Transactions, Technology and Knowledge Spillovers [ J ]. Research Policy, 2006 ( 5 ): 1018–1036.

[ 107 ] Young–Han Kim. Impacts of Regional Economic Integration on Industrial Relocation through FDI in East Asia [ J ]. Policy Modeling, 2007 ( 29 ): 165–180.

[ 108 ] J. Drucker, E. Feser. Regional Industrial Structure and Agglomeration Economies: An Analysis Of Productivity in Three Manufacturing industries [ J ]. Regional Scienze and Urban Economics, 2015, 42 ( 1 ): 1–14.

[109] 陈明森．自我成长与外向推动［J］．东南学术，2003（6）：78-95.

[110] Wu K.Wang X. C. Ning F. J. An Empirical Study of Agriculture Industrial Structure Convergence in the Xishuangbanna［J］．Journal of Anhui Agriculture Science，2015，11（5）：69-74.

[111] Gan C.，Zheng R.，Yu D. An Empirical Study on the Effects of Industrial Structure on Economic Growth and Fluctuations in China［J］．Economic Research Journal，2001，21（1）：85-100.

[112] R. Hieblinger，M. Coenen，G. Stucki，A. Winkelmann，A Cieza. Optimization of Industrial Structure Benefit in the Process of Urbanization—A Case Study of Chongqing Municipality［J］．Journal of Southwest University，2015，11（3）：67-75.

[113] 王青．产业结构在经济系统演进过程中所依赖的两条路径［J］．社会科学辑刊，2002（3）：74-76.

[114] E. Bing，L. Yuan．Industrial Structure Optimization and Upgrading Theory Research in Central City［J］．Urban Studies，2012，12（6）：1164-1173.

[115] 高煜，刘志彪．我国产业结构演进特征及现实问题：1978—2006［J］．改革，2008（1）：73-79.

[116] Baiding Hu，Michael McAlee．Input-output Structure and Growth in China［M］．Mathematics and Computers in Simulation，2004.

[117] Chyau Tuan，Linda Fung-Yee Ng．The Place of FDI in China's Regional Economic Development：Emergence of the Globalized Delta Economies［J］．Asian Economics，2007（18）：348-364.

[118] 李玉凤，高长远．产业结构与就业结构的协整分析［J］．统计与决策，2008（4）：84-86.

[119] Mitch Renkow．Employment Growth，Worker Mobility，and Rural Economic Development［J］．American Journal of Agricultural Economics，2003，85（2）：503-513.

[120] 刘艳军，李诚固，董会和．东北地区产业结构演变的城市化响应：过程、机制与趋势［J］．经济地理，2007，27（3）：433-437.

[121] 周振华. 产业结构优化论 [M]. 上海：上海人民出版社，1992.
[122] 苏东水. 产业经济学 [M]. 北京：高等教育出版社，2000.
[123] 李红梅. 21世纪中国产业结构调整的战略选择 [J]. 首都师范大学学报（社会科学版），2000，16（6）：50-56.
[124] 丁焕峰. 技术扩散与产业结构优化的理论关系分析 [J]. 工业技术经济，2006，25（5）：95-98.
[125] 张学江. 产业结构优化升级与提高劳动力素质 [J]. 商业研究，2009（2）：83-85.
[126] 夏平华，宋之光，肖贤明. 广东省产业结构高级化环境影响模型的建立及实证分析 [J]. 科技管理研究，2008（2）：97-101.
[127] 钟契夫. 投入产出原理及其应用 [M]. 北京：中国社会科学出版社，1982.
[128] 邵汉青，钟契夫. 投入产出法（部门联系平衡法）概论 [M]. 北京：中国人民大学出版社，1983.
[129] 陈锡康. 投入产出法 [M]. 北京：人民出版社，1983.
[130] 薛声家. 基于投入产出模型的产业结构优化 [J]. 暨南学报（哲学社会科学版），2003，22（1）：49-53.
[131] 伦蕊. 工业产业结构高度化水平的基本测评 [J]. 江苏社会科学，2005（2）：69-74.
[132] Brock，W. and M. S. Taylor. Economic Growth and the Environment：A Review of Theory and Empirics [J]. NBER Working Paper，2004，10（8）：54-56.
[133] 金碚. 中国工业化的资源路线与资源供求 [J]. 中国工业经济，2008（2）：5-19.
[134] 黄亮雄. 中国的产业结构调整：基于三个维度的测算 [J]. 中国工业经济，2013（10）：70-82.
[135] 高远东. 中国产业结构高级化的影响因素研究 [J]. 经济地理，2015（6）：96-101.
[136] 吉小燕，郑垂勇. 基于循环经济的产业结构高度化判别 [J]. 商场现

代化，2006（9）：337-338.

［137］刘淑茹．产业结构合理化评价指标体系构建研究［J］．科技管理研究，2011（3）：66-69.

［138］徐仙英，张雪玲．中国产业结构优化升级评价指标体系构建及测度［J］．生产力研究，2016（8）：47-51.

［139］肖兴志，吴绪亮．产业组织理论研究的新领域、新问题与新方法——2012年产业组织前沿问题研讨会综述［J］．经济研究，2012（8）：146-151.

［140］董琨．中国产业结构多目标动态随机优化模型［D］．大连：大连理工大学，2008.

［141］梁斌，姜涛．自然资源、区域经济增长与产业结构——基于DSGE模型的理论与实证分析［J］．财经问题研究，2016（4）：24-31.

［142］李霞，文琦，杨瑞兰．能源开发区产业结构演变的环境效应分析—以榆林市为例［J］．经济地理，2016，36（8）：127-133.

［143］邹伟进，李旭洋，王向东．基于耦合理论的产业结构与生态环境协调性研究［J］．中国地质大学学报（社会科学版），2016（2）：88-95.

［144］徐辉，王慧．产业结构调整对中国碳强度目标实现的影响：展望2020年［J］．科技管理研究，2016（13）：232-236.

［145］程中华，李廉水，刘军．环境规制与产业结构升级——基于中国城市动态空间面板模型的分析［J］．中国科技论坛，2017（2）：66-72.

［146］于斌斌．产业结构调整如何提高地区能源效率？——基于幅度与质量双维度的实证考察［J］．财经研究，2017（1）：86-97.

［147］樊杰．“十三五”时期科技创新驱动对我国区域发展格局变化的影响与适应［J］．经济地理，2016，36（1）：1-9.

［148］杨武，杨淼．基于科技创新驱动的我国经济发展与结构优化测度研究［J］．软科学，2016，30（4）：1-7.

［149］卫平，张玲玉．不同的技术创新路径对产业结构的影响［J］．城市问题，2016（4）：52-59.

［150］储德银，纪凡．税制结构变迁与产业结构调整：理论诠释与中国经验

证据［J］. 经济学家，2017（3）：70–78.
［151］严成樑，吴应军，杨龙见. 财政支出与产业结构变迁［J］. 经济科学，2016（1）：5–16.
［152］R. Frosch. Industrial Ecology：Adapting Technology for a Sustainable World［J］. Enviroment，1995，37（10）：17–37.
［153］N.Gertler. Industrial Ecosystem：Developing Sustainable Industrial Structures［D］. Dissertation for Master of Sciences in Technology and Policy and Master of Science in Civil and Environmental Engineering，Massachusetts Institute of Technology，Cambridge，MA，1995.
［154］E. J. Schwars，K. W. Steininger. The Industrial Recycling Network Enhancing Regional Development［M］. Research Memorandum No. 9501 . Graz，Austria：Department of Economics，University of Graz，1995.
［155］C. J. Andews. Putting Industrial Ecology into Place：Evolving Roles for Planners［J］. Journal of the American Planning Association，1999，65（4）：364–375.
［156］Pierre Desrochers. Regional Development and Inter–industry Recycling Linkages：Some Historical Perspectives［J］. Entrepreneurship & Regional Development，2002，14（1）：49–65.
［157］刘志迎，郎春雷. 基于共生的产业经济分析范式探讨［J］. 经济学动态，2004（2）：29–31.
［158］胡晓鹏. 产业共生：理论界定及其内在机理［J］. 中国工业经济，2008（9）：118–128.
［159］孔晓宏. 发展循环经济是产业结构优化调整的有效途径——关于安徽产业结构优化调整问题的思考［J］. 学术界，2010（2）：144–149.
［160］阿如旱，李百岁. 内蒙古工业经济比较优势评价指标体系及发展战略研究［J］. 干旱区资源与环境，2002，16（2）：77–90.
［161］何金玲. 发展特色经济 构建内蒙古中部区域优势产业［J］. 前沿，2003（3）：41–43.
［162］长青，白鹏. 基于灰色综合评价理论的内蒙古优势产业发展地位研究

[J]. 工业技术经济，2008，27（11）：83-86.

[163] 齐艳梅. 内蒙古农业优势产业发展研究 [D]. 兰州：西北民族大学，2010.

[164] 任国佼，马军. 内蒙古牧区产业发展研究 [J]. 内蒙古科技与经济，2010（5）：74-75.

[165] 史敏，寇靖亚，崔振东. 内蒙古畜牧业产业结构灰色关联分析 [J]. 安徽农业科学，2015（9）：355-357.

[166] 张澳夫. 内蒙古产业结构的优化升级研究 [D]. 包头：内蒙古科技大学，2010.

[167] 郭海清，申秀清. 内蒙古三次产业结构发展及对GDP贡献的实证研究 [J]. 经济问题，2013（5）：126-129.

[168] 胡鹏云. 能源消费演变趋势与内蒙古产业结构调整研究 [D]. 呼和浩特：内蒙古师范大学，2016.

[169] 宝音，包玉海，阿拉腾图雅. 内蒙古产业结构优化调整研究 [J]. 经济地理，2001（21）：202-206.

[170] 王关区. 农村牧区产业结构的特征及其调整的方向 [J]. 前沿，2001（6）：3-7.

[171] 卜春燕. 内蒙古产业结构高级化过程中的科技政策选择 [J]. 内蒙古社会科学（汉文版），2003，24（3）：114-116.

[172] 冯利英. 内蒙古产业结构变动对经济增长影响的实证分析 [J]. 内蒙古师范大学学报（哲学社会科学版），2007，36（2）：108-112.

[173] 辛洁. 基于技术创新的内蒙古产业结构优化研究 [D]. 武汉：武汉理工大学，2008.

[174] 张璞. 内蒙古产业结构优化研究 [D]. 天津：天津大学，2010.

[175] 师强. 科技创新驱动内蒙古产业结构调整研究 [D]. 包头：内蒙古科技大学硕士论文，2015.

[176] 郭晓川，张雪敏，成功，王宇. 内蒙古新型城镇化、产业结构合理化协调发展研究 [J]. 内蒙古大学学报（自然科学版），2017，35（8）：1-10.

[177] 魏丽颖，罗建．内蒙古产业结构问题及调整策略［J］．内蒙古农业大学学报（社会科学版），2006，8（2）：30-32．

[178] 李倩，胡伟华．内蒙古环境规制对产业结构调整的影响的实证研究［J］．前沿，2016（2）：31-34.

[179] 周利光．内蒙古：支持重点产业结构调整优化［J］．中国财政，2016（22）：62-63.

[180]［J］赵云平，司咏梅，程利霞，吴露露．内蒙古推进产业结构转型升级情况的调研报告［J］．北方经济，2017（11）：48-51.

[181]［澳］约翰W.郎沃斯，格里格·J．威廉姆森．中国的牧区［M］．兰州：甘肃文化出版社，1995.

[182] 包玉山．内蒙古草原畜牧业的历史与未来［M］．呼和浩特：内蒙古教育出版社，2003.

[183] 张立中．中国草原畜牧业发展模式研究［M］．北京：中国农业出版社，2004.

[184] 额尔敦布和．内蒙古草原畜牧业可持续发展［M］．呼和浩特：内蒙古大学出版社，2011.

[185] 郜霖，李俊生．草原畜牧业经济论［M］．北京：中国财政经济出版社，1992.

[186] 包利民，杜富林，原英．内蒙古草原畜牧业可持续发展的研究［J］．农业经济问题，2002增刊.

[187] 沈怀柏．加快畜牧业产业化进程的思考［J］．畜禽业，2000，5：78-84.

[188] 孟慧君．草原畜牧业生态经济问题的症结分析［C］．中国国际草业发展大会学术论文集（CD），2002.

[189] 任治．草畜分而治之与推进畜牧业可持续发展探讨［J］．农业经济问题，2003，24（5）：28-32.

[190] 海山．内蒙古牧区贫困化问题及扶贫开发对策研究［J］．中国畜牧杂志，2007，43（10）：45-50.

[191] 敖仁其．对内蒙古草原畜牧业的再认识［J］．内蒙古财经学院院报，

2001（3）：83–88.
［192］包玉山．内蒙古草原畜牧业面临的问题及对策研究［J］．内蒙古师范大学学报（哲学社会科学版），2002，31（1）：44–47.
［193］修长柏．试论牧区草原畜牧业可持续发展——以内蒙古自治区为例［J］．农业经济问题，2002，27（7）：31–35.
［194］徐丙臣，袁堂．循环经济是我国畜牧业可持续发展的必然选择［J］．黑龙江畜牧兽医，2005（4）：3–4.
［195］敖仁其．内蒙古草原牧区现行放牧制度评价与模式选择［J］．内蒙古社会科学（汉文版），2007，28（5）：90–92.
［196］张立中．草原畜牧业适度规模经营问题研究［J］．经济问题探索，2011（12）：51–56.
［197］乌日陶克套胡．内蒙古现代畜牧业发展主导模式选择［J］．中央民族大学学报（哲学社会科学版），2012（6）：38–43.
［198］文明，吉雅，布仁吉日嘎拉．新型草原畜牧业经营主体发展现状及对策研究——以内蒙古牧区培育新型畜牧业经营主体为例［J］．黑龙江畜牧兽医，2016（14）：1–5.
［199］孙晓谦．对加快内蒙古农村牧区电子商务发展的思考［J］．内蒙古统计，2016（5）：38–39.
［200］胡自治．制止牧区工矿业无序发展，保护生态屏障—草原—以锡林郭勒盟东乌珠穆沁旗草原为例［J］．草原与草坪，2004（3）：6–9.
［201］盖志毅．工业化城镇化与草原生态系统可持续发展［J］．内蒙古财经学院学报，2006（2）：53–56.
［202］殷耀，任晓刚，贾立君．草原牧区到底该不该工业化［J］．中国牧业通讯，2006（5）：50–52.
［203］郭晓川，王美萃．牧业旗市如何实现工业化成长［N］．内蒙古日报（汉），2006.
［204］哈申图雅．内蒙古牧区新型工业化道路选择问题研究［D］．呼和浩特：内蒙古大学，2008.
［205］王关区，陈晓燕．牧区矿产资源开发引起的生态经济问题探析［J］.

生态经济，2013（2）：89–93.
［206］布仁吉日嘎拉，芳芳．工业化中的牧区草原非牧化博弈分析［J］．中央民族大学学报（哲学社会科学版），2017（5）：63–71.
［207］吕君．草原旅游发展的生态安全研究——以内蒙古自治区为例［D］．武汉：华东师范大学，2006.
［208］陈和平．节能降耗：经济可持续发展的重要一环［J］．宏观经济管理，2002（6）：26–27.
［209］甄芳洁，袁学文，陈建成．西乌珠穆沁旗草原生态旅游发展思路初探［J］．河北林果研究，2004，29（3）：144–148.
［210］马林．内蒙古草原生态旅游开发战略探讨［J］．干旱区资源与环境，2004，18（4）：65–71.
［211］郝晓兰．内蒙古草原生态旅游开发模式研究［J］．干旱区资源与环境，2004，18（6）：112–117.
［212］刘丹丹．内蒙古旅游产业发展研究［D］．上海：上海社会科学院，2006.
［213］刘丽梅，吕君．内蒙古红色旅游发展分析［J］．干旱区资源与环境，2010，24（11）：185–189.
［214］王雪，杨存栋．内蒙古非物质文化遗产旅游开发探究［J］．干旱区资源与环境，2011，25（12）：196–200.
［215］郭慧．内蒙古草原生态旅游与游牧生态经济的融合发展［J］．黑龙江畜牧兽医，2016（24）：61–63.
［216］茶娜．基于循环经济思维的内蒙古牧业旗县地区工业化成长模式研究［D］．呼和浩特：内蒙古大学，2007.
［217］盖志毅，姚洋．牧区不同利益主体矛盾与草原生态系统可持续发展［J］．实践（思想理论版），2008（2）：33–34.
［218］吴晶英．内蒙古农村牧区产业结构调整及可持续发展存在问题研究［J］．北方经济，2017（8）：9–12.
［219］［美］费景汉，古斯塔夫，拉尼斯．劳力剩余经济的发展［M］．北京：华夏出版社，1989.

[220] M. P. Todaro. A Model of Labor Migration and Urban Unemployment in Less Developed Countries [J]. The American Economic Review, 1969, 59 (1): 138-148.

[221] Gunnar Myrdal. Asian Drama: An Inquiry Into The Poverty of Nations [M]. New York: Pantheon Books, 1968, Vol. 1-3.

[222] 纳克斯. 不发达国家的资本形成问题 [M]. 北京：商务印书馆，1966.

[223] S. Erkman. Industrial Ecology: A historical view [J]. Journal of Cleaner Production, 1997, 5 (1): 1-10.

[224] L. W. Jelinski, T. E. Graedel, R. A. Laudise, D. W. Mccall, C. K. Patel. Industrial Ecology: Concepts and Approaches [J]. Proceedings of the National Academy of Science, 1992, 89 (3): 79.

[225] Graedel T. E. Industrial Ecology: Definition and Implementation [J]. Industrial Ecology and Global Change. The Press Syndicate of the University of Cambridge, 1994.

[226] Costanza R. What is Ecological Economics? [J]. Ecological Economics, 1989 (1): 1-7.

[227] Costanza R. Ecological Economics: The Science and Management of Sustainable [M]. Columbia University Press, New York, 1991.

[228] Costanza R. Toward Ecological Economy [J]. Chinese Journal of Population, Resources and Environment, 2007 (12): 78-91.

[229] Lester R. Brown. Who Will Feed China? [J]. World Watch, 1994, 8 (24): 56-64.

[230] [美] 斯特·布朗著. 生态经济——有利于地球的经济构想 [J]. 北京：东方出版社，2002.

[231] [德] 赫尔曼·哈肯. 协同学：大自然构成的奥秘 [M]. 上海：上海译文出版社，2005.

[232] [美] 赫尔曼·E. 戴利，肯尼思·N. 汤森. 珍惜地球——经济学、生态学、伦理学 [M]. 北京：商务印书馆，2001.

[233] [美] 霍尔姆斯·罗尔斯顿. 哲学走向荒野 [M]. 长春：吉林人民出

版社，2000.
[234] 晏智杰. 自然资源价值刍议 [J]. 中国社会科学文摘，2005 (2)：56–63.
[235] 额尔敦扎布. 草地资源价值新论 [J]. 内蒙古师范大学学报（哲学社会科学版），2004，33 (2)：46–48.
[236] 额尔敦扎布，莎日娜. 再论草原资源价值 [J]. 内蒙古大学学报（人文社会科学版），2007，39 (1)：41–44.
[237] 盖志毅. 草原生态经济系统可持续发展研究 [D]. 北京：北京林业大学，2005.
[238] Costanza R., Arge R., Groot R., Fibin R. The Value of the World's Ecosystem Services and Natural Capita [J]. Nature，1997，387 (15)：253–260.
[239] 谢高地. 中国自然草地生态系统服务价值 [J]. 自然资源学报，2001，16 (1)：47–53.
[240] 石益丹，李玉浸，杨殿林，刘红梅，胡跃高. 呼伦贝尔草地生态系统服务功能价值评估 [J]. 农业环境科学学报，2007，26 (6)：2099–2103.
[241] 于遵波，洪绂曾，韩建国. 草地生态资产及功能价值的能值评估——以锡林郭勒羊草草地为例 [J]. 中国草地学报，2006，28 (2) 3：1–6.
[242] 陈建华. 农牧交错带可持续发展战略与对策 [M]. 北京：化学工业出版社，2004.
[243] 安增军，曾倩林. 福建省产业升级效应测评体系实证研究——基于层次分析法 [J]. 福建论坛（人文社会科学版），2012，16 (7)：129–133.
[244] 戚兆坤，等. 广西产业结构演进的影响因素研究——基于主成分分析法 [J]. 钦州学院学报，2014，29 (8)：75–80.
[245] 彭继增，等. 基于灰色关联理论的产业结构与经济协同发展的实证分析——以江西省为例 [J]. 经济地理，2015，35 (8)：123–128.
[246] 范德成，李昊. 中国产业结构演化影响因素评价 [J]. 中国科技论坛，2016 (9)：51–57.

[247] Auty R. M., Kiiski S. Natural Resources, Capital Accumulation, Structural Change and Welfare [J]. Resource Abundance and Economic Growth, Oxford University Press, 2001.

[248] 王延军，温娇秀，吴静茹. 产业结构变动与我国宏观经济波动 [J]. 华东经济管理，2011，25 (2)：21-23.

[249] 邵帅，齐中英. 西部地区的能源开发与经济增长——基于“资源诅咒”假说的实证分析 [J]. 经济研究，2008，31 (4)：46-50.

[250] 郭晔，赖章福. 政策调控下的区域产业结构调整 [J]. 中国工业经济，2011，277 (4)：74-83.

[251] 宋凌云，王贤彬. 政府补贴与产业结构变动 [J]. 2013，301 (4)：94-106.

[252] 韩永辉，黄亮雄，王贤彬. 产业政策推动地方产业结构升级了吗？[J]. 2017 (8)：34-48.

[253] 孙德梅，等. 政府行为、金融发展与区域创新绩效 [J]. 科技进步与对策，2014，31 (20)：35-41.

[254] 张海峰，白永平，刘峰贵. 1949—2007年青海省产业结构演进特征及定量评价与分析 [J]. 西北师范大学学报（自然科学版），2009，45 (3)：105-110.

[255] 袁晓玲，张宝山，杨万平. 动态偏离—份额分析法在区域经济中的应用 [J]. 经济经纬，2008 (1)：55-58.

[256] Knudsen D. Shift -share Analysis: Further Examination of Models for the Description of Economic Change [J]. Socio-economic Planning Sciences, 2000 (34): 177-198.

[257] Caroline Humphrey. The End of Nomadism? [M]. The White Horse Press British, 1999.

[258] Lorenz. Designing Chaotic Models [J]. Journal of the Atmospheric Science, 2005, 62 (5): 130-141.

[259] [比] 普里戈金，尼科利斯. 非平衡系统的自组织 [M]. 北京：科学出版社，1986.

[260] 达林太，郑易生．牧区与市场［M］．北京：社会科学文献出版社，2010.

[261] David M. Environmental Kuznets Curves: A Spatial Econometric Approach [J]. Journal of Environmental Economics and Management, 2006, 51 (2): 218–230.

[262] Desrochers R. Cities and Industrial Symbiosis: Some Historical Perspectives and Policy Implications [J]. Journal of industrial Ecology, 2002, 5 (4): 29–44.

[263] Poter M. Clusters and the New Economies of Competition [J]. Harvard Business Review, 1998, 76 (6): 77.

[264] Yamawaki H. The Evolution and Structure Of Industrial Clusters in Japan [J]. Small Business Economies, 2002, 18 (1): 121–140.

[265] R. W. Goldsmith. A Perpetual Inventory of National Wealth [J]. Nber Chapters, 1951 (12): 5–74.

[266] H. Tibbs. Industrial Ecology: An Environmental Agenda for Industry [M]. Whole Earth Review, 1992.

# 索　引

# 后　记

本书是我的博士毕业论文的最终成果，在该书即将付梓之际，心潮澎湃，思绪万千，感慨时光不待、日月如梭。回想几年前收到博士录取通知书时，大宝刚刚入小学，如今二宝也已经三岁。几年来奔波于城市与牧区之间，总算有了一份成果。在此书完成之际，我谨向所有关心和帮助过我的人表示最诚挚的感谢与最美好的祝愿。

首先我要感谢我的导师盖志毅教授，感谢导师纳我为弟子，成为“盖帮”一员，使我从一个农业经济的门外汉变为一个探索者。几年来，导师在我的博士学位课程学习、论文撰写和工作生活等方面都给予了极大的关怀和支持。导师幽默风趣，宽容仁爱，谦虚随和，治学严谨，孜孜不倦，50余岁，依然笔耕不辍，坚持每周一文一思一悟，持之以恒的精神令我折服，是我终身学习的楷模，在此向恩师表示真心的感谢和崇高的敬意！

感谢内蒙古农业大学经济管理学院的修长柏教授、乔光华教授、张心灵教授、赵元凤教授、包庆丰教授、乌云花教授、杜富林教授等多位老师，他们给我提供了很多有益的建议。感谢经济管理学院和研究生院的老师们，在我论文送审和准备答辩的过程中也付出了辛勤的劳动，在这里对所有给予过我帮助的老师致以最真挚的谢意。

感谢我的同学王海春、鲍震宇、徐利飞、崔晓红、张伟、李金龙、陈小方，每一次聚餐的愉快、每一次信息的传递、每一次心灵的沟通都那么令人难忘，你们的友情让我感受到读博并不孤单。

感谢我的好朋友兼好同事萨茹拉、康晓虹、赵立娟、史俊宏、秀英、吉星对我的论文提供了很多有益的建议，每一次的讨论都有新启发，每一次的促膝交谈都有新收获，是你们的宽慰、鼓励和支持让我感觉希望就在前方。

最后我还要特别感谢我的婆婆高粉花女士、我的丈夫杜利明先生，为我分担了所有的家务，不辞辛苦地照顾年幼的二宝，给我挤出大量宝贵时间，让我一心一意完成写作。还要感谢我的女儿金萱小朋友，无论生活还是学习，都能够把自己的事情安排得很好，让我无后顾之忧。对他们的感激之情无法言表，千言万语，只能化成实际行动，让我用余生来好好爱他们!